メディア社会に焦点化した小学校社会科カリキュラム開発研究

松 岡　靖 著

風 間 書 房

目　次

序章　本研究の目的と意義……………………………………………………… 1
　第1節　研究の動機と目的………………………………………………… 1
　第2節　問題の所在………………………………………………………… 3
　第3節　研究の意義と論文の構成………………………………………… 6
　　1　本研究の特質と意義………………………………………………… 6
　　2　本論文の構成と研究方法…………………………………………… 7

第Ⅰ部　メディア社会の概念的枠組みと
　　　　小学校社会科カリキュラム開発の視点
第1章　メディア社会の特質と概念的枠組み …………………………… 15
　第1節　メディア社会の基本的枠組み…………………………………… 15
　第2節　メディア社会の構成内容………………………………………… 17
　　1　メディアの概念……………………………………………………… 17
　　2　メディアが媒介する「情報」……………………………………… 21
　　3　メディアの歴史的構成……………………………………………… 22
　第3節　メディア社会の認知面への影響………………………………… 24
　　1　コミュニケーション活動の構成内容……………………………… 24
　　2　コミュニケーション活動におけるメディアの影響……………… 27
　　　2-1　パーソナル・メディアの場合　　27
　　　2-2　ミドル・メディアの場合　　28
　　　2-3　マス・メディアの場合　　29
　　3　コミュニケーション活動に関するメディア研究………………… 31
　　　3-1　マクルーハン（Marshall McLuhan）の主要命題　　31

3-2　リップマン（Walter Lippmann）の「疑似環境」論　33
  3-3　ブーアスティン（Daniel Joseph Boorstin）の「疑似イベント」論と
      ラング夫妻（Glady Engel Lang and Kurt Lang）の
      「メディアイベント」論　34
 第4節　メディア社会の定義と概念的枠組み……………………………………36

第2章　メディア社会における小学校社会科カリキュラムの
　　　　理論仮説…………………………………………………………………41
 第1節　メディア社会における小学校社会科の目標…………………………42
  1　全体目標……………………………………………………………………42
  2　目標の層構造………………………………………………………………43
 第2節　メディア社会における小学校社会科の内容…………………………45
  1　小学校社会科の内容構成…………………………………………………45
  2　小学校社会科の内容構造…………………………………………………46
 第3節　メディア社会における小学校社会科の方法…………………………48
  1　メディア教育の歴史とその特質…………………………………………48
   1-1　イギリスのメディア教育　48
   1-2　カナダのメディア・リテラシー教育　50
   1-3　日本のメディア・リテラシー教育　52
   1-4　メディア関連教育の特質と課題　54
  2　社会批判的アプローチに基づくメディア学習論………………………57
   2-1　カナダ・オンタリオ州学習プログラム
       Media Literacy Resource Guide　57
   2-2　イギリス・シティズンシップ教育 *Teaching TV News*　64
  3　「メディア社会解釈学習」の学習原理 …………………………………73
   3-1　学習指導論の構築視点　73
   3-2　「メディア社会解釈学習」の視点と方法　74

3-3 「メディア社会解釈学習」の基本的学習モデル　75
　4　「メディア社会解釈学習」のモデル構成 …………………………77
　　4-1 「デジタル化するメディア社会」の学習モデル　77
　　4-2 「ステレオタイプ化するメディア社会」の学習モデル　78
　　4-3 「イベント化するメディア社会」の学習モデル　79
　　4-4 「コントロール化するメディア社会」の学習モデル　80
　第4節　メディア社会における小学校社会科カリキュラム構成の
　　　　　手続き……………………………………………………………81
　　1　授業開発と授業分析の手順……………………………………81
　　2　カリキュラム構成の手順………………………………………82

第Ⅱ部　メディア社会における小学校社会科の教育内容と授業開発

第3章　「デジタル化するメディア社会」の教育内容と授業開発 ……89
　第1節　「デジタル化するメディア社会」の教育内容編成の視点 ………89
　第2節　人的所作に関する単元「成長するネットショッピング」の
　　　　　授業開発……………………………………………………………90
　　1　内容編成に向けての課題………………………………………90
　　2　内容編成の論理…………………………………………………92
　　　2-1 ネットショッピングの学習対象　92
　　　2-2 ネットショッピングの理論的枠組み　93
　　　2-3 「成長するネットショッピング」の構造　94
　　3　「メディア社会解釈学習」による単元構成の論理 ……………96
　　　3-1 問題設定場面　96
　　　3-2 構造分析場面　97
　　　3-3 価値解釈場面　98
　　4　単元「成長するネットショッピング」の授業開発……………100

      4-1　指導目標　100

      4-2　単元の展開　101

　第3節　技術的所作に関する単元「地球を映し出すGoogle Earth」の

　　　　　授業開発……………………………………………………………… 105

　　1　内容編成に向けての課題………………………………………………… 105

　　2　内容編成の論理…………………………………………………………… 106

　　3　「メディア社会解釈学習」による単元構成の論理 ………………… 108

      3-1　問題設定場面　108

      3-2　構造分析場面　108

      3-3　価値解釈場面　109

　　4　単元「地球を映し出すGoogle Earth」の授業開発 ……………… 110

      4-1　指導目標　110

      4-2　単元の展開　111

　第4節　「デジタル化するメディア社会」の実践の分析 ………………… 113

　　1　単元「成長するネットショッピング」の分析……………………… 114

      1-1　児童の認識の変容と分析　114

      1-2　児童の発達段階に関する考察　116

　　2　単元「地球を映し出すGoogle Earth」の分析 …………………… 117

      2-1　児童の認識の変容と分析　117

      2-2　児童の発達段階に関する考察　119

第4章　「ステレオタイプ化するメディア社会」の

　　　　　教育内容と授業開発……………………………………………… 121

　第1節　「ステレオタイプ化するメディア社会」の

　　　　　教育内容編成の視点……………………………………………… 121

　第2節　人的所作に関する単元「メディアによる風評被害」の

　　　　　授業開発……………………………………………………………… 122

1　内容編成に向けての課題……………………………………… 122
　　2　内容編成の論理………………………………………………… 124
　　　2-1　風評被害の学習対象　124
　　　2-2　風評被害の理論的枠組み　125
　　3　「メディア社会解釈学習」による単元構成の論理 ………… 127
　　　3-1　問題設定場面　128
　　　3-2　構造分析場面　128
　　　3-3　解釈構築場面　129
　　　3-4　解釈吟味場面　130
　　4　単元「メディアによる風評被害」の授業開発……………… 132
　　　4-1　指導目標　132
　　　4-2　単元の展開　133
　第3節　技術的所作に関する単元「メディアが伝えるオーストラリア」
　　　　　の授業開発……………………………………………………… 137
　　1　内容編成に向けての課題……………………………………… 137
　　2　内容編成の論理………………………………………………… 140
　　　2-1　オーストラリアの特徴的な文化的事象　140
　　　2-2　エスニックツーリズムの理論的枠組み　141
　　3　「メディア社会解釈学習」による単元構成の論理 ………… 143
　　　3-1　問題設定場面　143
　　　3-2　構造分析場面　144
　　　3-3　解釈構築場面　144
　　　3-4　解釈吟味場面　145
　　4　単元「メディアが伝えるオーストラリア」の授業開発…… 147
　　　4-1　指導目標　147
　　　4-2　単元の展開　148
　第4節　「ステレオタイプ化するメディア社会」の実践の分析 ……… 152

1　単元「メディアによる風評被害」の分析……………………………… 152
　　　1-1　児童の認識の変容と分析　　152
　　　1-2　児童の発達段階に関する考察　　155
　　2　単元「メディアが伝えるオーストラリア」の分析………………… 156
　　　2-1　児童の認識の変容と分析　　156
　　　2-2　児童の発達段階に関する考察　　159

第5章　「イベント化するメディア社会」の教育内容と授業開発 … 163
第1節　「イベント化するメディア社会」の教育内容編成の視点 …… 163
第2節　人的所作に関する単元「メディアが伝える環境問題」の
　　　　　授業開発………………………………………………………… 164
　　1　内容編成に向けての課題………………………………………………… 164
　　2　内容編成の論理…………………………………………………………… 165
　　　2-1　ゴミ分別の対立状況　　165
　　　2-2　ゴミ分別の理論的枠組み　　167
　　3　「メディア社会解釈学習」による単元構成の論理 ………………… 168
　　　3-1　問題設定場面　　168
　　　3-2　構造分析場面　　169
　　　3-3　解釈構築場面　　170
　　　3-4　解釈吟味場面　　171
　　4　単元「メディアが伝える環境問題」の授業開発…………………… 172
　　　4-1　指導目標　　172
　　　4-2　単元の展開　　173
第3節　技術的所作に関する単元「メディアが伝える捕鯨問題」の
　　　　　授業開発………………………………………………………… 177
　　1　内容編成に向けての課題………………………………………………… 177
　　2　内容編成の論理…………………………………………………………… 178

2-1　日本の捕鯨問題　　178
　　　2-2　「アニマルプラネット」の枠組み　　179
　　3　「メディア社会解釈学習」による単元構成の論理 …………………… 180
　　　3-1　問題設定場面　　180
　　　3-2　構造分析場面　　181
　　　3-3　解釈構築場面　　182
　　　3-4　解釈吟味場面　　182
　　4　単元「メディアが伝える捕鯨問題」の授業開発 ………………… 184
　　　4-1　指導目標　　184
　　　4-2　単元の展開　　185
　第4節　「イベント化するメディア社会」の実践の分析 ……………… 189
　　1　単元「メディアが伝える環境問題」の分析 ……………………… 189
　　　1-1　児童の認識の変容と分析　　189
　　　1-2　児童の発達段階に関する考察　　193
　　2　単元「メディアが伝える捕鯨問題」の分析 ……………………… 193
　　　2-1　児童の認識の変容と分析　　193
　　　2-2　児童の発達段階に関する考察　　196

第6章　「コントロール化するメディア社会」の
　　　　教育内容と授業開発 ………………………………………………… 199
　第1節　「コントロール化するメディア社会」の
　　　　　教育内容編成の視点 ……………………………………………… 199
　第2節　人的所作に関する単元「メディアが伝える戦争」の
　　　　　授業開発 …………………………………………………………… 200
　　1　内容編成に向けての課題 …………………………………………… 200
　　2　内容編成の論理 ……………………………………………………… 201
　　　2-1　戦時中の新聞メディア　　201

2-2 新聞メディアを読み解く枠組み　202
3 「メディア社会解釈学習」による単元構成の論理 …………… 203
3-1 問題設定場面　203
3-2 構造分析場面　204
3-3 解釈構築場面　204
3-4 解釈吟味場面　205
4 単元「メディアが伝える戦争」の授業開発 ………………… 206
4-1 指導目標　206
4-2 単元の展開　207

第3節 技術的所作に関する単元「表現の自由とメディア」の
　　　　授業開発 ………………………………………………………… 210
1 内容編成に向けての課題 ……………………………………………… 210
2 内容編成の論理 ………………………………………………………… 212
2-1 メディア社会の表現に関する問題　212
2-2 メディア社会の表現を読み解く理論的枠組み　213
3 「メディア社会解釈学習」による単元構成の論理 …………… 215
3-1 問題設定場面　215
3-2 構造分析場面　216
3-3 解釈構築場面　217
3-4 解釈吟味場面　217
4 単元「表現の自由とメディア」の授業開発 ………………… 219
4-1 指導目標　219
4-2 単元の展開　220

第4節 「コントロール化するメディア社会」の実践の分析 ………… 223
1 単元「メディアが伝える戦争」の分析 …………………………… 224
1-1 児童の認識の変容と分析　224
1-2 児童の発達段階に関する考察　227

2　単元「表現の自由とメディア」の分析……………………………… 227
　　2-1　児童の認識の変容と分析　227
　　2-2　児童の発達段階に関する考察　230

終章　メディア社会における小学校社会科カリキュラムと
　　　今後の課題……………………………………………………………… 233
第1節　本研究の要約……………………………………………………… 233
第2節　メディア社会における小学校社会科カリキュラムの
　　　　基本的視座と構造………………………………………………… 235
　1　小学校社会科カリキュラム構成の視点……………………………… 235
　2　小学校社会科カリキュラムの基本構造と全体構造………………… 235
第3節　小学校社会科のカリキュラム開発研究の意義と結論………… 239
第4節　今後の課題………………………………………………………… 241

参考文献……………………………………………………………………… 243
あとがき……………………………………………………………………… 257

序章　本研究の目的と意義

第1節　研究の動機と目的

　21世紀に入り，子どもの学びの状況は，日々変化している。20世紀末には，新しい世紀を迎え，社会科の教育内容の変革が必要であることが幾度となく強調され，新しい時代に相応しいカリキュラムの必要性が指摘されてきた[1]。しかし，現実には，小学校の社会科学習では，依然として身近な地域から同心円的に拡大するカリキュラム構成のままであり，カリキュラム構成自体に大きな変化は見られない[2]。

　一方，実際の社会では，産業革命以来といわれている第三の革命，いわゆるIT革命が進行し，様々な社会の仕組みや構造，そして，社会制度等，情報通信技術の拡張に応じる形で変化し続けている。そして，その変化のサイクルは，20世紀に予測されたことより，年を追うごとに早まり，例えば10年ほど前には，特別なものであったインターネット技術は，すでに日常のインフラとして生活の中に位置づき，様々な情報機器は，ネットワーク化され，デジタル化されつつある。そして，これらのデジタル化に代表されるメディアの拡張は，人々のコミュニケーション活動の多様化と多角化を生み，それらに起因する様々な社会問題を生じさせているのである[3]。

　これらの拡張するメディアは，子どもたちの世界に何を生じさせているのであろうか。メディアに関する子ども論のパラダイムを示したニール・ポストマン（Neil Postman）は，映像メディアによって「子ども期」が消滅し，子どもと大人の境界線が揺らいでいくことを主張した[4]。この主張に基づき，堀はメディアによって「あらゆる情報が子どもにつつ抜け」という状況を生

み出し,「子どもらしさ＝無垢性」の消滅をもたらすとする[5]。また,本田は,メディアの拡張が,それまで情報獲得の点で優位であった大人と子どもの関係が逆転したことを指摘した上で,子どもは発信された情報を「言葉」に置き換え理解するのではなく,提示された刺激に直観的に反応し,記号として解読するのであり,この点において文字世代の大人に比べ圧倒的優位であるとする[6]。これらの論では,メディアの拡張は,大人と子どもの差異を消滅させ,メディアからの情報獲得の点で子どもの優位性を主張する。しかし,そこに存在するのは,様々なメディアから発信された,一方通行の情報を無批判に受信し,「言葉」として解釈できない,大人以上にメディアの影響を受ける子どもの姿ではないだろうか。

実際,現代の子どもたちが,寝る時間以外一番多くの時間を費やしているのはメディアとの接触である[7]。日々の生活の中で,様々なメディアからの情報は表面的に捉えられ,事象はレッテル化され知覚されていく。このようなメディアが,子どもの社会認識に大きな影響を与えているのは容易に想像できる。子どもたちは,多様なメディアとの接触により,社会科の学習内容を学ぶ前に,すでに多くのことを知り,表面的にわかったつもりになっているのである。それゆえ,このような時代だからこそ,新しい社会に対応した小学校社会科カリキュラムを開発することが求められているのである。また,カリキュラムの開発と同時に,メディアによる子どもたちの表面的な認識を問い直す学習指導論を確立することが急務であると言えよう。

したがって,本研究は,今日の社会をメディア社会と捉え,メディア社会における小学校社会科の新たな教育内容と学習指導論を開発し,その実証的検討を踏まえた上で,カリキュラム構成を図り,今後の小学校社会科教育に関する有効な改善視点を明らかにすることを目的とする。

次節では,本研究の研究方法確定のために,これまでの社会科教育におけるメディアに関する研究について検討する。

第2節　問題の所在

　これまでの社会科教育におけるメディアに関する研究は，メディアを授業改善の手段とする研究とメディア・リテラシーに関する研究とに分かれる。
　メディアを授業改善の手段とする代表的な研究としては，次に挙げるものがある。

①福田正弘「社会科におけるマルチメディア活用の意義」『長崎大学教育学部教科教育学研究報告』27号，1996年．
②福田正弘「社会科マルチメディア教材の設計と開発：『長崎街道 Ver.2』について」『長崎大学教育学部教科教育学研究報告』29号，1997年．
③中村哲・松岡靖「インターネット利用による社会科コラボレーション教材の開発方法―小学校第5学年『伝統産業』を事例として―」兵庫教育大学学校教育センター『学校教育学研究』第10巻，2000年．
④横山秀樹「コンピュータ・シミュレーションによる市民的判断力の育成―多目的意思決定学習の論理―」『社会科研究』第54号，2001年．
⑤前田総一「共感理解型 TV 番組を活用した社会科授業構成―『プロジェクトX』を事例として―」『社会科研究』第61号，2004年．
⑥金子邦秀「メディア・シンセンスを用いた教材開発(2)―高等学校地理歴史科教材ソフト『フランス』―」『評論・社会科学91』，2010年．

　1990年代後半において，福田がマルチメディア形態の情報活用の意義を，認知科学の成果を根拠にイメージと理解の関係から整理している。そして，いわゆるハイパーテキスト形式を可能にするマルチメディア教材は，意味ネットワーク構造で表現されることで，子どもの認知構造に応じた教材活用を可能にする意義を示している。
　中村と松岡は，それまでのスタンドアロン型コンピュータによる教材開発研究から，インターネットを活用したネットワーク型の教材開発研究の可能

性を示している。インターネットメディアの持つ情報の双方向性といった特質から学習者がWebページを生産し，他者と相互にコラボレートすることで知を統合できる教材としての意義を明らかにしている。

　横山は，コンピュータ・シミュレーションを活用し「多目的意思決定能力」を育成する教材としての可能性について検討している。複雑な問題の解決に至る多数の因子の相互作用の結果を再現できるコンピュータ・シミュレーションが市民的判断力を育成する意義を示している。

　前田は，TV番組を視聴することで，どのような知識が学習者に形成されるのか分析している。そして，TV番組の特性を生かした共感理解型授業を開発することで，社会科授業におけるTV番組活用の意義を明らかにしている。

　金子は，これまでのハイパー・メディア研究を踏まえ，ハイパー・メディアの統合された教材であるメディア・シンセンス教材を，高等学校地理歴史科または総合的な学習で使用可能な大単元の作成を通じて行い，社会系教科におけるメディア・シンセンス教材開発研究の可能性を示している。世界遺産から広く文化遺産までの概念的知識の習得を明示して行い，トピック的に学習する教材編成の論理を明らかにしている。

　これらの研究では，コンピュータ等のメディアを活用することで，社会科授業における学習指導法等の方法的改善の可能性を示している。しかし，あくまでもメディアによる情報の多様化や活用形態の特質に基づく研究であり，メディアを手段的に活用した方法論的研究に留まっている。

　次に，メディア・リテラシーに関する主な研究として，次に挙げられるものがある。

　　①吉田正生「メディア・リテラシィ論による『情報産業学習』の転換」『社会科研究』第51号，1999年.
　　②川上秀和「メディア・リテラシーを育成する社会科授業開発―単元『少子化報

道について考える』の場合―」『広島大学教育学研究紀要』第49巻，2003年．
③關浩和「情報社会に求められる社会科授業―小5単元『わたしたちの生活と情報』の場合―」『社会系教科教育学研究』第17号，2005年．
④中村哲「高度情報化社会に向き合う社会科学習指導方法―メディアリテラシーの育成を視点にして―」『社会科教育研究』No.101，2007年．
⑤松岡靖「メディア・リテラシーを育成する社会科NIE授業の有効性に関する研究―戦時中の新聞を活用した小学校社会科授業の実践を通して―」『日本NIE学会誌』第4号，2009年．

　吉田は，メディア・リテラシー論に基づき，社会科と総合的な学習の時間の連携を図る融合単元のモデル事例を提案している。メディア・リテラシー教育の中心概念である「理解―批判―創造」という3つの契機などを組み込んだ単元構成方針を示し，メディア・リテラシー論の社会科授業への応用の可能性を示している。

　川上は，鈴木の定義[8]に基づき，社会科教育で育成すべきメディア・リテラシーを確定した上で，JTF（Just Think Foundation）（1998）が開発したメディアに関する教師用指導書の授業構成方法に基づいた中学校社会科授業を開発している。

　關は，テレビCMを題材にし，メディア情報の性格，メディア情報の制作，メディア情報の活用といったメディア・リテラシー論の内容構成と展開方法を学習者の思考過程を構造化するウェッビング法によって統合し，思考形成を図っている。

　中村は，『21世紀のための社会科の構想』（アメリカ，1989）の報告書を論拠とし，学習指導方法としてメディア・リテラシーが鍵概念になることを指摘したうえで，日本のメディア・リテラシー関連の研究を整理している。そして，今後，高度情報化社会への参加と創造を図る市民性教育を視野に入れたメディア・リテラシー育成の為の教育及び研究が，社会科学習指導方法の研究として進展することを論及している。

松岡は，メディア・リテラシー論の批判的思考力育成に注目し，戦時中の新聞を事例に，その社会的意味を追究する授業を開発し実践している。メディア・リテラシーの基本概念から新聞を批判的に分析し，創造する単元構成を示し，メディア・リテラシー概念の社会科授業への応用の可能性を示している。

　これらの研究では，現代的課題であるメディア・リテラシーの概念を社会科授業に応用し，目標論として，また，方法論としての知見は提案しているものの，メディアが社会構造を変革する中，メディアが先導する今日の社会的状況を教える教育内容自体については分析が欠落している。

　以上の先行研究の検討に基づき，本研究では，日常に深く浸透するメディアを，社会構造や制度，そして，我々のモノの見方・考え方にも大きな影響を与える社会的構築物であると捉え，メディアが浸透する社会，いわゆるメディア社会において求められる思考力・判断力・表現力[9]を育成する小学校社会科の教育内容を具体的に開発し，カリキュラム構成を図ることで，その意義について実証的に解明していく。

第3節　研究の意義と論文の構成

1　本研究の特質と意義

　本研究の特質と意義は，次の3点にまとめることができる。
　第1の特質と意義は，「メディア社会解釈学習」という新しい小学校社会科の学習指導論を提起することである。これまでの社会科授業におけるメディアは学習すべきコンテンツを媒介する教材としての役割が主であり，メディアが存在する社会の構造まで読み解く学習は構成されてこなかった。また，メディアを学習対象としたメディア・リテラシー学習では，メディア・

リテラシーといった目標概念に基づいた多様な学習方法が展開され，社会科教育では，概念の手段的応用に留まり，明確な学習指導論は示されてこなかった。本研究では，メディアではなくメディア社会の構造を認識対象とする社会科特有の授業論理として「メディア社会解釈学習」を提起し，社会的に構築されたメディアを認識・解釈しなおすことで，様々なメディアによる社会的影響を追究することを可能にする。

第2の特質と意義は，今後の社会の在り方をメディアをキー概念として構造化し，そのような社会の姿に応じた新たな社会科教育内容を開発することである。従来の社会科授業開発研究は，学習対象となる社会構成に対する考察が不足しており，どのような社会を学習対象とするのか基本的な概念に曖昧さを残していた。それに対し，本研究では，メディアの歴史的経緯とメディア学の研究成果に基づき，メディア社会の概念的枠組みを示し，その特質から学習対象となる社会を明確に示した上で教育内容を設定している。

第3の特質と意義は，開発した教育内容を実際に授業実践することで，実証的改善を図り，今後の社会の特質に応じた体系的なカリキュラムを示している点である。メディア社会の特質から導き出した枠組みに応じて，本研究の教育内容は開発されている。しかし，これらの枠組みはあくまでも仮説に過ぎず，実際の小学校社会科授業において実証的に検討することで，メディア社会における体系的な小学校社会科カリキュラムとしての妥当性を高めている。

2　本論文の構成と研究方法

本論文では，第Ⅰ部でメディア社会の社会構成を明らかにした上で，そのような社会に対応した小学校社会科のカリキュラム開発の視点について，目標，内容，方法の観点から論及し，社会科固有の学習指導論「メディア社会解釈学習」[10]を提起し，その意義と方法について論じる。

最初に，メディアの歴史的経緯に着目し，メディア学の研究成果を踏まえ

たメディア社会の概念的枠組みを設定する。メディアの歴史的経緯とは，メディア概念が広告媒体として成立した第一次世界大戦後から現代までのメディアの技術的変容と拡張を指している。また，メディア学の研究成果とは，そのようなメディアの拡張がもたらすメディア・コミュニケーションにおける認知的影響についての研究段階の到達点を指している。これらについて考察・検討した上で，メディア社会は，情報通信技術の発達による拡張とメディアによるコミュニケーション活動の影響によって構築された社会であることを指摘する。そして，前者に関して，デジタル化する社会，後者に関して，ステレオタイプ化する社会，コントロール化する社会，イベント化する社会といったメディア社会の定義と概念的枠組みを仮説的に設定する。

　次に，それらの社会の特質に応じた小学校社会科の全体目標と目標の層構造を提示する。そして，仮説的に示したメディア社会の構成に対応した学習内容を示す。これらの学習目標と学習内容は，子どもたちのメディア社会における認識と能力と態度の一体的発達を促す内容構成となっている。そして，メディア社会を読み解く学習原理として「メディア社会解釈学習」を仮説的に提示する。「メディア社会解釈学習」とは，児童がメディアテクストを切り口にして，メディアに影響を与える社会の構造を批判的に追究し，その影響を多面的に認識した上で，新たな解釈を構築し，それを吟味することでメディア社会における思考力・判断力・表現力を育成することを目指した学習指導論である。これまでの社会科授業実践では，児童の共感的理解と科学的説明の両立を避ける傾向にあり，共感性と批判性は対立する概念として捉えられがちであった。言うまでもなく，民主社会の市民的資質を育成するには，児童の批判的態度と主体的態度を統一的に育成する必要がある。したがって，メディア社会の市民的資質育成を目指す「メディア社会解釈学習」では，メディア生産者や受信者の行為や願いに心理的理解を図る場面と両者に影響を与える社会の構造を批判的に追究する場面を位置づけている。更に，そのような社会構造の認識に基づき，児童自身が新たな解釈を構築する場面と解釈

を吟味する場面を位置づけることで，児童の自律した価値判断を保障しているのである。第Ⅰ部では，メディア社会の特質に応じた小学校社会科カリキュラムの理論仮説を，目標・内容・方法の面から明確化することで，第Ⅱ部以降の授業開発と実践における指標とする。

　第Ⅱ部では，第Ⅰ部に基づき，章ごとにデジタル化するメディア社会，ステレオタイプ化するメディア社会，イベント化するメディア社会，コントロール化するメディア社会，各々の社会構成に応じた教育内容を確定するとともに，人的所作，また，技術的所作に基づく授業開発内容を単元レベルで示し，授業実践を通して実証的検証を図り，その妥当性について吟味・検討する。

　最後に，章ごとの実践の分析結果を踏まえ，児童の発達段階に応じた，メディア社会に対応した小学校社会科のカリキュラム構成を成果として示した上で，今後の社会科教育における有効な改善視点を明らかにしていく。

【註】
(1) 1980年代から2000年代にかけて，21世紀の社会科教育を展望した論稿が多数刊行されている。主な論稿として次に挙げるものがある。
　・社会認識教育学会編『社会科教育の21世紀』明治図書，1985年.
　・社会認識教育学会編『社会科教育学ハンドブック―新しい視座への基礎知識―』明治図書，1994年.
　・岩田一彦「21世紀社会科の基礎・基本論」社会系教科教育学会編『社会系教科教育研究』第10号，1998年.
　・社会認識教育学会編『社会科教育のニュー・パースペクティブ―変革と提案―』明治図書，2003年.
　・溝上泰編著『社会科教育実践学の構築』明治図書，2004年.
　・社会認識教育学会編『社会認識教育の構造改革―ニュー・パースペクティブにもとづく授業開発』明治図書，2006年.
　・日本社会科教育学会出版プロジェクト編『新時代を拓く社会科の挑戦』第一学習社，2006年.

- 社会系教科教育学会編『社会系教科教育研究のアプローチ～授業実践のフロムとフォー～』学事出版，2010年．
(2) 1947年に学習指導要領試案として示されて以来，1951年，1955年，1958年，1968年，1977年，1989年，1998年，2008年と8度にわたり改訂がなされたが，内容面より方法面を中心とした改訂の方向性がみられる。
- 国立教育政策研究所編，『教育課程の改善の方針，各教科等の目標，評価の観点等の変遷：教育課程審議会答申，学習指導要領，指導要録（昭和22年～平成15年）』国立教育政策研究所，2005年．
- 文部科学省「第2節社会」『小学校学習指導要領』東京書籍，2008年．
(3) メディアによる社会問題に関しては，次の文献を主に参照。
- 水越伸『デジタル・メディア社会』岩波書店，1999年．
- 柳澤伸司，他『メディア社会の歩き方』世界思想社，2004年．
- 横田増生『アマゾン・ドット・コムの光と影―躍進するIT企業・階層化する労働現場―』情報センター出版局，2005年．
- 佐藤卓巳『メディア社会―現代を読み解く視点』岩波書店，2006年．
- 森健『グーグル・アマゾン化する社会』光文社新書，2006年．
- 蒲島郁夫・竹下俊郎・芹川洋一『メディアと政治』有斐閣，2007年．
- 井上俊・伊藤公雄編『社会学ベーシック第6巻 メディア・情報・消費社会』世界思想社，2009年．
(4) ニール・ポストマン『子どもはもういない』小柴一訳，新樹社，1985年．
(5) 堀正嗣「子ども観を問い直す」菅澤順子，他『子どもの生活世界と人権』拓植書房，1995年．
(6) 本田和子『変貌する子ども世界』中公新書，1999年．
(7) NHK放送文化研究所『2010年 国民生活時間調査報告書』2011年2月．
(8) 鈴木みどり「第一章メディア・リテラシーとは何か」『メディア・リテラシーを学ぶ人のために』世界思想社，1997年，pp.5-8．
(9) 「新学力観」の中核をなす学力である。旧来の学力観が知識・技能中心であったことに対して，知識基盤社会等の新しい社会状況に対応する学力として，学校教育法第30条の第2項に規定された。
(10) 「メディア社会解釈学習」については，本論の第2章第3節3において詳細に記している。

また，本論文と関連した次の拙稿では，「メディア解釈学習」と標記しているが，本論文においては，メディアではなくメディア社会の構造を解釈する学習であるこ

とを強調する意図から「メディア社会解釈学習」と名称を変更している。
・松岡靖「『メディア解釈学習』による小学校情報産業学習の開発—単元『メディアによる風評被害』の場合—」社会系教科教育学会『社会系教科教育学研究』第22号，2010年，pp.160-170.
・松岡靖「ネットメディアによる販売と消費の変化を読み解く『メディア解釈学習』—単元『成長するネットショッピング』の場合—」全国社会科教育学会『社会科研究』第74号，2011年，pp.11-20.

第Ⅰ部　メディア社会の概念的枠組みと小学校社会科カリキュラム開発の視点

第1章　メディア社会の特質と概念的枠組み

本章では，メディア社会とは何か，その特質から概念的枠組みを示すことを目的とする。メディア社会といった文言は，多くの研究書や論文において記述されながら，統一した概念としては扱われていない[1]。したがって，これまでのメディアに関する研究成果に基づき，現代社会のある側面，メディアと社会の関係性に基づいた一定の見解を本章では表明する。

最初にメディア社会の基本的枠組みを示した上で，メディア社会の構成面を視点に，メディアとは何か，メディアが媒介する情報とは何かについて検討する。次に，メディア社会の影響面を視点に，コミュニケーション活動におけるメディアの影響について検討する。そして，これらのことを踏まえた上で，メディア社会の定義と概念的枠組みを明らかにする。

第1節　メディア社会の基本的枠組み

メディア社会は，メディアによって特徴づけられた「社会」である。「社会」といった概念が日本で成立したのは，明治初頭であり，ソサエティという英語を翻訳するために新しくつくられた言葉であると言われている。西洋では，ソサエティは「多様な価値観をもった市民たちが全体への責任をもって共同生活する場」と解されてきた[2]。また，「①人間が集まって共同生活を営む際に，人々の関係の総体が一つの輪郭をもって現れる場合の，その集団。」（広辞苑6版，2008）とあるように，人と人との共同生活における集団が「社会」なのである。そして，このような共同生活の場は，人間相互の関わりによって成立するものであり，関わりがなければ共同生活もなく，「社会」といった概念自体も成立しない。つまり，「社会」とは人間相互の関わりの

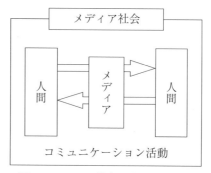

図1　メディア社会の基本的枠組み

中で成立する概念であり，人間の行為のほとんどすべてが他者との関わりの中にあることを考えると，「社会」の内容は多様であり，何らかに特徴づけない限り曖昧なイメージしか持てない言葉なのである。

　このような「社会」をメディアによって特徴づけると，人と人との相互関係の中にメディアが位置づくことになる。つまり，送り手である人間が情報を送り，受け手である人間がそれを受け取るといったコミュニケーション活動を媒介するのがメディアなのである。

　したがって，メディア社会は，情報の媒介作用をもつメディア・コミュニケーションによって特徴づけられた社会と捉えることができるであろう。

　本章では，人間と人間のコミュニケーションを媒介するメディアを示した図1をメディア社会の基本的枠組みとして設定する。

　この基本的枠組みにおいて，「メディア社会では，メディアが人と人とのコミュニケーション活動をどのように構成するのか」といったコミュニケーション活動におけるメディアの構成面への関与，また，「メディア社会では，メディアが人と人とのコミュニケーション活動にどのような影響を与えるのか」といったコミュニケーション活動におけるメディアの認知面への関与の2つの問いが成立する。そこで，先にメディアの構成面について，次にメディアの影響面について検討し，メディア社会の特質を示していきたい。

第2節　メディア社会の構成内容

「メディアがコミュニケーション活動をどのように構成するのか」といった問いに応えるために，本節では先にメディアの概念について検討する。

1　メディアの概念

出来事に意味を付加し体験を知識に変換する記号の伝達媒体を medium (*pl.*media) と呼ぶ[3]。一般的には，「媒体。手段。特に，マス・コミュニケーションの媒体」(広辞苑6版, 2008) と解されているように，書物や新聞，テレビ，電話，インターネットなど情報を媒介する働きをするもの，つまり，「情報媒体」を意味する。また，情報の発信者やその装置全体のシステムを意図する場合がある。例えば，マス・メディアの場合，新聞，テレビ番組だけでなく，その製作者や新聞社，テレビ局といった全体を示す場合がある。つまり，メディアは，情報媒体として，人，制作物，制作者など様々な意味を含んだ意味で使われているのであり，文脈の中で多義的に解釈される言葉なのである。このようなメディアの定義を示したのは，メディア学者の水野[4]である。水野は「最近，『メディア』という言葉がよく聞かれるが，その意味はかなり多義的であり，あいまいな場合もある。」とし，よくつかわれる使用法として，次の4点を示した。「①何らかの『情報』を創出・加工し，創出する『発信者』。②直接的に受け手が操作したり，取り扱ったりする『(情報)装置』。③そのような装置において利用される利用技術や情報内容(紙面や番組など)，つまり『ソフト』。④情報『発信者』と端末『装置』あるいは利用者(受け手)とを結ぶ『インフラストラクチャー(社会基盤)』もしくはそれに準ずる『流通経路』」。そして，水野は，これらの4つの要素をすべて含んだものを，メディアとみなしている。

また，佐々木[5]は，メディアのプラットフォーム化が進んでいることを指

摘し，及川の論に基づき，メディアを「コンテンツ」といった情報内容，「コンテナ」といった情報容器，「コンベヤ」といった伝達経路の3層で，メディアの構造を説明している。つまり，佐々木は水野が示した③と④を更に細分化し，これまでのメディア概念の拡張と変容を示しているのであり，今後，メディア概念の拡張を検討する上で重要な指摘であると言えるであろう。

本研究では，メディア社会の基本的枠組みに基づき，メディアの発信者からメディアの受信者（オーディアンス）への情報伝達を媒介するものとして，メディアを捉えている。つまり，メディア社会では，「発信者」，「受信者」，「メディア」をメディア・コミュニケーションにおける主要構成要素として規定する。これらの3要素は，関連し，一つのシステムを形成していると見なすことができるであろう（図2）。

そして，メディアシステムにおけるメディアを前述した水野と佐々木の論を参考に，「インターフェイス（装置）」，「コンテンツ（情報内容）」，「コンテナ（情報容器）」，「コンベヤ（伝達経路）」の4層で捉える（図3）。つまり，発信者からの情報は，コンテナに入れられたコンテンツとしてインターフェイスに載ってコンベヤで受信者に運ばれるのである。これらで捉えることで，メディア・コミュニケーションにおいて，メディアのどのような要素に介在されコミュニケーションされるのかが，明確化されると考える。

また，これらのコミュニケーション活動における媒介物の視点からではなく，どのような受信者を対象にするのかといった視点から，メディアはマス・メディアとパーソナル・メディアに分類される。

マス・メディア（図4）は，特定の発信者が，何らかの情報を不特定多数の受信者に向けて大量に伝達する際に用いられるメディアである。一般的には新聞，テレビ，雑誌，ラジオなどの報道に関するメディアを指すが，映画，音楽，出版等もこの範疇に入るであろう。また，インターネット技術を活用したWebページもその意味から含まれると考えられる。

それに対し，パーソナル・メディア（図5）は，主に個人に向けて情報を

第1章 メディア社会の特質と概念的枠組み　19

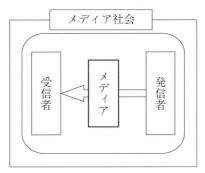

図2　メディア社会のメディアシステム

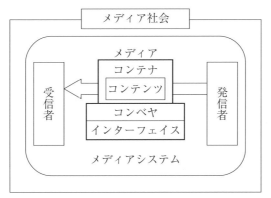

図3　メディアシステムのメディアの4層

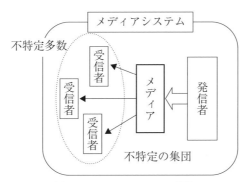

図4　マス・メディアの構造

20　第Ⅰ部　メディア社会の概念的枠組みと小学校社会科カリキュラム開発の視点

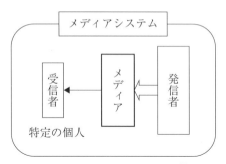

図5　パーソナル・メディアの構造

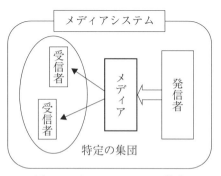

図6　ミドル・メディアの構造

発信するために用いられるメディアであり，電話，電子メール，携帯電話等が含まれる。また，古いメディアである手紙等もこの範疇に入ると言えるであろう。

　このような受信者をマスとするかパーソナルとするかといったメディア分類に対して，現在，特定の人々に対するメディア・コミュニケーションの形態として，ミドル・メディアといった概念が指摘されている[6]。ネットワークの形態からいえば，オープンではなく，特定のグループに対する情報発信であり，SNS（ソーシャルネットワーキング・サービス）等のメディアが構成しているのである。したがって，ミドル・メディアの形態もメディア社会の特質を考える上で，重要な概念であると言えるであろう（図6）。

以上の検討から，メディアは，発信者，受信者，メディアからなる，メディア・コミュニケーションのシステムにおける主要な構成要素として位置づき，受信する対象によってマス・メディア，ミドル・メディア，パーソナル・メディアに分類できるのである。これらのメディア構成と分類において，いずれにしても発信者によって構成された「情報」がメディアを介して受信者に伝わるものであり，「情報」といった概念を明確化する必要がある。そこで，次に「情報」について検討してみよう。

2　メディアが媒介する「情報」

　informationという言葉が日本に入ってきたのは，明治初期であると言われている[7]。佐藤によると，その訳語が「情報」として定着するのは大正も末のことであり，森林太郎（鴎外）の翻訳，クラウゼヴィッツ『大戦学理』（軍事委員会，1903）で確認できるとされる[8]。鴎外訳によれば「情報とは，敵と敵国に関する我智識の全体を謂う」とされ，「情報」は広義な軍事情報を意味していた。この意味から，「情報」は，敵国の軍事状況の報告内容と見なすことができるであろう。

　このような「情報」は，現在，「判断を下したり行動を起こしたりするために必要な，種々の媒体を介しての知識。」（広辞苑6版，2008）と定義づけられている。つまり，知識が個に留まっている状態は情報ではなく，知識が個から表出して他者に伝わる段階において「情報」となるのである。このように，他者に伝わるコミュニケーションの過程において，知識は「情報」化し，「情報」といった記号は，メディアを介して受信者の知識に変容される。したがって，発信者の知識と受信者に伝わって構成された知識には違いがあり，そのことがメディア・コミュニケーションにおける大きな課題となると，ここで指摘しておこう。

3 メディアの歴史的構成

　これまで検討したメディアの概念は，いつ成立し，どのようにして今日のメディアシステムを構成してきたのか。メディアの多義性や拡張面を検討するために，その歴史的過程を検討してみよう。

　メディア概念の成立は，第一次世界大戦後に今日の意味で使われるようになったという[9]。佐藤によれば，『オックスフォード英語辞典』において，1923年にアメリカの業界紙『広告と販売』に使われた用例が初出とされ，本格的な消費社会の到来とともに現れた新語として「メディウム（単数形）」は，特に広告媒体として意識された新聞，雑誌，ラジオなどを集合的に示す「マス・メディア」として人口に膾炙されたという。また，そのため一般的には，パーソナル・メディアとして広告媒体化が遅れた手紙，歌謡，電話はもちろん，書籍，レコード，写真も，情報伝達手段でありながらメディアとして意識されることは少なかったという。

　要するに，メディアの概念は，消費社会の到来の中でマス・メディアとして，広告媒体として使われたのが始まりであり，今日の消費社会の高度化に伴って広告領域の拡大からメディアの範疇も広がっていったのである。つまり，メディアは資本の投下によって拡大してきた概念であり，単なる「情報媒体」ではなく経済的側面を持ったメディアなのである。このような経済的側面からメディアの拡張を考察すると，今日のメディア社会の状況は，特にマス・メディアによってもたらされたと見なすことができる。例えば，最初，個人間のコミュニケーションの手段であった電子メールが，商業性を帯びるにつれ，マス・メディア化し問題を生んでいるのは周知のとおりである。消費を生むための不特定多数に向けて情報発信するといったマス・メディアの特性により，現在のメディア社会の状況が特徴づけられるのである。

　また，このようなメディアの変遷は，新しいメディアが生まれても，古いメディアが駆逐されるわけではない特徴を有する。例えば，今日の場合，多

くのメディア・デバイスがデジタル化されつつある。しかし，多くの場合，古いメディアは目的や機能を特化して存続するのである。そしてこのことが，時代の変化に応じて主要なメディアの出現と共に，それまでのメディアが分化し，多様なメディア環境を表出させているのである。そして，このような多様なメディア環境は，情報通信技術の発達が可能にするのである。

佐藤は，「知識から情報を生み出した電気通信段階こそが，現代化の起点である。」と指摘し，「情報の流通量では19世紀後半のテレ・コミュニケーション技術の登場以前と以後で比較を絶した差異があり，情報の蓄積量でも20世紀半ば以降のコンピュータ技術の発展が『情報爆発』をもたらした。」と，個に留まっていた知識が大量に情報化したことが，現代化の起点であるとした[10]。そして，日本では1960年代以降，労働人口の過半数が情報関連産業に従事するポスト工業化社会を「情報化社会」と呼ぶようになり，情報の商品化が進んだ。実際「情報通信白書」によれば，2001年度の情報通信産業の市場規模は，総額で123.1兆円（全体の12.6％），また，実質GDPで64.3兆円（全体の12％）であり，これ以降，情報通信産業は日本最大の産業として成長してきている。このような情報通信産業において販売する「情報」を媒介するのがメディアなのである。つまり，情報通信技術の発達による知識の情報化と商品化による情報通信産業の成長が今日のメディアシステムを構成しているのである。

以上，メディア社会の構成内容について検討してきた。これまでの検討内容からメディア社会におけるキーワードは，「拡張」である。メディアといった概念が成立した第一次世界大戦以降，情報通信技術の発達により，メディアシステムは，広告媒体として，また，デジタルとして，そして，マス・メディア，ミドル・メディアとして，多様化し，「拡張」してきた。本章では，これまで検討してきたことに基づき，図7をメディア社会の構成内容として示す。

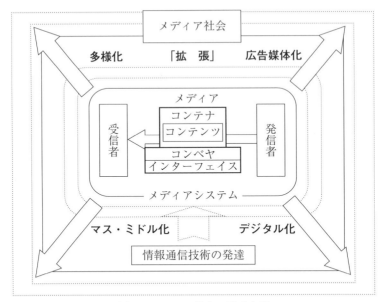

図7　メディア社会の構成内容

第3節　メディア社会の認知面への影響

　これまで検討したメディア構成が，コミュニケーション活動にどのような影響を与えるのであろうか。本節では，メディアによるコミュニケーション活動の認知面の影響について検討する。

1　コミュニケーション活動の構成内容

　本研究では，これまでに，メディア社会において，発信者，メディア，受信者からなるメディアシステムを示し，メディア・コミュニケーション活動における主要な構成要素とした。そして，他者に伝わるコミュニケーションの過程において，知識は「情報」化し，「情報」といった記号は，メディア

を介して受信者の知識に変容されることから，発信者の知識と受信者に伝わって構成された知識には違いがあり，そのことがメディア・コミュニケーションにおける大きな課題であることを指摘した。

このようなメディア・コミュニケーションにおける課題の検討のために，コミュニケーション論における「コード（code）」と「コンテクスト（context）」といった概念で検討してみよう。

発信者が受信者に伝えたい知識は，メディアに媒介されるときに何らかの記号（例えば，文字や音声）に変換され，メディアを経て，受信者において記号は解読される。したがって，このような記号の規約や解読するルールを知らなければ，コミュニケーションは成立しないことになる。このような記号を解読し，情報を解釈するのに必要な規約をコードという。例えば，片方が英語でコミュニケーションを図ろうとしても英語のコードを他方が知らなければ，コミュニケーションは成立しないのである。また，いくらコードを知っていてもコミュニケーションが成立しない場合がある。例えば，発信者や受信者が属する文化的状況や文脈が違えば，コミュニケーションがかみ合わない場合も出てくる。このようなコミュニケーションを成立させるための様々な周辺の情報を「コンテクスト（context）」と言う。したがって，メディア・コミュニケーションにおいて，コミュニケーションを図るための主要な要素は，記号，コード，コンテクストといった概念なのである。

これまでの検討に基づき，メディア・コミュニケーションを図に示すと図8になる。発信者の伝えたい知識は，コードに基づき記号化（encoding）され，記号の集合体がメディアに載って，受信者に伝わり，受信者はコードに基づき記号解読（decoding）し，自分の知識とする。この時，より十分な理解のためにコンテクストを必要とするのである。

このようなコミュニケーション活動を水野[11]は，一方から他方に情報を伝達する最もオーソドックスな「通信」モデルと定義づけた。このモデルでは，発信者の選択したコードに受信者は依存し，受信者は解読することになるこ

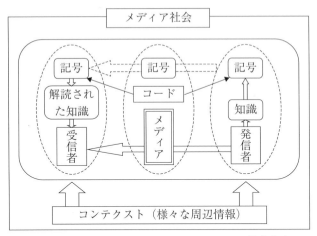

図8　メディア・コミュニケーションの構成内容

とから発信者中心としている。しかし，このようなコミュニケーションの定義に対して，ある場合には，受け手がある対象や状況あるいは現象を記号的なものとして受け取り，それから情報を読み取ることもあるとする。そして，このようなコミュニケーションモデルを「読み取り」モデルと定義づけている。この場合，意図的な送り手は存在せず，受信者がコンテクストに注目し，記号を解釈することから受信者中心としている。

　これらのコミュニケーションモデルは，メディアが表出する記号を解読・解釈するものであることは共通しているが，後者は発信者が意図しない情報を受信者が読み取る場合においても，コミュニケーション活動が成立することを示している[12]。そして，いずれの場合にしても記号を構成したり記号を解読・解釈したりすることがコミュニケーション活動の基本となる。

　このような記号は，発信者の意図した内容を記号化する意味から「言語記号」と「非言語記号」に大別される。「言語記号」は，「音声記号」と「文字記号」，そして，ジェスチャーや手話などのボディランゲージも「言語記号」に準じたものとして分類される。他方，「非言語記号」は「映像（画像）」や

「音像（音楽）」に分けられるであろう。これらの記号が組み合わされ，メディアに載ることによってコミュニケーションが成立するのである。したがって，そのメディアにふさわしい記号化や記号を解読する能力や記号に伴うコードに関する知識が現代人に必要とされるのであり，これらの能力はメディア社会における基礎的能力としてメディア・リテラシーと呼ばれている。メディア・リテラシーに関しては，本論文において後ほど検討するので，ここではメディア社会においてコミュニケーションを成立させる基礎的能力として明記しておこう。

以上のように，メディア自体，記号が載った媒体（物理的支持体）[13]にすぎない。しかし，本稿で示したように，メディア構成が複雑に拡張するといったメディア社会の特質が，コミュニケーション活動に影響を与えているのではないだろうか。例えば，メディアが多様化すればするほど，そのメディアに応じて記号化や記号解読する能力，そしてコードに関する知識を必要とされるのであり，それらの記号やコードはメディアに依存するのである。

したがって，どのようなメディア構成が，コミュニケーション活動にどのような影響を与えるのか検討することが，メディア社会の特質を示す上で重要となるのである。

2　コミュニケーション活動におけるメディアの影響

2-1　パーソナル・メディアの場合

パーソナル・メディアにおけるコミュニケーション活動は，基本的には一対一の個人間コミュニケーションである。この場合，対面コミュニケーションと対面していないコミュニケーション活動が想定される。対面コミュニケーション活動におけるメディアは人である。つまり，発信者とメディアが同一のものと見なされ，「言語記号」を用いてコミュニケーションされる。その場合，コードの共通理解やより良いコミュニケーションのためのコンテクスト情報（例えばこの場合，その人自身の非言語的情報）の理解が課題となる。

また，対面していないコミュニケーション活動におけるメディアは，例えば，携帯電話，電子メール等のデータ通信や電報等の，電線や光ケーブルを使った有線系メディアである。主には，言語記号を用いてコミュニケーションされる。この場合，メディアのコードに依存し，そのようなメディアの使い方やルールが必要となる。また，対面していないためにコンテクスト情報が乏しく，その為，文字情報に依存することによる誤解が生じることがあるとされる。

以上のように，対面コミュニケーションでは，メディアと言うより，むしろコミュニケーションを図る状況が問題を生じさせるのである。また，対面していないコミュニケーションでは，見えない相手とコミュニケーションを図る機会が拡大するといったメディア社会の特徴により，世界中あらゆる所で個人間コミュニケーションを図れるといった利点以上に，コード理解の必要性，コンテクスト情報が不足することが課題となる。

2-2 ミドル・メディアの場合

ミドル・メディアにおけるコミュニケーション活動は，基本的には特定の集団内のコミュニケーションである。この場合，SNS等の閉ざされた空間内のコミュニケーション活動が想定される。このような空間におけるメディアは，SNS，ブログ等の特定の分野や趣味に関するメディアである。その意味からタウン誌や業界紙なども含まれると言える。印刷メディアの場合，これまで特定の集団内でコミュニケーションを図ろうとすると，印刷コストや流通コストの問題から物理的困難性を伴っていた。しかし，情報通信技術の発達により，誰でもコミュニケーションシステムを構築できることになったメディア社会の特徴がそのようなコミュニケーションを構築しているのである。この場合，コードは特定のネットワークの中に属する意味からコード理解を前提で構築されている。したがって，問題はコミュニケーションを図る時に，コンテクスト情報が不足し，言語記号や非言語記号に頼らざるを得な

いことである。

2-3 マス・メディアの場合

　マス・メディアにおけるコミュニケーション活動は，組織対不特定の集団のコミュニケーションである。この場合，不特定多数に向けた多量の情報発信によるコミュニケーション活動が想定される。マス・メディアは，新聞・TV・ラジオ・映画・雑誌・音楽・Webサイト（以下サイト）等のメディアであり，それぞれを発信する組織も同様にメディアとして認識される。これらのマス・メディアが，言語記号と非言語記号を用いてコミュニケーションする場合，それぞれのメディアに応じたコードが必要となる。しかし，メディア使用は受信者の選択に任されることにより，受信者の情報行動に依存しているのである。その為，例えば，サイトを見ることができる人とできない人といったデジタル・デバイドの問題等が生じる。この問題はインフラに関する問題であると同時にコード理解の問題を含んでいると言えるであろう。

　また，受信者に依存したコミュニケーションの形態は，「読み取り」モデルで指摘したように，受信者のコンテクスト情報への注目に依存する。つまり，それぞれのメディアが示す記号をコードに基づき解釈する場合，コンテクスト情報の注目度によって理解が異なるのである。例えば，同じニュースが伝えられても，ニュースキャスターが異なれば信頼度や解釈の程度が異なることになる。このことは，対人コミュニケーションで指摘したことと同様であり，非言語的情報といったコンテクストの注目によって人の認識は異なることになるのである。

　更に，あらゆるメディアが商業性を帯びたマス・メディア化する視点から言えば，マス・メディアは経済的側面を持ったメディアである。メディアが媒介する記号の集合体である情報は，経済的背景に基づき構築される。その為，受信者が記号解釈する場合，社会的情報といったコンテクスト情報への注目の違いによって，異なった解釈のコミュニケーションが成されることに

表1　コミュニケーション活動における主なメディアの影響

	メディア（インターフェイス・コンテンツ・コンテナ・コンベヤ）	コードの影響	コンテクストの影響
パーソナル・メディア	人間自身（人間・メッセージ・会話・音声やボディランゲージ）	言語リテラシーに依存	非言語的情報（顔の表情・雰囲気など）に依存
	有線系メディア（携帯電話・メッセージ・会話・電話回線）	使用メディアに関するリテラシーに依存	周辺情報の不足
ミドル・メディア	印刷メディア（業界書籍・業界情報・紙・限られた書店流通）	特定のコード	非言語的情報（文脈等）に依存
	Webメディア（ブログ・特定の情報・Web・インターネット）	特定のコード	周辺情報の不足
マス・メディア	新聞メディア（新聞・記事・新聞紙面・販売店）	使用メディアに関するリテラシーに依存	非言語的情報（新聞の信頼度など）に依存 社会的情報（経済的・政治的影響など）に依存
	TVメディア（TV・番組・TV受像機・地上波）	使用メディアに関するリテラシーに依存	非言語的情報（番組出演者の顔の表情・雰囲気など）に依存 社会的情報（経済的・政治的影響など）に依存
	Webメディア（サイト・記事や番組・Web・インターネット）	使用メディアに関するリテラシーに依存（デジタル・デバイドの問題）	非言語的情報（サイトの信頼度など）に依存 社会的情報（経済的・政治的影響など）に依存

なるのである。

　以上のメディアによるコミュニケーション活動への影響は，代表的なメディアについて，表1にまとめることができる。

　したがって，メディアによるコミュニケーション活動への影響は，コードの影響とコンテクストの影響に2分される。コードの影響については，メ

ディアが多様に拡張することにより，それらのメディアに依存するコード理解が求められるのである。

また，コンテクストの影響については，メディアが拡張することにより，様々なメディア・コミュニケーションにおいて，メディアに載った記号だけが代表され，記号解読・解釈に伴うコンテクスト情報が捉えにくくなることである。非言語的情報への注目の有無，また，社会的情報への注目の有無によって，同一のメッセージにおいても解釈が異なることになるのである。

3　コミュニケーション活動に関するメディア研究

これまで検討したように，メディアのコミュニケーション活動への影響は，メディアに付随したコードとコンテクストによるコミュニケーションへの影響に現れる。そして，これらの影響は，発信者，受信者といった人の情報行動に関する影響なのである。そこで，メディアの情報行動への影響を視点に，これまでのメディア研究について検討してみよう。

3-1　マクルーハン（Marshall McLuhan）の主要命題

現代のメディア研究の一つの出発点をつくったのは，カナダのマクルーハンである。マクルーハンの中心的な考え方は，「メディアはメッセージである」といった主要な命題が示している[14]。すなわち，伝えられる内容とは別に，メディアの利用やメディアとの接触そのものが，われわれを一定方向へ誘導したり拘束したりするメッセージ性を帯びているという点が中心となっている。この命題について解釈した『マクルーハン理論』[15]において，カルキンは，次の4つの意味が含まれているとして，特に3番目が重要であるとする。

> 第一の意味は「メディアこそ調査すべきであり，メディアこそ人々が忘れているものだ，ということ。」

第二の意味は「コミュニケーションの形式は内容を変えるだけでなく，それぞれの形式はまた特定の種類のメッセージに適している。内容はいつもなんらかの形式で存在し，したがってある程度までその形式の力学によって支配される。」「それぞれのメディアは現実をちがったふうに構成する。」
　第三の意味は「メディアはそれを使う人間の知覚習慣を変える。内容とかかわりなく，メディア自体がなかにはいって行く。メディアは内容を伝える過程においても人々の感覚に働きかける。」「メディアは人びとをつかみ，揺さぶり，転がしまわし，マッサージする。メディアは人びとの心の窓を開いたり，閉じたりする。」
　第四の意味は「メディアは人間だけでなく社会もマッサージする。つまり人間に対してと同様に，社会に働きかけ，それを変えるのである。」
　要するに，「メディアは内容と使用者の両方を形づくるが，実際それときづかないうちに形づくる。」という解釈なのである。

　これらのカルキンの意味解釈について検討すると，第一の意味は，我々はメディアから発信される情報内容（コンテンツ）だけに注目しがちであるが，これまで検討したようにメディア自体の影響に着目することの必要性についての指摘である。また，第二の意味は，形式が内容を規定するといった見方は，メディア・コミュニケーション活動におけるコードが内容を規定すると言い換えることができる。つまり，発信者の伝えたい内容は，コード化する段階で構成されたものになり，異なるメディアの異なるコードを使えば，受信者の解釈内容は違ってくるのであり，メディアが違った現実を構成することについての指摘なのである。第三の意味は，メディア自体が人間の感覚に訴え，認識や感覚を変えたり，行動を変化させたりする力を持つことであり，メディアによる情報行動の変化を示す指摘である。そして，第四の意味は，メディアが社会の構造を変化させる力を持つことの指摘であり，メディア社会の拡張といった本論の指摘と同様であると言える。これらの意味解釈の中で，メディア・コミュニケーションにおける人の情報行動について主に示唆するのは，特に第二，第三の意味解釈であろう。したがって，「メディア

（コード）による現実の構成」,「メディアによる知覚習慣の変化」について更に検討する。

3-2 リップマン（Walter Lippmann）の「疑似環境」論

「メディア（コード）による現実の構成」は，人の情報行動への影響を視点にすると，人が直接知る世界ではなく，メディアを通して知る間接的な世界の増大が，どのような影響をもたらすのかと解釈できる。このような環境の間接化について論じたのが，ウォルター・リップマンであった。リップマンは『世論』[16]の中で，マス・メディアによって，頭に描かれる世界を「疑似環境」と呼び，現代の人間はマス・メディアが作り上げた「疑似環境」を認識し，それに反応しているとし，現実の環境の内容と「疑似環境」の内容が一致しているのであれば問題ではないが，送り手が隠したい情報は当然伝えられないし，出来事はたいてい複雑な事情の中で起こるのに，短い内容に単純化されてしまい，現実とメディアが伝える「疑似環境」の不一致が避けられないとする。そして，このようなことが，実際の出来事の正確な認識を妨げ，意図的に情報を操作しようとする者たちに対するチェックもできなくさせているとしている。つまり，メディアの背後にあるコンテクストが見えないために，発信者による意図的なコントロール化による現実の構成が，人の情報行動を支配する場合があるとの指摘なのである。

さらにリップマンは「われわれはたいていの場合，見てから定義しないで定義してから見る」とする。複雑な出来事は，そのまま認識するには比較したり分析したりする手間がかかるが，その手間を省くために人間は，多くの既成の観念やイメージを利用している。同じ国の他者に対して，年齢や性別，出身地などで先入観をもってしまいがちであると同様に，どの国民も外国人に対しては特有のイメージをもっており，時にはそれが偏見となってしまうのである。つまり，マス・メディアのコード化の特徴である単純化した情報が，人々のステレオタイプでものを考えることを助長しているといった指摘

なのである。

　以上のことは，今日のメディア環境の中でよく垣間見ることができる。例えば，ニュース番組制作においては，マス・メディアがニュース内容を選択・構成し，報道しているのであり，そこには意図的な操作が存在する。また，その場合，強調したいニュースは，センセーショナルに報道しがちであり，こうした誇張した報道が，我々を一定方向に導いていることは歪めない事実である。また，多くのマス・メディアの複雑な物事を単純化した報道が，判で押したような同じ考えや見方を浸透させるといった，我々のコミュニケーション活動に多くの影響を与えていることも紛れもない事実であろう。

　このようなメディアによる「疑似環境」化は，現代において更に進み，マス・メディアは架空のイベントを積極的に生み出そうとしている。しかし，このメディアによるイベント化は，人々の情報行動における「知覚習慣の変化」によってもたらされたものなのである。

3-3　ブーアスティン（Daniel Joseph Boorstin）の「疑似イベント」論とラング夫妻（Glady Engel Lang and Kurt Lang）の「メディアイベント」論

　ブーアスティンによれば，現代においては，人々は退屈を嫌い，常に刺激的で面白いものを求めようとする[17]。それは，ニュースにおいても同様であり，日々刺激的なニュースを求めるために，メディアは自らニュースを作り出していかなければならないとする。そして，具体的には，記者会見やインタビューや討論といったイベントが設定され，それらが現実よりも魅力的で印象深いものにするという。このような「疑似イベント」の例として，アメリカ大統領選挙キャンペーンにおけるテレビ討論であるジョン・F・ケネディとリチャード・ニクソンとの間でなされた1960年の討論を示している。ブーアスティンは，これはクイズ番組の応用であって，人々は大統領候補たちがノートもなしに，さまざまな質問に短い時間で反応するのを見ることにより，その回答の中身よりも，演技そのものに関心を抱くようなイベントが

第1章　メディア社会の特質と概念的枠組み　35

構成されると指摘している。

　つまり，このことは，マス・メディアによる番組製作が，実は視聴者の期待に沿って構成され，人々の知覚したい内容が情報の中身より，その人の振る舞いといった非言語的情報（コンテクスト）に注目していることを示唆している。

　また，このような「疑似イベント」は，メディアが作り出すものであるが，メディア以外が主体的にメディア報道を前提に作り出すイベントがある。それが「メディアイベント」である。ラング夫妻は，イベントのテレビ中継によって示される「現実の再現」は，物理的現実と異なっているか，むしろテレビの示す現実のほうがさまざまな面で，いわば「優位性」を持ちさえすることを実証的に明らかにしている[18]。具体的には，ダグラス・マッカーサーのシカゴパレードのテレビ中継が研究対象とされ，パレードの現場の見物人を観察した報告とテレビのパレードの様子が対比された。その結果，物理的な現実とテレビによる現実の再現が，相当異なっていることが示されたのである。実際のテレビ番組では，カメラによって現実が切り取られ，特にクローズアップが多用され，パレードをドラマティックなイベントとして描かれている。そして，このようなイベント中継では，まず，テレビが人々に対して何らかのイメージを抱かせ，さらに，その期待に沿った形で政治的な出来事の像が選択され，強調されているとする。

　つまり，先のブーアスティンの論と異なり，人々の期待を構成したのは，マス・メディアであり，その意向に沿って「メディアイベント」が構成される。そして，それを構成するのはテレビの特徴的なコードであり，テレビのコード化といった仕様が「メディアイベント」を成立させていることを示している。

　このようにメディアは現実をイベントとして構成する。そして，イベントは受信者の期待に沿う形で構成される。このことは，人の情報活動はコミュニケーションを行う前段階に刺激的で面白いものを求めるといった期待が存

在する場合があること，また，イベントの参加者である受信者が注目するのは，情報の中身よりコンテクスト情報であること，そして，「メディアイベント」はテレビといったマス・メディアのコードによって現実化させることを示している。

以上，本節では，メディア社会のメディアによる影響内容について検討してきた。

最初に，メディア・コミュニケーションに影響を与えるのは，メディアに付随したコードとコンテクストといった概念であり，コードの影響に関しては，メディアが多様に拡張することにより，それらのメディアに依存するコード理解が求められること，また，コンテクストの影響に関しては，様々なメディア・コミュニケーションの中でメディアに載った記号だけが代表され，記号解読・解釈に伴うコンテクスト情報が捉えにくくなることといった特徴を示した。

次に，これまでのメディア研究の知見から，「疑似環境」論，「擬似イベント」論，「メディアイベント」論を示し，その中で人の情報行動におけるメディアの影響について検討し，コードやコンテクストの影響について示してきた。

そして，これらの検討において主に対象となったのは，マス・メディアであった。つまり，メディア社会における影響の多くは，マス・メディアによってもたらされることを，ここで指摘しておこう。

第4節　メディア社会の定義と概念的枠組み

これまでの検討内容に基づき，メディア社会の社会構成について定義しておこう。メディア社会は，情報通信技術の発達による社会の「拡張」とメディアによるコミュニケーション活動の影響によって構築された社会である。構成面においては，デジタル化，デジタル化に伴うマス・メディア化といっ

た視点，また，影響面においては，ステレオタイプ化，イベント化，コントロール化といった視点がメディア社会のキーワードとなる。これらのキーワードに基づきメディア社会の社会構成を次に示すように定義する。

> 「デジタル化するメディア社会」は，情報通信技術の発達により，多様なメディア環境が表出し，アナログからデジタル化，パーソナル・メディアからマス・メディア化といったメディアシステムが拡張する社会である。また，様々な社会分野においてデジタル化の影響が顕著な社会でもある。
>
> 「ステレオタイプ化するメディア社会」は，多様なメディア環境の表出により，メディア・コミュニケーションにおいて，受信者が画一的な見方が形成される社会である。また，この社会では発信者の意図的な情報操作は存在せず，メディア表現のコード化の特徴により，単純化した情報が受信者に認知的影響を与える社会でもある。
>
> 「イベント化するメディア社会」は，メディア・コミュニケーションにおいて，受信者の期待に応じて発信者によって情報が操作され，メディア・イベントが構成される社会である。また，この社会では，受信者が注目するのは情報の真偽ではなく，イベントのコンテクスト情報であり，マス・メディアのコードによって現実が誇張される社会でもある。
>
> 「コントロール化するメディア社会」は，メディア・コミュニケーションにおいて，発信者により意図的な情報操作を受け，受信者がコントロールされる社会である[19]。また，この社会では，メディアの背景にあるコンテクスト情報が意図的であるほど見えにくく，発信者による意図的な現実の構成が，受信者の情報行動を支配する場合がある社会でもある。

　以上のメディア社会の社会構成の定義を総括し，図9にメディア社会の概念的枠組みとして明示した。

　図9では，メディア社会は，発信者・受信者・メディアからなるメディアシステムによって構成される社会であること，また，情報通信技術の発達により，メディアが多様化し，メディアはデジタル化され，メディアシステムが拡張する社会であること，そして，メディアシステムのコミュニケーション活動では，コードとコンテクストの影響を受け，受信者は，コントロール

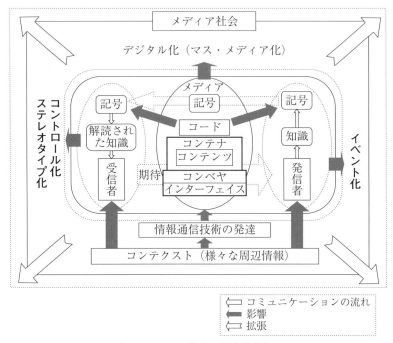

図9　メディア社会の概念的枠組み

化，ステレオタイプ化，発信者は，受信者からの期待を受けイベント化といった認知的影響を受ける社会であることを示している。更に，このような社会の中では，メディア自体もコンテクスト情報等の社会的状況や受信者の意向等の社会的影響を受ける存在であることを示している[20]。

【註】
(1) 例えば，中野は「メディア社会は，現代社会のある側面にかかわるイメージの名称化の域を出ていない」として，成熟したパラダイムではないことを指摘した。
中野収「メディア社会の描像」『社会労働研究』43号，1997年.
(2) 天野正子編『社会学用語辞典』学文社，1992年.
(3) 佐藤卓巳『現代メディア史』岩波書店，1998年，p.3.

⑷　水野博介『メディア・コミュニケーションの理論―構造と機能―』学文社，1998年.
⑸　佐々木俊尚『2011年新聞・テレビ消滅』文春新書，2009年.
⑹　同上書 p.52.
⑺　「情報」といった言葉の起源に関しては次の文献が詳しい。
　　仲本修四郎『情報を考える』丸善，1993年.
　　三上俊治「情報という言葉の起源に関する研究」『東洋大学社会学部紀要』第34-2号 1997年.
⑻　前掲書（註3）p.2.
⑼　同上書 p.3.
⑽　同上書 p.2.
⑾　前掲書（註4）p.7.
⑿　一般的にコミュニケーション活動といった場合，一方的な情報伝達ではなく，発信者と受信者の役割が交換され，情報をやり取りすることが続くことで成立すると見なされることがある。つまり，双方向の伝達をコミュニケーションと考える立場である。しかし，双方向と一方向の違いは，どこまでをコミュニケーションと捉えるのかといった立場の違いに過ぎず，本稿では発信者から受信者への情報伝達をコミュニケーションと捉えている。
⒀　メディアを物理的支持体と捉えたのは吉見である。吉見はメディアの構成内容を分類し規定している。
　　吉見俊哉「歴史の中のメディア変容―草創期の音響メディアを事例として―」日本マス・コミュニケーション学会『マス・コミュニケーション研究』42号，1993年.
⒁　M.マクルーハン『人間拡張の原理―メディアの理解』後藤和彦・高儀進訳，竹内書店，1967年.
⒂　M.マクルーハン＆E.カーペンター編著『マクルーハン理論』大前正臣・後藤和彦訳，平凡社，2003年.
⒃　W.リップマン『世論』掛川トミ子訳，岩波文庫，1987年.
⒄　D.J.ブーアスティン『幻影の時代』星野郁美・後藤和彦訳，東京創元社，1964年.
⒅　K.ラング＆G.E.ラング「テレビ独自の現実再現とその効果・予備的研究」『新版マスコミュニケーション　マス・メディアの総合的研究』学習院大学社会学研究室訳，東京創元社，1968年.
⒆　ノーム・チョムスキー（Avram Noam Chomsky）のメディア・コントロールは，政府による組織的な宣伝活動と情報管理による世論のコントロール化である。それ

に対し，本研究におけるコントロール化する社会は，発信者の意図的なメディア構成により受信者が影響を受ける社会のことであり，世論のコントロール化だけを意味しない。
N.チョムスキー『メディア・コントロール』鈴木主税訳，集英社新書，2003年．

[20] メディアが社会的生産物であるとする立場からの研究として，ソシオ・メディア論を示した水越の研究がある。
水越伸『デジタル・メディア社会』岩波書店，1999年．

第2章　メディア社会における
小学校社会科カリキュラムの理論仮説

　前章では，メディア社会の構成内容と影響内容の特徴について検討し，メディア社会の社会構成とその概念的枠組みを示した。これらの特徴を持つメディア社会の中で，小学校社会科カリキュラムはどのように構成されるべきなのか，本章では理論仮説を提示し，カリキュラム構成の手続きを明示する。

　序章で示したように，社会科におけるメディア関連研究は，メディアを手段的に扱う学習指導方法論に偏り，内容構成論，また，カリキュラム論としては十分に蓄積されてきていない。したがって，メディア社会といった新たな社会に応じた新たなカリキュラム編成の論理を示すことが求められる。

　現状の小学校社会科の教育内容は，基本的には同心円的拡大論に基づき，身近な地域から同心円的に拡大を図る内容の段階性に応じて編成されている。そして，このような内容の段階性は，現代の子どもたちの生活実態を反映したものではなく，カリキュラム構成の根拠が失われつつあることが，これまでに指摘されてきている[1]。実際，子どもたちは，小さい頃から小さい環境に触れ大きくなるに従ってより大きな環境に広がっていく生活実態ではなく，小さい頃からさまざまな情報に触れ，交流する範囲はメディア経験の増加と共に大きく広がっているのである。そして，インフォーマルではあるが，世界中の出来事を瞬時に見たり，コミュニケーションを図ったりできるメディア環境の中で生活していると言える。したがって，メディア社会といった新たな教育内容の編成にあたっては，内容の段階性ではなく，子どもたちの現実の姿を反映したカリキュラムの編成が望まれると言えるであろう。

　本章では，第1節において，最初に全体目標を示した上で，子どもたちのメディアに関する現実から目標の層構造を設定する。第2節では，層目標に

沿う形で小学校社会科の内容構成を示していく。また，第3節では，メディア社会の新たな学習論を提起し，その学習原理を明らかにしていく。そして，第4節においてカリキュラム構成の手続きを提示する。

第1節　メディア社会における小学校社会科の目標

1　全体目標

　メディア社会は，情報通信技術の発達による社会構造の「拡張」とメディアによるコミュニケーション活動への影響によって特徴づけられた社会である。このような社会では，子どもたちの認識すべき内容は，時間の経過とともに，大きく変化することが予想される。すなわち，社会諸科学の学問の成果としての静的な知識の獲得だけを目指すのではなく，拡張するメディア社会の構造や社会的状況を子どもたち自身が「解釈」[2]する学習を構成することが求められると言える。したがって，本研究における全体目標は，「メディア社会について解釈することを通して，民主主義社会の形成者として必要な市民的資質の基礎を育成する」ことである。これは，平成20年版学習指導要領の目標とは次の点で異なる。

　第一は，文字通りメディア社会を学習対象としている点である。メディアによって特徴づけられた社会を認識対象とすることで，今後，ますます拡張するメディア社会に生きる子どもたちに必要な資質育成を目指すのである。そして，その学習原理は「解釈」である。

　学習指導要領で示された「理解」は，人間の問題解決的な行為を追体験させ，目的と手段の関係からその社会的意味を「理解」することが目的化される[3]。「子どもの主体性を育てる」面からは，高く評価される[4]が，主観的認識に留まり認識の客観性が保障されないこと，また，事実認識と価値認識が一元的に結びつき価値注入教育になりやすいことが指摘されてきた[5]。本研

究では主観的認識から多面的な認識を得た上で，学習者自身が学習対象の意味枠組みを捉え直し，自律して「解釈」する構築主義的な学習原理に基づくのである。

　第二は，「民主主義社会の形成者としての市民的資質」を育成することを求めている点である。メディア社会は，メディアによる社会構造の拡張と影響によって特徴づけられた社会である。この社会では，多様なメディアの拡張による現象化とメディアによる市民生活への様々な影響が特徴となる。社会生活の場面によっては，メディアが民主主義社会を否定したり，促進したりする場合も有り得るであろう。そのような社会の中で，学習者に求める資質は，国家の形成者というより，自分たちが属する民主主義社会を形成する市民として，メディア社会をよりよく改善し，構築することのできる資質の育成である。

2　目標の層構造

　メディア社会を解釈し，民主主義社会の形成者としての市民的資質を育成するには，どのような目標を設定したらよいのか。大きく分けて，2つの目標構造が想定される。

　一つは，メディア社会の現状の枠組みを解釈するための目標であり，他方は，現状の枠組みを捉え直し，メディア社会の新たな解釈を構築するための目標である。そこで，これら2つの観点から，目標の層構造を設定していく。

　メディア社会の枠組みを解釈するとは，①メディア社会を作り出す構造を多面的に認識する層と②批判的に構造を読み解き，多面的な価値を認識する層に分かれる（図1）。

図1　現状の枠組みを解釈する目標の層構造

　メディア社会の新たな解釈を構築するとは，現状のメディア社会を解釈した上で，③自分の価値選択により対案を形成する段階と④形成した対案を吟味する段階に分かれる（図2）。

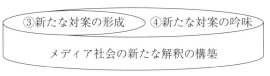

図2　新たな解釈を構築する目標の層構造

　以上の目標の層構造をまとめると次の図3となる。

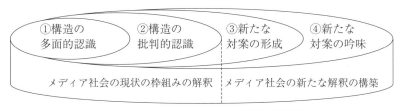

図3　メディア社会における目標の層構造

第2節　メディア社会における小学校社会科の内容

1　小学校社会科の内容構成

　これまで示した目標の層構造（①構造の多面的認識②構造の批判的認識③新たな対案の形成④新たな対案の吟味）に応じた小学校社会科の内容はどのように構成されるべきか。第1章で示したメディア社会の社会構成は，デジタル化，ステレオタイプ化，イベント化，コントロール化といった視点によって特徴づけられている。そこで，4点の層構造に対応したメディア社会の社会構成を学習内容として位置づける。

　①は，メディア社会の構造の多面的な認識である。メディア社会では，情報通信技術の発達により，メディア環境が多様化し，これまでのメディアはデジタル化，マス・メディア化し，メディアシステムが拡張していく。子どもたちは，自分たちの生活の中でアナログからデジタルへのメディアの拡張や様々なメディアの出現を実感することが多いことが予想される。しかし，子どもたちのメディアに対する認識は，インターフェイスレベルに留まり，それを導くメディア社会の構造を理解していないのである。したがって，学習内容として，デジタル化するメディア社会を位置づけ，具体的な目標として「情報通信技術の発展により変化するデジタル化するメディア社会の構造を多面的に認識すること」を設定する。

　②は，メディア社会の構造の批判的認識である。これまで，メディア・コミュニケーションにおけるメディアの影響を，ステレオタイプ化，コントロール化，イベント化といった視点で示してきた。これらの視点のうち，ステレオタイプ化は発信者の意図的な情報操作は存在せず，メディアの特性により受信者が影響を受けることである。しかし，子どもたちの日々のメディア経験の中で，画一化した見方が形成されていることに気づいていないので

ある。したがって，学習内容として，ステレオタイプ化するメディア社会を位置づけ，具体的な目標として「メディア社会のステレオタイプ化を導く構造を批判的に読み解き，多様な価値を解釈すること」を設定する。

③は，メディア社会の新たな対案の形成である。メディア・コミュニケーションにおけるメディアの影響のうち，イベント化は，受信者の期待に応じて情報が操作され，イベントが構成される。そこには，刺激的で面白いものを求める受信者の期待が存在する。しかし，子どもたちは，自分たちの期待によりメディアが構成されることがあることに気づいていないのである。したがって，学習内容として，イベント化するメディア社会を位置づけ，具体的な目標として「メディア社会のイベント化の現象を解釈し，価値判断し構築した対案を論理的に表現すること」を設定する。

④は，メディア社会の新たな対案の吟味である。メディア・コミュニケーションにおけるメディアの影響のうち，コントロール化は，発信者の意向に沿う形で受信者をコントロールする為に情報が操作される。そして，このような発信者の判断に多面的に影響を与える社会的背景が存在するのである。しかも，そのような背景は，発信者が意図的であればあるほど見えにくく，子どもたちにとって慎重に吟味しなければ十分な認識に至ることは難しいと言える。したがって，学習内容として，コントロール化するメディア社会を位置づけ，具体的な目標として「メディア社会のコントロール化の現象を解釈し，対案を吟味し，よりよい社会形成のために自律して判断すること」を設定する。

2　小学校社会科の内容構造

これまで検討したことに基づき，メディア社会における小学校社会科の内容構造は，次のように示すことができる。図4では，全体目標と目標の層構造に対応する学習内容を段階的に構成している。

第2章　メディア社会における小学校社会科カリキュラムの理論仮説　47

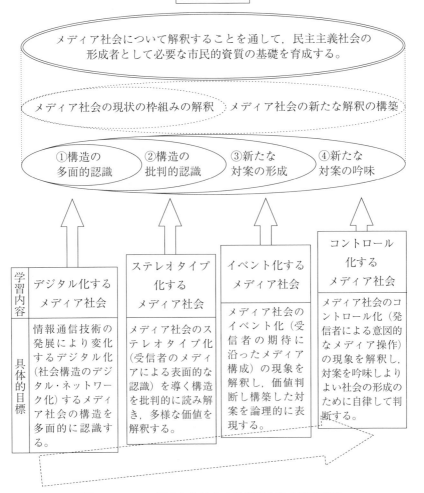

図4　メディア社会における小学校社会科の内容構造

第3節 メディア社会における小学校社会科の方法

　本節では,「メディア社会」における新たな小学校社会科学習指導論の構築に向けて, メディア教育, また, メディア・リテラシー教育として先進的に行われてきた, イギリス, カナダの教育を取り上げる。両国の歴史的経緯を踏まえた上で, それぞれの学習論の特質を明らかにし, 学習指導論「メディア社会解釈学習」を提起する。

1　メディア教育の歴史とその特質

1-1　イギリスのメディア教育

　イギリスのメディア教育[6]の始まりは, 1930年代の英文学者F.R リービス (Leavis) とその弟子であるデニス・トンプソン (Denys Thonmpson) までさかのぼるとされる。両者は『文化と環境―批判的な気づきのトレーニング』(*Culture and Enviornment:The Training of Critical Awareness,* Levis and Thompson, 1933) において, 当時のイギリスにおけるマスメディアの影響に関して危機感をもち, 新聞や大衆小説, 広告といったメディアによる大衆文化の影響, そして, それを支える大量生産システムについて, 批判的に検討する教育を展開した。つまり, メディアは, 子どもたちに有害な影響を与えるものであるから, メディアから自分を護る術を教え, 古典文化といったハイ・カルチャーの真価を認識させることに目的があったとする。また, この時代について, 菅谷は, 1930年代はヒトラーによるプロパガンダ映画の時期であり, 映像技術を駆使したプロパガンダ映画による大衆操作に対して, イギリスの公共放送であるBBCは, プロパガンダ映画を見分けるための番組を制作したり, ローマ教皇がメディア教育を正式に授業で取り上げるよう呼びかけるなどしたとしている[7]。つまり, メディア教育の萌芽の時期であるこの時代において, メディア教育は, その影響から子どもたちを守り, 文化

的に価値があるかどうかといったメディアに対する批判性を育てることから始まった教育であると指摘できるであろう。

　1950年代に入ると，カルチュラル・スタディーズといった新たな思想が登場する。つまり，大衆文化と古典文化に分けることへの疑問から，マスメディアといった大衆文化においても，リービス等のようにすべてを否定するのではなく，その中において良質なものの価値を認め，逆に低俗なものをより分ける力を育成することを狙ったとされている[8]。ステュアート・ホール（Stuart Hall）とパディ・ファンネル（Paddy Whannel）は『ポピュラー芸術』（*The Popular Arts*, Hall and Whannel, 1964）では，子どもの日常の文化的経験に基づき，「良い」文化に相当するポピュラーアートと「悪い」文化に相当するマスアートの識別をするために，授業を通して教師が投げかける問いによって生徒自らが身につけていくことが示されている。しかし，結局のところ，芸術的であるか否か，大量生産品であるか否かといった，リービスの文化的メディア批判と同様であり，メディア産業について教えることはあっても，メディアの社会的，政治的影響にまで考える授業とは成り得ていなかったのである。

　1970年代以降，イギリスのメディア教育は，大陸からの新たな思想を摂取することでその理論化が進んでいく。その代表的な存在がレン・マスターマン（Len Masterman）である。マスターマンは『テレビを教える』（*Teaching about Television*, Masterman, 1980）と『メディアを教える』（*Teaching the Media*, Masterman, 1985）においてメディア・リテラシーの理論的基礎を示している。マスターマンの理論の最も重要な点は，メディアが社会的に構成されたものであることを明らかにしたことである[9]。記号論を基にした分析的な方法論を用いることで，メディア・リプレゼンテーションの持つイデオロギーを社会的，経済的，政治的文脈で読み解いていくことを示したのである。つまり，特定の文化的価値に縛られることなく，メディアから発せられるメッセージを社会的文脈からクリティカルに読み解くといった

社会批判的なメディア教育の到達点を示していると言われている[10]。

そして，1988年のナショナル・カリキュラムの導入を契機にし，メディア教育は英語科の教育内容として位置づくことになる。それまで主に中等教育の選択科目として実施されてきたのが，5～16歳の生徒が履修する英語科の内容の一つとして見なされるようになったとする[11]。このことによりメディア教育は，テレビや映画を観察し，どのように構成されているのか，どのような技術が使われているのか等を「読解」することが目的となり，メディアの社会的構成や社会批判的な視点を失っていくこととなる。そして，1995年の英語科ナショナル・カリキュラムの改訂では，教材となるメディアは「良質」であるといった条件が加えられ，初期のメディア教育への回帰に向かっていく。

現在，イギリスのメディア教育において，大きな影響力を持つのはロンドン大学のバッキンガム（David Buckingham）である。バッキンガムは，子どもは大人が思っているよりずっと主体的で，批判的なオーディアンスであり，彼らの持っている知識や経験から始めるのがよいとしている。そして，子どもがメディアを楽しむことの重要性を評価し，批判的分析だけでなく，実践的制作を行うことを重視している。ただし，バッキンガムは作品を学習の最終目標と位置づけるべきではなく，子どもが自分たちの実践を振り返るための出発点だとし，制作活動を通して自己の振り返りを循環的に行うことが重要であるとしている[12]。

以上のように，イギリスのメディア教育は，メディアに対する文化批判的アプローチから始まり，マスターマンの社会批判的アプローチを経て，英語科の教育内容として位置づいたことから，メディアに対する読解的アプローチ，そして，現在，制作的アプローチが主流となっていると言える。

1-2 カナダのメディア・リテラシー教育

カナダのメディア・リテラシー教育[13]の基礎を築いたのは，当時トロント

大学の職にあったマクルーハン（Marshall McLuhan）とされている。1960年に提出された報告書の中で，マクルーハンは，今日の高校生は，テレビをはじめとする多大なメディア経験に満たされているにもかかわらず，本人も教育者もそのことに無自覚であるとして，メディアの性質やそれが私たちの生活に及ぼす効果について教えることの重要性を指摘した。この主張は，1969年のオンタリオ州の英語科教育課程に反映され，マスメディアを現代社会の問題を議論する際の補助的教材として利用することが奨励された。しかし，それはメディアを社会問題について討論する道具として利用したのであり，メディアの社会的枠組みの中で考察されることはほとんどなかったという。その後，教育予算の削減と基礎学力重視の流れの中で，メディア教育は衰退していった[14]。

　1970年代に入ると，カナダ国内のテレビの一般化，ビデオカセットレコーダーの普及により，過剰な暴力・性描写を含むアメリカ製テレビ番組がカナダ国内で視聴者が拡大することを懸念されるようになる。また，アメリカの大衆文化が，容易にカナダに持ち込まれることによって，カナダ文化の独自性を維持することが困難になるといったことも懸念された。ここにカナダにおけるメディア・リテラシー教育発展の直接的契機がある。つまり，市民の間でマスメディアに対する批判的意識が熟成されていったのである。1978年，マクルーハンの学生であったダンカン（Barry Duncan）ら英語教師を中心に，AML（Association for Media Literacy）が設立された。AMLは当初，メディア・リテラシー教育を独立した教科として教育課程の中に位置づけることを望んでいたが，普及を図る目的から英語科に組み入れる方針に転換し，ロビー活動を始めた。そして，1987年，オンタリオ州において言語科（7・8年）英語科（9～12年）教育課程の必須の教科内容として導入されたのである。その具体的な指針として，1989年に州教育省から『メディア・リテラシー・リソースガイド』（*Media Literacy Resource Guide*）が刊行された。その中でメディア・リテラシー教育の最終的な目標は「批判的な主体性」の

確立にあるとし，様々なメディアを社会的構成物として捉え，その社会的・経済的背景から批判的に読み解くことが求められたとする[15]。

1997年から2000年にかけて，オンタリオ州の言語科，英語科の教育課程が改定された。言語科では第1～8学年において「音声・映像コミュニケーション」の領域においてメディア・リテラシーが扱われることになった。その領域で重視されるのは，コミュニケーションスキルの発達であり，表現スキルの重視を示している。また，英語科においては言語科と同様，表現の優位性を示しながら，メディアに対する批判的思考スキルを重視することを挙げている[16]。

以上のように，カナダにおけるメディア・リテラシー教育は，オンタリオ州を中心として，当初，補助教材的なメディアの捉えであったが，AMLの地道な活動とアメリカ文化に対する防衛的な意識から，メディア・リテラシーが公的なカリキュラムに導入され，社会批判的アプローチによる教育が推進された。しかし，教育課程の改定後，メディア制作的アプローチが，社会批判的アプローチより優位に立っていることが指摘できるであろう。

1-3　日本のメディア・リテラシー教育

日本におけるメディア・リテラシー教育の歴史[17]は比較的新しく，未だ一般的ではない。そして，イギリスやカナダと異なり，公的なカリキュラムに位置づけられたことはない。しかし，メディア研究者，メディアを学ぶ重要性を認識する実践者の中で地道な研究や実践が行われてきた。例えば，1977年に設立された市民団体「FCT　市民のメディア・フォーラム」では，視聴者・研究者・メディアの製作者が集い，メディアの問題について語り合い，実証的な研究と実践的活動を積み重ねてきたとされている[18]。1982年には，ドイツのグリュンバルトにおいてユネスコ主催である「マスメディア利用における公衆の教育に関する国際会議」において，増大しつつあるメディアの接触と社会への影響を背景として，批判的な認識力を育成することが確

認され，更に創造的な表現の手段としてメディアを利用することやコミュニケーションのためのメディアについても議論された。そして，この会議がきっかけとなり，1986年に教育工学者である坂元らの研究グループがメディア・リテラシーを，メディア特性の理解力・批判能力，メディア選択・利用能力，メディア構成・制作能力の3つの能力として捉え，受け手・送り手・使い手としてこの能力を育成する点から，メディア・リテラシーの概念整理を行っている。また，水越は，これまでの教育メディア研究を整理し，メディア・リテラシーについて，3つの階層化された能力として，メディア使用能力，メディア理解能力，メディア表現能力として，その内容を具体的に示している。このように，日本においては，メディア使用やメディア利用能力までもメディア・リテラシーとして含めていることに特徴がある。このことは，日本においてメディアは，伝統的に教育方法を効率化する道具として位置づけられ，視聴覚教育や映像視聴能力研究の流れの中で始まったことが要因であると言えるであろう。また，多くの研究者による理論提示に留まり，具体的なカリキュラム構想と実践まで進まない現実もある。それは，メディア・リテラシーが複合的な力の総体であるといったことは共通理解できたとしても，では具体的に，どのような力を育成するために，どのような教科目で，どのように実践するのか特定することが難しいからである。

　しかし，教科教育において，特に国語科教育においてメディア・リテラシーの授業開発が蓄積されてきている。これは従来の「読み書き」の手段と対象をメディアまで拡張するものとして位置づけられるからである。国語学者である中村は，1980年代前後から音声言語学習が注目を集めるようになり，テレビニュースなどのメディアの表現方法が学習活動における表現方法として取り入れられるようになり，また，1990年代からの批判的読み，映像を活用した授業の必要性など，様々な改革提案がなされ，それらをメディア・リテラシーという大きな括りで捉えるようになったことが普及の要因であると指摘している[19]。また，国語科教育において，主にはメディアテキストの批

判的理解と創造的表現が中心であり，特に情報の深い理解を促す手立てとして表現活動は重視されているという[20]。

以上のように，日本におけるメディア・リテラシー教育は，多様な理論が，それぞれの異なるスタンスから示されていることにより統一した方向性が示されていない。そして，イギリス，カナダのメディア・リテラシー研究の取り組みとは大きく異なり，教育工学的な流れの中に位置づけられ，特にメディア使用能力といったリテラシーがメディア・リテラシーとして捉えられていることに大きな特徴がある。しかし，国語科教育の実践の中に，メディアテクストの読解的アプローチや制作的アプローチを見ることができるであろう。

1-4　メディア関連教育の特質と課題

これまで各国のメディア関連教育を概観してきたが，そのことに基づき，メディア・リテラシーを育むアプローチについて，まとめておきたい。本稿において示したのは，文化批判的アプローチ，社会批判的アプローチ，メディア読解的アプローチ，メディア制作的アプローチである。日本のメディア使用能力といった技能的な面を主に育成するメディア技能的アプローチとすれば，メディア・リテラシーを育成するアプローチは，次のようにまとめられる。

①文化批判的アプローチ…メディアの発する文化的価値の良し悪しを批判的に追究するアプローチである。
②社会批判的アプローチ…メディアが社会的に構成されたことを前提に，社会的文脈から批判的に追究するアプローチである。
③メディア読解的アプローチ…メディアやメディアテクストを分析したり，どのような技術が使われているのか追究するアプローチである。
④メディア制作的アプローチ…メディアテクストの制作を重視し，制作を通してメディアの社会的影響について振り返るアプローチである。

⑤メディア技能的アプローチ…メディアを使用する技能を育成することを重視するアプローチである。

　これらのアプローチによって目指すメディア・リテラシーは、後藤によれば「批判的思考力」と「コミュニケーション能力」の複合的な力として定義される[21]。では、現代社会の中でメディア・リテラシーとそれぞれのアプローチはどのように位置づけられ、どのような関係にあるのか。次の図5のようにまとめることができるであろう。

　図5では、現代社会と社会の中に位置づけられた教育、そして教育の中に位置づけられたメディア・リテラシー（批判的思考力とコミュニケーション能力）と5つのアプローチとの関係を示している。それらのアプローチは、メディアから表出されるメディアテクストに対する学習者の学習関与の違いに

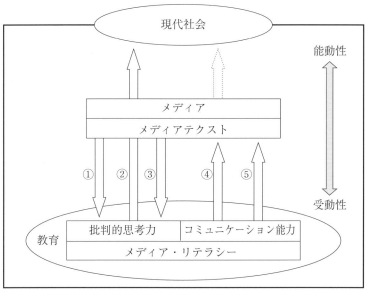

図5　社会に位置づくメディア・リテラシーアプローチ

よって、分類することができる。

　①のアプローチでは、メディアの文化的良し悪しを追求する学習活動が構成される。この場合、メディアは既存の文化事象であり、与えられたメディアを個人的に批判する受動的な学習となる。

　②のアプローチでは、メディアテクストを批判的に読み解くことを通して、メディアとメディアの社会的背景を追究する学習が構成される。この場合、表出するメディアテクストの背景に働きかけ、メディアに意味づけを行う意味から能動的な学習が構成される。

　③のアプローチでは、メディアテクストの分析とその技術を読み解くことが中心となる。この場合、与えられたテクストを読み解くことが中心となり受動的な学習となる。

　④のアプローチでは、メディアテクストの創造といったメディアに働きかける活動が中心になる。この場合、自らの働きかけがなければメディアテクストは生産されず、また、創造したメディアを通してメディアの社会的影響まで思考する意味から、能動的な学習が構成される。

　⑤のアプローチでは、メディアの使い方といった学習者のメディアに対する能動的な働きかけによる学習が構成されるが、技能面の育成に留まる。

　以上より、知識や情報が常に更新され、新たな意味づけを必要とする現代社会において、より能動的メディアに働きかけ、構成されたメディアやメディアテクストに社会的意味づけを行うことができるアプローチは、②と④のアプローチであると言うことができるであろう。

　これまでの各国の歴史的変遷を振り返ると、これらのアプローチに関して、イギリスでは、①のアプローチから②に移行し、そして、③から④へ移っている。また、カナダでは、②のアプローチ中心であり、④のアプローチに移行しつつある。一方、日本では、③と⑤のアプローチ中心であり、国語科教育の中で④のアプローチへの試みが始まったばかりである。各国と比較しても、日本において②のアプローチ、つまり、社会批判的アプローチが不足し

ていることは明らかである。

したがって，これまで先駆的に行われてきたメディア学習において，特に社会批判的アプローチに基づく学習論が，社会科の教科特性から，本研究において参照・参考すべきものである。そこで，次に社会批判的アプローチに基づく，これまでのカナダ，イギリスのメディア学習論について検討してみよう。

2 社会批判的アプローチに基づくメディア学習論

2-1 カナダ・オンタリオ州学習プログラム Media Literacy Resource Guide

①目的

教授資料集 *Media Literacy Resource Guide*[22]は，1989年にカナダ・オンタリオ州教育省より刊行された。1987年にメディア・リテラシー教育が教育課程に位置づいたことに伴い，具体的な授業指針が求められていたからである。

序章では，メディア・リテラシー教育の目的として，「子どもたちがメディアとその日常生活における役割に関してクリティカルに対処できるようになるように援助するところにある。」とし，「メディア・リテラシーを身に付けた子どもは意識的かつクリティカルにメディアを評価することができ，ポピュラー・カルチャーとのあいだにクリティカルな距離を保つことができるし，メディアの操作に抵抗することもできる。」と具体的な目標となる子どもの姿を示している。そして，メディアに関して「その長所と短所，バイアスとプライオリティ，役割と影響，芸術的技法などを子どもに理解させる」といった技能が示され，最終的な目標は「クリティカルな主体性の確立」にあるとしている。

この「クリティカルな主体性」を獲得させるために，メディアについての基本的な概念として，次の認識（表1）を持つことを求めている。

表1　メディア・リテラシーの基本的概念[23]

- メディアはすべて構成されたものである（a）
- メディアは現実を構成する（b）
- オーディアンスがメディアから意味を読み取る（c）
- メディアは商業的な意味を持つ（d）
- メディアはイデオロギーや価値観をともなうメッセージを持つ（e）
- メディアは社会的・政治的意味を持つ（f）
- メディアの様式と内容は密接に関連している（g）
- メディアはそれぞれ独自の芸術様式を持つ（h）

これらが授業を通して理解され，確認されたとき，子どもたちは自分が出会うどんなメディアに対しても応用できるはずであるとしている。

②方法

また，授業方法の特徴をまとめると次の表2になる。

表2　授業方法の特徴

- 子どもの直接的なメディア体験から始めること。
- 「スパイラルカリキュラム」といった学年段階を問わず行うこと[24]。
- 教師の役割は「促進者」，または「協働者」となること。
- 「問いかけモデル」を使い，クリティカルな討論を通して子ども自らが意味を見出すこと。
- メディア読解を補足するために，メディア制作を位置づけること。

("*Media Literacy Resource Guide*" を参考に筆者作成)

これらの特徴から，具体的な授業に関して言えば，子ども自らが直接的にメディアに働きかけ，意味を見出すといった自律的な学習を重視していると指摘できる。また，「問いかけモデル」といった「なぜカナダ人はアメリカ製メディアを好むのか」などの，子どもを刺激し，知的興味を持たせる問いを用い，話し合うことを推奨している。更に，メディア制作を批判的なメディア読解を補足するものとして位置づけている。

このメディア制作に関して，創造的な経験として次のように意義づけている。「子どもは社会で支配的なシンボルを解読できるようになるだけでなく，

シンボルを記号化できるようにならなければならない。…子どもの多くは制作経験を持って初めて,分析的教材の意味を理解するようになる。」

つまり,批判的アプローチを中心としながら,メディア制作を位置づけることで,子どもがリプレゼンテーションする中で「記号化」し,メディア分析の意味をより深く認識することを促すのである。

③内容構成

Media Literacy Resource Guide の内容構成は,表3のようになっている。また,内容構成上の特質は,次の三点である。第一は,メディアに関する基礎的知識を示した上で,そのメディアに関して扱う内容を示していることである。序章に続いて7つの代表的なメディアが章として示され,節としてそ

表3 *Media Literacy Resource Guide* の内容構成

章立て	節の題目
序章	①原理②目標③基本的な概念④授業方法とモデル⑤各教科カリキュラムのなかでのメディア
テレビ	①概観②テレビのリアリティ構成③テレビ解読④番組の種類⑤テレビの商業的背景
映画	①概観②映画について話し合ってみよう③映画と社会④映画批評⑤映画の歴史とジャンル⑥映画と文学⑦いっしょにやってみよう⑧実験映画/ビデオ
ラジオ	①概観②ラジオを知ろう③ラジオの黄金時代④いっしょにやってみよう⑤ラジオと他のメディア ポップミュージックとビデオクリップ ①概観②手始めに③リアリティの構成④解読:内容,価値観,芸術性⑤音楽産業の経済学⑥音楽の歴史:音楽の風景⑦いっしょにやってみよう⑧こんなこともやってみよう
写真	①概観②イメージに対応する③写真を使って④写真を撮ってみよう
プリント・メディア	①概観②新聞③雑誌④ペーパーバック
クロス・メディア研究	①概観②広告③メディアのなかのセクシュアリティ④暴力とメディア⑤カナダ人のアイデンティティとメディア所有⑥ニュース報道

表4　テレビの章の内容構成

章	節	授業トピック	基本的概念
テレビ	①概観		
	②テレビのリアリティ構成	テレビの登場人物	(c), (g)
		テレビの家族	(c), (g)
		テレビの幻想とリアリティ	(a), (b)
		テレビの語法と文学の語法	(a), (c)
		観客の影響	(c), (e)
		テレビのパーソナリティ	(c), (d)
		こんなこともやってみよう	(g), (h)
	③テレビ解読	テレビの言語	(a), (c)
		1分あたりのジョルト：商業テレビの第一原理	(a), (c)
		サウンドトラックの音楽	(a), (h)
		スポーツのテレビ化	(d), (f)
		CMの概観：実物の加工	(d), (f)
		善玉と悪玉	(a), (e)
		こんなこともやってみよう	(g), (h)
	④番組の種類	連続ホームドラマ	(b), (e)
		トーク番組	(b), (e)
		ゲーム番組	(b), (e)
		メロドラマ	(b), (e)
		バラエティ番組	(b), (e)
		テレビ儀礼とスペシャルイベント	(b), (g)
		テレビ伝道	(b), (e)
		自然物の番組	(b), (e)
		刑事ドラマ	(b), (e)
		子ども番組	(b), (e)
		ニュース	(e), (f)

第2章　メディア社会における小学校社会科カリキュラムの理論仮説　61

		ドキュメンタリー，報道番組，ドキュドラマ	(e), (f)
		教育番組	(b), (e)
		ビデオデッキ	(b), (h)
⑤テレビの商業的背景		シリアルの販売	(d), (e)
		クリスマス商業主義	(d), (e)
		ビールの人口学	(d), (e)
		番組編成に必要なこと	(d), (e)
		人口学的なアピール	(d), (e), (f)

("*Media Literacy Resource Guide*" を参考に筆者作成)

のメディアに関する概観が最初に説明され，その後内容が位置づく。つまり，最初に，教師側に認識してほしい情報を示した上で，その情報に基づいて授業展開することを促しているのである。これは教授資料集といった授業を展開における基礎的資料としての位置づけであることと同時に，刊行された当時，メディアに関する専門的教員が少なかったことが要因[25]であり，「メディア・リテラシーの知識をほとんど持たない教師でも，この本を使って子どもたちのマスメディア経験と取り組む授業ができるようになっている。」のである。第二は，多様な授業トピックが示されていることである。例えば，テレビの章では，5つの節がありそれぞれに多様な授業トピックが紹介されている（表4）。そして，それぞれの授業トピックではメディア・リテラシーの基本的な概念（表1）を把握できるよう構成されている。つまり，多様なメディアの中で多様なトピックを示し，その中から教師が必要なトピックを選び，メディア・リテラシーの基本的概念を学ぶことができるようになっている。第三は，クロス・メディア研究といった複数のメディア関連の内容が構成されていることである。複数のメディアはそれぞれ別の形式で現実を記号化する。例えば，新聞は文字テクストで表し，テレビは映像テクスト，音声テクストが中心であろう。同じ現実であってもメディアによってその様式は異なっている。つまり，複数のメディアによって現実が構成されて

いることを理解し，その背景を追究する学習が構成されているのである。

④授業構成

Media Literacy Resource Guide の授業構成の特質を検討するために，テレビの章⑤テレビの商業的背景に示された「クリスマス商業主義」を見てみよう。この授業展開は次のとおり（表5）である。

表5　クリスマス商戦の授業展開

1 クリスマス商戦が始まる季節になったら，次の質問を使って生徒に話合いさせる。クリスマス前にはどのような商品が売りに出されるか？広告主はどのような方法でクリスマスをすべての人々にとって大切な時にし，贈り物を買うように促すのだろうか？
2 おもちゃ業界の売り上げは，クリスマスに大きく依存している。現在どのようなおもちゃが流行しているか，この流行はどの程度まで社会的・政治的な流れと関係しているか，ということについて生徒に質問してみる，また，おもちゃの宣伝について調べさせる。子どもを対象に，人気のあるおもちゃとその宣伝について考えていることを質問させてみる。そのおもちゃが，コマーシャルが保証する内容やイメージにどの程度応えているのだろうか？
3 クリスマスには，ツリーから七面鳥，クリスマス・プディングまで，多くの情緒的・宗教的な特徴がある。これらが，クリスマス関連のコマーシャルにおいてどのように具体化されているか，話し合わせてみよう。さらに，生徒にクリスマスの非商業的な側面を強調したコマーシャルを立案させた上で，一般的なコマーシャルと同様に機能するかどうかを考えさせる。
4 他の季節に見られるコマーシャルについて考えさせる。どのような商品が宣伝されるだろうか？　どの時期にも同じ販売戦略が使われているのだろうか？

(*"Media Literacy Resource Guide"* を参考に筆者作成)

この授業では，クリスマス商品の商業的な意図について批判的に追究する授業が構成されている。具体的には，最初に，子どもたちの生活経験に応じた問いから始め，クリスマス広告を広告主の視点で分析させている。次に，商品と社会的背景との関連やクリスマス広告と商品との関連について話し合わせる。そして，クリスマス広告と宗教的シンボルとの関連についても話し合わせ，非商業的な広告の立案，立案した広告と一般的な広告との比較による話し合いをさせる。最後に，他の広告についても同じことが言えるのか考

えさせる授業展開となっている。

　本授業の特質は，次の三点が挙げられる。第一は，広告といったメディアが商業的な意図によって構成されていることを認識させる手順を示している点である。商業的な意図に関する認識は，広告主の意図的なメディア構成についての分析と商品の社会的背景について話し合わせること，そして，非商業的な広告を企画させ，比較し話合わせることによって成立している。つまり，商業的な意図を認識させるために，広告自体の分析，広告の背景の追究，新たな広告の生成といった手順を示しているのである。第二は，クリスマス広告によって得た認識を他の広告への転化を図っている点である。この授業展開では，非商業的な広告を企画させ，商業的な広告と比較させることを通して，広告の商業的な意図について認識させた上で，他の広告についても考えさせる場を設定している。つまり，特定の広告に留まらない社会システムに位置づけられた広告の商業的な意図について考えさせる授業展開を示しているのである。第三は，子どもたちの自律的な学習を促す手立てを示している点である。本授業はクリスマスの商品といった子どもたちにとって身近な興味深い題材を扱うことから始まり，話合い活動を中心に構成されている。そして，その話し合いが問いに応じて構成され，目的を志向した協同的な学習が成立しているのである。

⑤*Media Literacy Resource Guide* が示唆する学習論の特質

　以上検討したことに基づき，学習指導上の特質を挙げると次の４点である。

・社会批判的アプローチを中心としながら，メディア制作の視点を加味している。つまり，メディアの分析，メディアの社会的背景の追究，新たなメディアの生成といった授業過程をとっている。
・多様なメディアの問題状況を実際に子どもたちに体験させ，子どもたちがクリティカルに読み解くことである。つまり，多様なメディアの持っている問題を実際のメディアを通して分析させている。

- 「問いかけモデル」といったクリティカルな討論でメディア・リテラシーの基本的な概念を用いて，子ども自らが意味を見出すことである。この「問いかけモデル」は，メディアの問題状況に対する問いであり，討論を通して子どもの自律的な思考を促している。
- クリティカルな思考を導く話し合いの重視である。エニス（Robert Ennis）の定義によれば，批判的思考とは「何を信じ，行うべきか理性的に判断するための知的技能及び能力」であり，「真理の探究，公正さ，寛大さ，相手の感情を理解する力，自律，自己批判，といった一連の価値が含まれる。」としている。メディアの問題の多くは理性的な面だけでなく，感情的な面や倫理的な面も含まれることから，様々な観点から考えるために話し合いは有効な手段であると言える。

2-2　イギリス・シティズンシップ教育 Teaching TV News[26]

①目的

Teaching TV News は，BFI[27]によって制作された教材パッケージ『映画研究とメディア・スタディーズを教える』（全22冊）のうちの1冊である。このシリーズには，他に *Teaching Women and Film, Teaching Television Language and Production* などがある。ジャンルごとに分かれたこのパッケージは，メディア研究に関して，豊富な実践経験をもつ教師や研究者によって作成されたのである。また，この教材パッケージが作成された理由は，メディア研究に対する近年の履修生の増加がある。専門的に学んでいない教師が，これらの科目に取り組むのを助けるために作成され，よい実践に向けての明確なガイダンス，アクセス可能な参考情報，基本的なトピックを押さえた内容を提供している。

Teaching TV News で扱うテレビニュースは，私たちが世界をどのように知覚するのか，深遠な影響力を持っており，キーステージ3から博士号レベルまで，他のどんなメディア研究よりも重要であるとしている。また，教材の目的を，さまざまな異なった方法論とアプローチを提供することとし，

その結果，生徒たちが，自分の経験とテレビニュースを関連づけたり，活動的に学びに参加することができたりするとしている。

そして，そのようなテレビニュースについて，次のような見解を示している。「視聴者は，テレビニュースを話す人は，信じられるべきであり，公平であり，ニュースといった話が，フィクションよりむしろ事実であり，テレビのニュースが，外の世界を見る窓を私たちに提供してくれるといった神話を信じがちである。これが外の世界を見る窓であれば，それはイデオロギー，経済的制約，規則，政治的圧力，および技術変化によってぼかされるので，決して何一つ疑いのないものではないのである。テレビニュースは，けして，現実ではなく，テレビのニュース生産は，特定のイデオロギーを含んだメッセージと共にその世界を再び構成する過程である。」

この指摘は，本教材の本質的な目的を示している。つまり，テレビニュースといったメディアのイデオロギー性や経済性や社会性といったメディアの社会的背景を読み解くことを求めているのであり，そのために本教材は多様なアプローチを提供しているのである。

②Teaching TV News の学習方法

本教材では，教師の指導法を変えることを促している。つまり，講義形式や教科書などからメモをとるといった形態から，集団討議やロールプレイ，シミュレーション，ストーリーボードなど，対話を通して学ぶことを基本としている。また，特に厳密なテクスト分析を早い時期から行うことを奨励している。それは，どの活動においても不可欠な要素であるからである。そして，いずれの学習活動においても，そこで使用するハンドアウトやワークシートはBFIのサイトからダウンロードすることができるようになっている。また，本教材では25の学習活動（activity）が紹介されており，それらが位置づいた学習計画案（Scheme of work）が2つ提案されている。1つはテレビニュースと公共放送（TV news and Public Service Broadcasting）であり，

7週間の計画案である。もうひとつはテレビニュースと実践的制作（TV news and practical production）であり，10週間で学ぶようになっている。

以上のことから，本教材が市民性を育成するために，より活動的で協同的な学習形態を求めていることが指摘できるであろう。市民性の概念は民主主義社会の市民としての概念であり，異質な他者との協同や平等な関係による議論は，民主主義の基本要素として位置づくのである。また，学習計画が2例提案されており，1つはテレビニュースの批判的分析であり，もう1つがテレビニュースの実践的制作である。これは，イギリスのメディア教育が，言語科において社会批判性を失いながら，実践的制作に比重を移してきた経緯があるが，市民性を育成する教育の中では，社会批判性を欠くことはできないことを如実に示していると言える。

③Teaching TV News の内容構成

本教材は，「はじめに（Introduction）」「基礎知識（Background）」，「ケーススタディ（Case Study）」の3部から構成されている。表6は，*Teaching TV News* の全体構成を示している。

「はじめに」の中で，最初に，この教材の評価レベルが示されている。これは，GCSE（中等教育一般証明試験）に対する本教材の対応を表しているのである。次にテレビニュースを教えることの重要性が語られ，教師と生徒の興味関心に合った，この教材の使い方が示されている。

「基礎知識」は「公共放送の歴史とテレビニュース」，「様式ときまり」，「オーディアンスと制度」，「リプレゼンテーションとイデオロギー」に分かれている。各項目にはイギリスのメディアの過去の歴史や現在の状況が，過去から現在までの主要なメディア研究の理論を用いて示されている。この内容に関連して25の学習活動（activity）が提案されているが，それらはロールプレイ，ディスカッション，シミュレーションなどの多様な形態の活動であり，いずれも協同で学ぶことを基本としている。

表6 *Teaching TV News* の全体構成

章	内容		学習活動
1．はじめに（Introduction）			
評価レベル	OCR Media Studies AS／A 2		
	AQR Media Studies AS／A 2		
	WJEC Media Studies AS/A 2 など		
教え方	なぜ TV ニュースを教えるのか		
	このガイドの使い方		
	歴史的文脈		
	自分の方法論を変えよう		
学習計画1	TV ニュースと公共放送		
学習計画2	TV ニュースと実践的制作		
2．基礎知識（Background）			
公共放送の歴史とTVニュース	学習活動1「今日の TV ニュースで公共放送とは何か明らかにする」		ペアで議論
	学習活動2「今日の TV ニュースと公共放送は関係ある？ない？」		ロールプレイ
様式ときまり	学習活動3「ニュースの価値とは何か明らかにする」		ペアで分析
	学習活動4「オープニングの順序性：ニュースの価値観を明らかにする。」		ペアで分析
	学習活動5「計画を立てよう」時間を縛る，経済性と視聴率		グループ活動
	学習活動6「立て続けの指示においつけ」		グループで分析と議論
	学習活動7「ニュースを生産しよう—脚本」		ペアで脚本づくり
	学習活動8「TV ニュースの形式と最新の出来事の番組」		ペアで分析
	学習活動9「ブランドの正体を見抜けるか？」		ペアで分析
	学習活動10「TV ニュースの表現者たちは，どのようにして視聴者に注意を向けるか」		クラスで議論

	学習活動11「TVニュースの表現者たちは，スターですか，しもべですか？」	クラスで議論
	学習活動12「TVニュースの完全な分析」	個人で
	学習活動13「2つのTVニュース番組を比較して原文通りに分析する」	ペアで分析
	学習活動14「2つのTVニュース番組の分析をまとめよう」	個人で
オーディアンスと制度	学習活動15「受信料について議論する」	クラスで議論
	学習活動16「視聴率調査は役に立つか」	クラスで議論
	学習活動17「オーディアンスはニュースをどのようにして役立たせるのか」	クラスで議論
	学習活動18「番組表について」	ペアで分析
	学習活動19「あなたは，番組表の作成者」	ロールプレイ
	学習活動20「有名人への依存」	宿題またはクラス
	学習活動21「見てもらえるTVニュースの作り方」	シミュレーション
リプレゼンテーションとイデオロギー	学習活動22「我々が信頼するのは誰の話」	ペアによる厳密な分析
	学習活動23「バランスか偏向か」	グループによる練習
	学習活動24「偏向は必要悪？」	ポイントに応じた議論
	学習活動25「偏向の専制者たち」	シミュレーション
3．ケーススタディ（Case Study）		
ケーススタディ1	*News at Ten* から *'News at When?'* へ	
ケーススタディ2	トレヴァーマクドナルドによるタブロイド新聞 *TONIGHT*	
ケーススタディ3	*Panorama*―優れた番組，凋落した番組？	

（*Teaching TV News* を参考に筆者作成）

「ケーススタディ」では，イギリスのテレビ史上で重要と思われる出来事が典型的事例として取り上げられている。以上のように，本教材の内容構成は，「基礎知識」の部分が中心であり，25の学習活動によってTVニュースを学ぶ構成となっている。「基礎知識」における主体となる概念は，公共放送とニュース番組と視聴者といった，メディア生産主体とメディアテクストとオーディアンスといったメディア分析の中心となる概念である。

本教材の内容構成上の特質として，次の三点を挙げることができる。

第一に，ニュース番組をオーディアンスが読み解く視点を多面的に学習者に示している点である。本教材では，先述した「はじめに」の中で，オーディアンスがTVニュースを「外の世界を見る窓」として疑いもなく見ることに対して疑念を呈している。それは公共放送であっても商業放送であっても何らかの影響の中でリプレゼンテーションされているものであり，その影響を与える事実を題材にして，ニュース番組の多面的な見方を示しているのである。

第二に，ニュース番組の生産に関して，それに制限を加える事例を多様に示している点である。ニュース番組の生産は，直接的には時間や番組編成といった枠組みの中で行われているが，間接的には視聴料，広告料といった経済的制約や時の政府の意向といった政治的制約，そしてオーディアンスによる視聴率による制約を受けて制限されている。これらの多様な制約を読み解く学習活動を構成しているのである。

第三に，BBCといった公共放送を題材にしている点である。BBCは，イギリスの最高の輸出品との評価があるように，国民から幅広い支持を得ている。しかし，公共放送ということで受信料を払うことについて，また，政治的な偏向性について，多方面から批判や議論がある。それらについて批判的に読み解く学習が構成されているのである。

④Teaching TV News の授業構成

本教材の授業内容上の特質を検討するために，学習計画1，テレビニュースと公共放送（TV news and Public Service Broadcasting）を取り上げる。この学習計画は，7週で計画されており，特にテレビニュースの制度上の文脈に焦点をあてている。

授業の目的は次の4点である。

・公共放送に関する歴史的文脈の中でテレビニュースについての理解を促進する。
・テレビニュースに関する広告と視聴率のつながりについての理解を促進する。
・ニュースの価値やニュースを監視する者，ニュースの構成要因について理解を促進する。
・現在の変化に対する理解を促進する。―オフコンやテレビニュースのマルチチャンネル化による影響―

活動は次の3点である。

・2つのテレビ番組の厳密な文脈上の比較分析
・公共放送に関する議論
・テレビニュースに関する小論を書く―テレビニュースの制度的管理や公共放送との関連性

授業内容は，表7のように週ごとに示されている。なお，ワークシート番号は，学習活動番号と対応し，対となっている。

本授業は，7つの小単元によって構成され，公共放送であるBBCについて学ぶことを窓口にして，番組の視聴調査から広告との関連，番組の構成，番組の偏向，番組の分析，公共放送についての議論といった学習過程を取っている。単元の内容の関連は，単元の終末に次の単元に関わりがある内容を学習することで関係づけられている。

表7　テレビニュースと公共放送の授業内容

週	授業内容	教材
1	テレビニュースについての紹介	
	初期のBBCニュースと最近のBBCニュースを比較させる。ニュースの形式と規則についての主要な相違点をブレインストーミングさせる。	ワークシート8と14
	生徒をグループに分ける。公共放送の歴史についての簡潔なプリントを与え，グループごとに話し合わせ，主要なポイントを要約させる。	ワークシート1
	または，公共放送についての要約を，講義（写真入り）形式で伝え，覚えているかどうかクイズする。	
	どんなニュースを見ているのか，なぜ見ているのか調査させる。宿題として，家族や友達にも尋ねさせる。	
2	調査してわかったことを話し合う	
	生徒に，視聴者調査会社が示した視聴率について調査させる。視聴率の落ち込みに対する理由をブレインストーミングさせる。	ワークシート17と18
	生徒の考えと最近の記事を関連付けさせる。独立テレビによる視聴者の奪い合いによる広告主の心配に注目させる。	BFIサイト
	3つのテレビニュースのオープニングの流れを詳細に分析させる。番組の形式や規則について分析させる。宿題としてまとめる。	ワークシート9
3	生徒自身のオープニングストーリーボード	
	テレビ番組の計画表を立てさせる。＄ニュースを集め，ニュースを選ぶ。	ワークシート5～7
	ニュースを構成させる。＄都合のよいニュースを流す人の記事を参考にさせる。	ワークシート24, 25
4	リプレゼンテーション	
	メーデーの暴動，イラク戦争などについて，ニュースの公正さとバランスについて考えさせる。	ケーススタディ2 ワークシート22と23
	放送法や放送局の所有者や放送の規則ついての簡単な情報を与える。グループで受信料について議論する。	ワークシート15
	News at Tenについて調べ，視聴率が下がった理由を調べる。	ケーススタディ1

5	詳細な文脈の分析	
	同じ日に記録された2つのテレビニュース番組を比較させる。	ワークシート13と14
	クラスで番組について何が違うのか議論させる。見てもらえるニュースの作り方について考え宿題にまとめる。	ワークシート21
6	今まで習ったことを思い出させる。	
	公共放送についての議論の準備をさせる。役割や調査内容，提案資料を準備させる。	ワークシート2
7	公共放送について議論させる。	
	議論や注目すべき提案をビデオに撮る。	

(*Teaching TV News* を参考に筆者作成)

⑤*Teaching TV News* が示唆する学習論の特質

以上検討したことに基づき，学習指導上の特質を挙げると次の3点である。

- 公共放送やメディアと政治を学習内容として位置づけていることである。これらは，議論を常に伴う題材であるからである。市民性を育成するには，批判対象としての学習内容の創出が不可欠であり，批判可能性が高いこれらの題材を学習内容として位置づけることが求められている。
- 開かれた価値判断する場面を位置づけていることである。例えば，ニュース番組を読み解く場面において，多様な立場の人でロールプレイすることによって，様々な考えを議論する場面が位置づけられていた。一定の方向ではなく，多面的にメディアを読み解くことで学習者の自律した資質の育成にもつながる。
- メディアを批判的に分析する場面とメディアを実践的制作する場面を位置づけていることである。この実践的制作は，批判に対する代案の提示と言い換えることができる。メディア・リテラシーの目指す批判は，メディアの問題点を挙げるといった否定的な見方ではなく，メディアの情報を複数の視点から注意深く，論理的に分析するといった建設的批判である。その意味から，批判に基づいて代案を提示することは，民主主義社会の改善につながる学習行為として意義づけることができる。

3 「メディア社会解釈学習」の学習原理

3-1 学習指導論の構築視点

これまでに検討した各々の学習プログラムは，前者はカナダの言語科の学習であり，後者はイギリスのシティズンシップ教育における学習である。そのため，社会批判的アプローチを取りながら，社会認識の点で十分な学習論とはなっていない。それは，学習対象が，メディアとそれに関連した事象に関する学習に留まり，メディアが存在する社会の構造を認識対象としていな

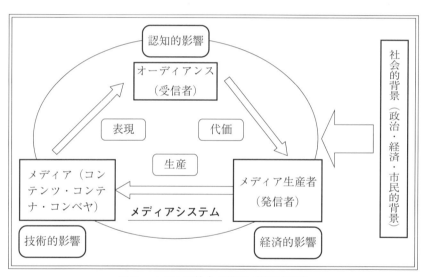

図6 メディア社会の構造（筆者作成）

　この図は，オーディアンス（受信者），メディア生産者（発信者），メディア（コンテンツ・コンテナ・コンベヤ）といった主要な3要素の関連と影響を示している。メディア生産者は，メディアを生産し，メディアは，オーディアンスに向けて表現され，オーディアンスは，メディア生産者に対して，視聴料や広告料といった代価を支払うといったマス・メディアの基本的な枠組み（メディアシステム）を示している。また，同時に，オーディアンスは，メディアから認知的影響を受け，メディア生産者はオーディアンスから経済的影響を受け，メディアはそのメディア特有の技術的影響を受けるといった構造の影響面も表している。そして，これらの構造的影響関係に対して，社会的背景が関与するのである。したがって，社会的背景を政治（法律・政策）・経済（商取引）・市民（世論）的背景として位置づけ，メディアシステムと社会的背景からなるメディア社会の構造を構成した。

いからである。したがって，本学習指導論構築にあたっては，①メディア社会の構造（図6）を学習対象とし，多面的な視点から認識する学習論とする。

また，各々の学習プログラムの学習内容が，政治内容等が位置づく場合，小学生の子どもたちにとって身近な内容ではなく他者的な学習に陥りやすい。そこで，②メディア受信者や発信者の行為に共感的理解を図りながら，批判的に追究できる学習構成とする。

更に，各々の学習プログラムでは，批判的分析する場面と実践的に制作する場面が位置づいている。このことは，メディア批判に留まらず，よりよいメディア社会形成につながる視点であり，③現状のメディア社会を批判的に追究した上で価値判断を図り，新たなメディア社会形成に向けて対案を形成する学習論とする。

そして，学習プログラムでは実際に子どもたちのメディア体験を重視している。このことは子どもたちの主体的な学習関与と自らの学習問題生成につながる視点であり，④学習者が，メディア経験に基づくメディアテクストとの出会いを切り口にしてメディア社会の構造を読み解く学習構成とする。

また，両プログラムともクリティカルな討論といった話し合い活動を重視している。そこで，メディア社会を分析したり，対案を交流したりする場面においては⑤話し合い活動を位置づけ，自律して価値判断できるようにする。

以上の学習論構築の視点（①〜⑤）に基づき，学習指導論「メディア社会解釈学習」を構築する。

3-2 「メディア社会解釈学習」の視点と方法

「メディア社会解釈学習」とは，「子どもたちが，メディアテクストを切り口にして，メディアに影響を与える社会の構造を批判的に追究し，その影響を多面的に認識した上で，新たな解釈を構築し，それを吟味することで，メディア社会における思考力・判断力・表現力を育成すること」を目指した学習指導論である。児童にとって，直接的に目に触れるのは，例えば，TV

ニュースやWebページが発信するメディアテクストであり，そのようなメディアに影響を与える社会の構造を直接的に見ることはできない。その為，児童の認識は，表面的な認識に留まってしまう。このような認識に変容をもたらすには，メディアは，あくまで人が構成したものであり，それに影響を与える社会の構造を追究できる学習を構成することが必要である。そして，この学習論の第一の目的は，メディア生産者や受信者に影響を与える社会の構造を多面的に認識させることである。そして，その為に，メディア生産者や受信者の行為や願いに共感的理解を図る場面と両者に影響を与える社会の構造を批判的に追究する場面を位置づける。次に，これらの社会構造の認識に基づき，その中で自分たちに何ができるのか，自律した価値判断を保障することが第二の目的である。そして，その為に，子どもたち自身が新たな解釈を構築する場面と解釈を吟味する場面を位置づけている。また，メディア生産者のメディア構成は，多様な価値の中から選択され判断された行為であることから，新たな解釈を構築する場面では，そのような判断が望ましかったのか，他の選択はなかったのか，メディア生産者への構造的影響を考慮した上で，自らの考えを決定し，新たに解釈した枠組みをメディアを用いて表現する。更に，このような判断は，吟味することがなければ，一面的な見解に留まる恐れがあることから，教室内における吟味とメディア生産者や影響を受けた当事者の考えや願いに触れる機会を設け，自らの見解を相対化させる場面を設定している。

3-3 「メディア社会解釈学習」の基本的学習モデル

　以上の基本的視点をもつ「メディア社会解釈学習」は，メディア社会の全体目標からの基本的学習モデルとして，表8に示すことができる。

表8 「メディア社会解釈学習」の基本的学習モデル

<目標>

> メディア社会について解釈することを通して，民主主義社会の形成者として必要な市民的資質の基礎を育成する

<学習過程>

		学 習 活 動	認 識 内 容
メディア社会解釈学習	現状の枠組みの解釈	**問題設定場面** ①メディア経験の実体化 ②メディアの問題状況の把握 ③①と②の比較による学習問題の設定 ④学習問題に関する予想の設定	○メディアの問題状況の認識 ○認知的不協和によるメディアに関わる学習問題の認識
		構造分析場面 ①メディア生産者とオーディアンスへの影響との出会い（共感的理解） ②両者に影響する社会構造の批判的追究（両者への共感による社会構造の可視化） ③対立する価値の理解と学習者の評価	○メディア生産者とオーディアンスへの影響の認識 ○メディア社会の構造の認識 ○多面的な価値内容の認識
	新たな解釈の構築	**解釈構築場面** ①対立する価値に応じたグループ設定 ②グループごとに対抗メディアの制作（生産者の立場から）	○思考の表現を通した認識内容の強化 ○協同的学習による認識内容の相対化
		解釈吟味場面 ①制作したメディアの発表 ②各々のメディアについての討論（オーディアンスの立場から） ③メディアの問題に関する当事者の意見の共有化 ④自らの考えの振り返り	○討論を通した各々のメディアに関する多面的な価値認識 ○価値観の対立点の認識 ○多面的な価値の再認識 ○自らの認識内容の修正と知識の再構成

4 「メディア社会解釈学習」のモデル構成

「メディア社会解釈学習」の基本的学習モデルに基づき，メディア社会の構成に応じた学習モデルを示した上で，強調すべき学習活動場面を示していく。

4-1 「デジタル化するメディア社会」の学習モデル

「デジタル化するメディア社会」の学習は，デジタル化するメディアといった技術的影響による社会構造の変化が学習対象となる。したがって，メディアの技術面の変化を視点に，メディア社会の構造を多面的に認識する「構造分析場面」を中心とした学習活動を構成する。

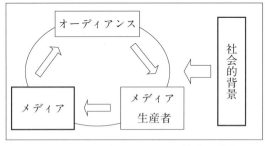

図7 デジタル化するメディア社会の構造

<目標>

情報通信技術の発展により変化するデジタル化（社会構造のデジタル・ネットワーク化）するメディア社会の構造を多面的に認識する。

<学習過程>

			学 習 活 動	認 識 内 容
メディア社会解釈学習（デジタル化）	現状の枠組みの解釈	問題設定場面	①メディア経験の実体化 ②メディア社会の問題状況の把握 ③①と②の比較による学習問題の設定 ④学習問題に関する予想の設定	○メディア社会の問題状況の認識 ○認知的不協和によるメディアに関わる学習問題の認識
		構造分析場面	①メディア生産者やオーディアンスへの影響との出会い（共感的理解） ②両者に影響するメディア社会の構造の批判的追究 ③社会の構造変化による価値観の変化の把握	○メディア社会の構造の多面的認識 ○メディア社会の価値変容の認識
	新たな解釈の構築	価値解釈場面	①既存の社会の価値観の把握 ②既存の社会とメディア社会の価値の比較 ③自らの考えの形成と振り返り	○既存の社会の価値内容の認識 ○価値比較による価値選択と相対化した価値認識

4-2 「ステレオタイプ化するメディア社会」の学習モデル

「ステレオタイプ化するメディア社会」の学習は、メディアによるオーディアンスのステレオタイプ化を導く社会構造が学習対象となる。したがって、オーディアンスへの影響を視点に、メディア社会の構造を

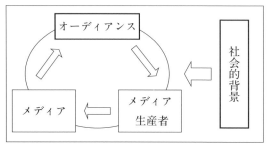

図8 ステレオタイプ化するメディア社会の構造

批判的に読み解き、多様な価値を解釈する「構造分析場面」を中心とした学習活動を構成する。

＜目標＞

> メディア社会のステレオタイプ化（受信者のメディアによる表面的な認識）を導く構造を批判的に読み解き、多様な価値を解釈する。

＜学習過程＞

		学習活動	認識内容
メディア解釈学習（ステレオタイプ化）	現状の枠組みの解釈	問題設定場面	①メディア経験の実体化 ②メディアの問題状況の把握 ③①と②の比較による学習問題の設定 ④学習問題に関する予想の設定	○メディアの問題状況の認識 ○認知的不協和によるメディアに関わる学習問題の認識
		構造分析場面	①メディア生産者とオーディアンスへの影響との出会い（共感的理解） ②両者に影響する社会構造の批判的追究 ③対立する価値の多面的理解と学習者の評価 ④評価に基づく、学習者の価値選択	○メディア生産者とオーディアンスへの影響の認識 ○メディア社会の構造の認識 ○多面的な価値内容の認識
	新たな解釈の構築	解釈構築場面	①対立する価値に応じたグループ設定 ②グループごとに対抗メディアの制作（メディア生産者の立場から）	○思考の表現を通した認識内容の強化 ○協同的学習による認識内容の相対化
		解釈吟味場面	①制作したメディアの発表 ②各々のメディアについての討論（オーディアンスの立場から） ③メディアの問題に関する当事者の意見の共有化 ④自らの考えの振り返り	○討論を通した各々のメディアに関する多面的な価値認識 ○価値観の対立点の認識 ○多面的な価値の再認識 ○自らの認識内容の修正と知識の再構成

4-3 「イベント化するメディア社会」の学習モデル

「イベント化したメディア社会」の学習は、オーディアンスの期待に沿った<u>メディア生産者のメディア構成</u>が学習対象となる。したがって、<u>メディア生産者の営みを視点</u>に、メディア

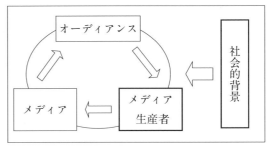

図9 イベント化するメディア社会の構造

社会の構造を多面的に解釈した上で、価値判断した対案を構築する「解釈構築場面」を中心とした学習活動を構成する。

＜目標＞

メディア社会のイベント化（受信者の期待に沿ったメディア構成）の現象を解釈し、価値判断し構築した対案を論理的に表現する。

＜学習過程＞

		学 習 活 動	認 識 内 容
メディア社会解釈学習（イベント化）	現状の枠組みの解釈	問題設定場面	①メディア経験の実体化 ②メディアの問題状況の把握 ③①と②の比較による学習問題の設定 ④学習問題に関する予想の設定	○メディアの問題状況の認識 ○認知的不協和によるメディアに関わる学習問題の認識
		構造分析場面	①メディア生産者とオーディアンスへの影響との出会い（共感的理解） ②両者に影響する社会構造の批判的追究 ③対立する価値の多面的理解と学習者の評価 ④評価に基づく、学習者の価値選択	○メディア生産者とオーディアンスへの影響の認識 ○メディア社会の構造の認識 ○多面的な価値内容の認識
	新たな解釈の構築	解釈構築場面	①学習者の価値選択に応じた、対立する価値ごとのグループ設定 ②グループごとの価値内容の選択 ③グループごとに対案の制作（メディア生産者の立場から）	○思考の表現を通した認識内容の強化 ○協同的学習による認識内容の相対化
		解釈吟味場面	①制作したメディアの発表 ②各々のメディアについての討論（オーディアンスの立場から） ③メディアの問題に関する当事者の意見の共有化 ④自らの考えの振り返り	○討論を通した各々のメディアに関する多面的な価値認識 ○価値観の対立点の認識 ○多面的な価値の再認識 ○自らの認識内容の修正と知識の再構成

4-4 「コントロール化するメディア社会」の学習モデル

「コントロール化するメディア社会」の学習は，メディア社会の構造変化によるメディア生産者の意図的な情報操作によるメディア構成とオーディアンスへの影響が学習対象となる。したがって，3者の関連を視

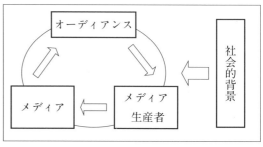

図10　コントロール化するメディア社会の構造

点に，メディア社会の構造を多面的に解釈した上で，価値判断した対案を吟味する「解釈吟味場面」を中心とした学習活動を構成する。

<目標>

メディア社会のコントロール化（発信者による意図的なメディア操作）の現象を解釈し，対案を吟味しよりよい社会の形成のために自律して判断する。

<学習過程>

		学　習　活　動	認　識　内　容
メディア社会解釈学習（コントロール化）	現状の枠組みの解釈	問題設定場面	①メディア経験の実体化 ②メディアの問題状況の把握 ③①と②の比較による学習問題の設定 ④学習問題に関する予想の設定	○メディアの問題状況の認識 ○認知的不協和によるメディアに関わる学習問題の認識
		構造分析場面	①メディア生産者とオーディアンスへの影響との出会い（共感的理解） ②両者に影響する社会構造の批判的追究 ③対立する価値の理解と学習者の評価	○メディア生産者とオーディアンスへの影響の認識 ○メディア社会の構造の認識 ○多面的な価値内容の認識
	新たな解釈の構築	解釈構築場面	①対立する価値に応じたグループ設定 ②グループごとに対案の制作（生産者の立場から）	○思考の表現を通した認識内容の強化 ○協同的学習による認識内容の相対化
		解釈吟味場面	①制作したメディアの発表（生産者の立場から） ②各々のメディアについての討論（オーディアンスの立場から） ③メディアの問題に関する多様な意見の認識と共有化 ④自らの考えの振り返りと意見形成	○討論を通した各々のメディアに関する多面的な価値の再認識 ○価値観の対立点の再認識 ○多面的な価値の再認識 ○自らの認識内容の修正と知識の再構成

第4節　メディア社会における小学校社会科カリキュラム構成の手続き

　本節では，これまでの理論仮説に基づき，カリキュラム構成の具体的な手続きを明らかにする。

　現行の小学校社会科カリキュラムは，学習指導要領によってその基準が示され，教育現場において編成するよう定められている[28]。つまり，地域と学校と児童実態に応じたカリキュラム編成が可能なことを示している。しかし，現実的には，学習指導要領に準じた教科書の内容配列と同様の社会科カリキュラムがそのまま使用され，学校が主体的に地域や児童の生活実態を反映したカリキュラムを編成することができていないのである。したがって，メディア社会といった新たな社会構成に応じたカリキュラムを編成するには，教科書が示す内容配列ではなく，本研究に対応したカリキュラム構成の手続きが必要であると言える。

1　授業開発と授業分析の手順

　本研究では，これまでに，メディア社会における目標・内容・方法について検討し，各々の理論仮説を示してきた。そして，これらに基づき，メディア社会の構成に応じた学習モデルを確定した。したがって，授業開発に当たっては，学習モデルに応じて，各々のメディア社会の教育内容編成の視点を明示した上で，事例を選定し，授業構成と開発を行う（図11）。

82　第Ⅰ部　メディア社会の概念的枠組みと小学校社会科カリキュラム開発の視点

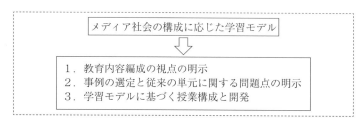

図11　メディア社会の構成に応じた授業開発手順

また，授業分析に当たっては，授業実践後，学習モデルに応じた授業分析の視点を明示した上で，実践結果を集約し，検証の視点に応じた分析を行い，児童の発達段階に関して検討する（図12）。

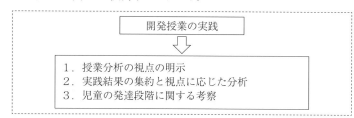

図12　開発授業の分析手順

2　カリキュラム構成の手順

　以上の授業開発と授業分析の手順に基づき，分析した結果からカリキュラムを構成する。本研究のカリキュラム構成は，小学校社会科全体のカリキュラムを編成するのではなく，メディア社会に特化したカリキュラムである。したがって，最初に，メディア社会の構成に応じた具体的目標と構成内容を確定し，構成内容を具現化した学習テーマを明らかにする。そして，これらを構造化し，メディア社会におけるカリキュラムの基本構造とする。

　次に，基本構造に基づき，メディア社会の構成に対応した段階的目標と児童の発達段階に応じた学年の段階性を示し，これらを構造化することで，メディア社会におけるカリキュラムの全体構造とする。

　その後，授業開発と実践の分析を重ねることで，学習モデルの改善とカリ

第2章 メディア社会における小学校社会科カリキュラムの理論仮説　83

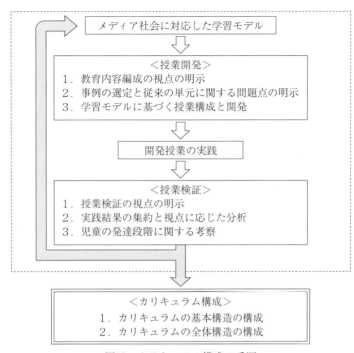

図13　カリキュラム構成の手順

キュラムの全体構造の改善を図り，より妥当性の高いカリキュラムを構築する。

カリキュラム構成の手順をまとめると，図13になる。

【註】
(1) 例えば，安藤は「同心円的拡大論は修正され，拠って立つカリキュラム原理があいまいになってきている」ことを指摘している。
安藤輝次「同心円的拡大に関する日米教科書の比較―小学校社会科カリキュラム研究（その1）―」『奈良教育大学紀要』第54巻第1号，2005年.
(2) 「解釈」に関して，吉見は社会科学のパラダイムが「法則と例証」から「事例と解釈」を重視する方向へ改変したことを指摘した。また，田中は，そのことにより

アメリカの社会科において，社会諸科学の学問成果の獲得を目指す社会科から状況を作り出す社会的背景や政治的枠組みを解釈する学習へと変化していることを指摘している。

・吉見俊哉『カルチュラル・ターン，文化の政治学へ』人文書院，2003年．
・田中伸「小学校社会科文化学習の改善―知識を受容する学習から意味を解釈する学習へ―」『兵庫教育大学研究紀要』第33巻，2008年．

(3) 伊東は，「理解」が知識・理解と実践的態度の形成を統合的に保証する認識原理であることを明らかにし，目的と手段の追体験による「理解」の授業過程を示した。伊東亮三「社会科授業理論の認識論的基礎づけ（Ⅰ）―『追体験し意味を理解する社会科』の場合―」『日本教科教育学会誌』8巻1号，1983年，pp.27-32．

(4) 「理解」理論に基づく主な論稿として次に挙げるものがある。

・森本直人「社会科における理解」社会認識教育学会編『社会科教育学ハンドブック』明治図書，1994年．
・森本直人「『理解』理論による主体的な歴史解釈力の育成」『社会科研究』第48号，1998年．
・吉田正生「『共感的理解志向の社会科』授業の誕生」『北海道教育大学紀要第52巻』第2号，2002年．
・木谷静香「共感的理解をくみこんだ社会科授業開発―小学校5年生産業学習『酪農』を事例として―」社会系教科教育学会『社会系教科教育学研究』第16号，2004年．
・吉田嗣教・内田友和・中野靖弘・吉田剛人「子どもたちが歴史的見方を意識できる社会科授業構成―第6学年単元『政府・民衆にとっての世界進出』の開発を通して―」全国社会科教育学会『社会科研究』第66号，2007年．

(5) 「理解」理論に対して，「認識の客観性」，「価値注入」の問題点を指摘する主な論稿として次に挙げるものがある。

・森分孝治『社会科授業構成の理論と方法』明治図書，1978年．
・小原友行「意思決定力を育成する歴史授業構成―『人物学習』改善の視点を中心に―」『史学研究』177号，1987年．
・福田正弘「二 知識中心か態度中心か」社会認識教育学会編『社会科教育学ハンドブック』明治図書，1994年．
・岡崎誠司「小学校歴史学習における『仮説吟味学習』―第6学年単元『平城京と奈良の大仏』の場合―」全国社会科教育学会『社会科研究』第67号，2007年．

(6) イギリスにおいては，メディア教育が一般的であり，メディア・リテラシーを育

成するための教育といった点で違いはない。また，本論で示したイギリスのメディア教育については，以下の文献を参考にした。
デビッド・バッキンガム『メディア・リテラシー教育』鈴木みどり訳，世界思想社，2006年．
(7) 菅谷明子『メディア・リテラシー――世界の現場から―』岩波書店，2000年，p.28.
(8) 同上書 p.32.
(9) 藤井玲子「市民教育としてのメディア・リテラシー――イギリスの中等教育における学びを手がかりに―」『立命館産業社会論集』第42巻第4号，2007年，p.68.
(10) 前掲書（註7）p.47.
(11) 上杉は，イギリスのメディア教育が英語科に位置づいたことによる変容を批判性の視点から示している。
上杉嘉見『カナダのメディア・リテラシー教育』明石書店，2008年．
(12) 前掲書（註6）pp.170-172.
(13) カナダのメディア・リテラシー教育については，以下の文献を参考にした。
増田幸子「カナダにおけるメディア・リテラシー教育」『情報の科学と技術』48巻7号，1998年．
(14) 同上書 p.396.
(15) Ministry of Education, *Media Literacy Resource Guide:Intermediate and Senior Divisions*, Toronto:Queen's Printer for Ontario, 1989, p.8.
(16) 前掲書（註11）p.118.
(17) 日本のメディア・リテラシー教育については，以下の文献を参考にした。
後藤康志「日本におけるメディア・リテラシー研究の系譜と課題」『現代社会文化研究 No.29』2004年，pp.1-18.
(18) 中橋雄「メディア・リテラシー研究の動向と課題」『福山大学人間文化学部紀要』第5巻，2005年，pp.129-148.
(19) 中村敦雄「メディア・リテラシーと国語科教育」『日本語学』第21巻第12号，2002年，pp.20-21.
(20) 同上書 p.18.
(21) 後藤（註17）はメディア・リテラシーのキー概念として「批判的思考力」と「コミュニケーション能力」に分類した。また，鈴木のメディア・リテラシーの定義も同様に分類できる。
鈴木みどり「第一章メディア・リテラシーとは何か」『メディア・リテラシーを学ぶ人のために』世界思想社，1997年，pp.5-8.

(22) 前掲書（註15）
(23) この基本概念がオンタリオ州のメディア・リテラシー教育の基本的な特徴を表している。なお，この教授資料書では，特に3～6を重視していることから，メディアを社会的構成物として捉えていることが明らかである。
(24) スパイラルカリキュラムに関しては，ジェローム・ブルナー（Jerome Bruner）に依拠していることが示されている。この方法では，どの教科でも，あらゆるレベルで基本的な概念を教えることができるとしている。
(25) 前掲書（註11）p.123.
(26) Eileen Lewis, *Teaching TV News*, BFI Education, 2003.
(27) イギリス映画協会（the British Film Institute）
(28) 文部科学省「第1章総則」『小学校学習指導要領』東京書籍，2008年.

第Ⅱ部　メディア社会における
小学校社会科の教育内容と授業開発

　第Ⅱ部では，第Ⅰ部で示したカリキュラムの理論仮説とカリキュラム構成手続きに基づき，小学校社会科の教育内容を特定した上で，メディア社会の構成に応じた授業開発と実践を行い，その結果から実践的検証を行う。

　なお，メディア社会が，情報通信技術による拡張と人と人とのコミュニケーション活動の影響により構成された社会である観点から，授業開発内容は，人的所作に関わる内容と技術的所作に関わる内容とに分け，授業開発を行う。

第3章 「デジタル化するメディア社会」の教育内容と授業開発

　本章では,「デジタル化するメディア社会」の教育内容を示した上で,学習モデルに応じた授業開発を行い,その検証結果について報告する。
　そして,検証結果を踏まえ,「デジタル化するメディア社会」の教育内容開発に関する成果と課題を明らかにする。

第1節　「デジタル化するメディア社会」の教育内容編成の視点

　「デジタル化するメディア社会」とは,情報通信技術の発達によりメディアが多様化し,メディアシステムが拡張する社会である。このような社会では様々なメディアがデジタル化し,様々な社会分野においてデジタル化の影響が顕著になる。また,そのような社会の中でメディアが現実を構成することで,その背景にある社会の構造が見えにくく,人々の認識は一面性を帯びる傾向にもある。
　しかし,これまでの小学校社会科の学習内容は,小学校5学年情報産業学習の「情報化した社会」等の単元に偏り,デジタル化した様々な社会の姿を教える学習内容自体が不足していたのではないだろうか。また,デジタル化した社会の表面的な様子を学習することに留まり,子どもたちの社会理解が一面的な認識に留まることに課題があったのではないだろうか。
　したがって,「デジタル化する社会」の教育内容編成にあたっては,次の視点に基づき,教育内容を編成していく。

90　第Ⅱ部　メディア社会における小学校社会科の教育内容と授業開発

> 　第一に，デジタル化する社会が影響する様々な分野に焦点を当てることである。メディアがデジタル化することで，日本の生産や販売や消費など様々な分野の社会構造が変化している。このような顕著な構造変化を教育内容として示すことである。
> 　第二に，学習を通して，子どもたちがデジタル化する社会の変化が実感できる教育内容とすることである。
> 　第三に，デジタル化する社会の表面的な認識に留まらない，メディアの背景にある社会の構造を追究し，その意味を多面的に認識できる内容構成にすることである。

　以上の視点に基づき，本章では，デジタル化による販売と消費に関する人々の活動の変化に着目した単元「成長するネットショッピング」と，デジタル化による地図活用の技術的変化に着目した単元「地球を映し出すGoogle Earth」の開発・実践内容について報告する。

第2節　人的所作に関する単元「成長するネットショッピング」の授業開発

1　内容編成に向けての課題

　デジタル化による社会構造への影響として，ネットショッピングを取りあげる。ネットショッピングといった商活動の現状に関して検討してみよう。統計資料によると，小売店の売上高は年々衰退し，逆にネットショッピングの売上高は拡大し続けている[1]。これは，小規模店の大規模店への集約といった産業形態の変化以上に，インターネットメディアの発達による販売と消費形態の変化がその要因であると言われている[2]。そして，将来的には小売店の販売とネット販売が逆転することが自明のこととされ，販売と消費の在り方も大きく変わることが予想される。しかし，小学校の社会科学習は，

情報を含めたモノの生産に関する学習が中心に位置づき，販売と消費の視点からの学習は限られてきた。しかも，これまで，ネットメディアによる消費活動への影響を読み解く学習は，構成されてこなかったのではないだろうか。

実際，子どもたちは，自分たちの生活の中で，小売店の空き店舗の増加等による販売活動の変化を肌で感じたり，また，通販等のメディアから購入したものを消費したりする経験も年々増加してきている。空間的差異がなく，どこででも同一の消費活動ができるネットショッピングは，現代のメディアによる人々の消費活動の変化を読み解く上で，適切な教育内容であると言えるであろう。

最初に「販売と消費の学習」に関する現状の課題を明確にしておこう。人々の販売と消費活動に関連した小学校における単元は，第3学年の「地域の生産や販売の仕事」である。現行の平成20年版学習指導要領では，地域の人々の生産や販売について自分たちの生活との関連を図りながら調べ，人々の工夫を考えるといった内容によって構成されている[3]。このような学習指導要領に準拠した教科書[4]の地域の販売の仕事では，スーパーマーケットで働く人々の仕事を，インタビューを通して販売の行為内容を中心に調べ，どんな工夫や努力があるか共感的理解を導く内容と消費者の立場になって，どのような願いに基づいて買い物をしているのかを調べる内容，そして，多様な商品の流通について様々な地域から輸送されていることを調べる内容によって構成されている。つまり，地域の販売の仕事では，販売者と消費者の立場に共感的理解を図りながら，消費者の願いに応じた販売面の工夫を目的と手段の関係から理解させることが中心となる。しかし，これらの学習では子どもたちの共感性の高まりからの主観的認識に留まり，認識の客観性が保障されないといった問題性，また，表面的な販売の工夫の理解に留まることで，背景にある社会全体の仕組みを追究できないといった問題性を有する。子どもたちの認識の客観性が保障されないことは，社会を一面的な立場で捉えさせ，例えば，販売者といった人物の価値観を無批判に受け入れることに

つながるのではないだろうか。また，販売と消費の背景にある社会の仕組みを学習しないことは，子どもたちの認識が表面的な内容に留まり，対象となる社会事象を説明する枠組みが常識の範囲内に終始してしまうと言える。

したがって，販売と消費に関する学習においては，販売に従事する人々や消費者の営みに共感的理解を図りながらも，子どもたち自身がその背後にある社会の構造を批判的に追究し，多面的な認識からその影響を判断できる学習を構成することが求められていると言えるだろう。本節の授業開発では，販売と消費に関する学習の事例として，アマゾン（Amazon.co.jp）を取りあげる。次にその内容編成について検討する。

2　内容編成の論理

2-1　ネットショッピングの学習対象

ネットショッピングの事例としたのは，代表的なオンラインストア，アマゾン（Amazon.co.jp）である[5]。アマゾンは，1000万タイトルを超える和書，洋書，CD，DVD等を取り扱い，PCだけでなく携帯等のモバイル端末においてもアクセス可能なサイトとなっている。このようなアマゾンは，米国アマゾンが運営するインターナショナルサイトの一つであり，特に日本のアマゾンは，2008年度において対前年度比20％増といった，他国に比べ飛躍的な成長を遂げている。

アマゾンに関して，これまでに情報教育の研究者である谷山[6]によって「ネットショッピングの仕組みを知ろう」といった単元名で授業開発がなされてきている。この授業では，ネットショッピングの仕組みを理解し，良い面と悪い面があることを意識しながらネットショッピングとのつきあい方を考えることを目標にして，最初にネットショッピングの体験，次にネットショッピングで働く人のビデオの視聴，そして，ネット上の店と地上にある店の優れている点を比較した話し合い，最後にアマゾンの人がネットショッピングの仕組みについて紹介している。しかし，ネットショッピングの表面

的な仕組みについての学習に終始し、その背景にある社会の構造を追究させないために、ネットショッピングの一面的な工夫だけを認識させることに留まっている。なぜ、そのような販売の形態が現代において拡大しているのか、新たな販売の背景にある社会の構造を認識し、その中で消費者として自らが判断する学習を構成することが大切ではないだろうか。したがって、ネットショッピングに関する教育内容の開発では、次のような内容構成をそなえる必要があると考える。第一に、学習を通して人々の消費形態の変化を実感できる内容構成とすること、第二に、メディアによる販売の変化といった現実の姿を映し出す内容構成にすること、第三に、そのような販売と消費の背景にある社会の構造を追究し、判断できる内容構成にすることである。本研究では、これらの視点に基づき、ネットショッピングを読み解く理論的枠組みを次に示していく。

2-2　ネットショッピングの理論的枠組み

ネットショッピングの拡大を読み解く上で、注目すべき理論は、ロングテール理論[7]である。ロングテールとは、Andersonが2006年に発表した論文における名称であり、市場における販売量の分布曲線（図1）において、

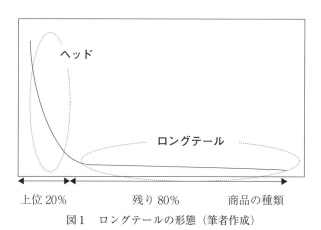

図1　ロングテールの形態（筆者作成）

販売量の多い順に左から並べると左をピークとして右に裾が広がる曲線となり，右方でもなかなかゼロにならないといった分布曲線の形態的特徴から名づけられたものである。

　伝統的なマーケティング理論であるパレートの法則[8]では，売り上げの80％は上位20％（ヘッド）によりもたらされるとされ，利益の低い下位の80％（テール）は，切り捨ててしまう方が効率的であるといった発想であった[9]。

　それに対し，ロングテール理論では，インターネット技術等の革新によって，テール部分に焦点があてられ，従来のように売り上げが集中した市場ではなく，個々の売り上げは小さいが広範囲に分散する市場をターゲットにすることで利益を生むという主張なのである。

　このような考えが現実化するには，Anderson は三つの要件を挙げている[10]。第一は，生産コストの低下によるニッチ商品の増加である。これは，すなわち，生産コストの低下によって，少ない販売量でも採算が合う商品が多様に増加することである。第二に，販売側の提供できる商品の多様化である。つまり，供給商品を多様に集め集積することである。第三に，消費者がそれぞれの必要性や興味に応じて，ニッチ商品を見つけられる方法の提供である。つまり，検索機能やレコメンデーションシステム等の Web 技術による需要の喚起である。これらの技術的要件は，社会がデジタル化することにより可能になるのである。したがって，ロングテール理論が現実化するには，社会がデジタル化の進行することによる3つの要件が成立することが必要条件であり，ネットショッピングの背景には，このようなデジタル化の進行によるロングテールの成立といった社会の構造変容があるのである。

2-3 「成長するネットショッピング」の構造

　これらの論に基づき，ネットショッピングの構造を図2のように構造化した。

第3章 「デジタル化するメディア社会」の教育内容と授業開発　95

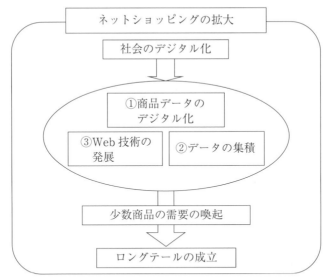

図2　ネットショッピング拡大の構造（筆者作成）

　図2では，ネットショッピングが拡大するプロセス全体を表している。社会のデジタル化が進むと，①データを中心とした商品の生産コストが下がるだけでなく，商品データがデジタル化され，商品が多様化する。②多様な商品は，データ化したものはサーバに蓄積される。③商品販売をするWebでは，多様な商品が検索されたり，商品を買った人の感想や類似した商品が紹介されたりして，Webを見た人の多様な消費動向が喚起され，少数の商品需要によるロングテールが成立し，ネットショッピングが拡大していく。また，このようなロングテールはネットショッピングに留まらず，様々な販売においても，多品種少量販売の形態が波及している面も見られるのである。したがって，ネットショッピングの販売を推進するアマゾンの表面的な工夫だけを認識対象とするのではなく，その背景にあるロングテール理論に基づく，その構造を読み解くことが肝要であると言える。しかし，そのような社会の構造を読み取っても，人々の消費形態の変化を捉える上では，不十分と

考える。なぜなら,変化はこれまでとの比較によってより鮮明になるからである。そこで,既存の販売(ショッピングセンター)の仕事との比較を通して,現実のネットショッピングといった消費形態への影響を際立たせ,子どもたちの認識をより多面的に検討させたいと考えている。

3 「メディア社会解釈学習」による単元構成の論理

メディア社会の構造の多面的認識を目指す「メディア社会解釈学習」による「成長するネットショッピング」の単元構成は次の通りである。

3-1 問題設定場面

販売の仕事に関して消費活動の視点から,最初に,モノを買った経験について話し合わせる。多くの子どもが,近くの店や郊外の大型店で買った経験を発表するであろう。そこで,「なぜ,近くに店があるのに,遠くで買うのですか」と問うと,品数が多いこと,車で行けるから便利なこと等を答えるであろう。そこで,販売額の推移のグラフを基に,「でも,今,大型店で売れなくなっています。なぜですか」と問う。すると,わざわざ遠くへ行かなくても,家で買うことができることに気づく子どもが出てくると予想される。そこで,インターネットでモノを購入したことについて,家族に聞いてくる問題を設定し調査させる。調査した内容をまとめると,特にインターネットを介して多くのモノが購入されていることに気づく。次に,自分ならインターネットショッピングをするかどうか考えさせ,実際にアマゾンのサイトを利用させ,カートに商品を入れて購入するまでを経験させる。そして,気づきを交流した後,「なぜ,インターネットでモノを買うのかな」と問い,消費者の気持ちに共感させた後,「インターネットショッピングのひみつを調べよう」と学習問題①を成立させる。

3-2 構造分析場面

　最初に，ネットショッピングでは，どんな人が働いているのか，ビデオを視聴させ，メディア生産者であるアマゾンの人々に共感させる。次に，大きなショッピングセンターや書店の様子を写真で示し，約30万種類の商品があることを知らせ，「アマゾンではどのくらいの商品が紹介されていますか」と問い，アマゾンでは約1800万種類の商品を紹介していることを知らせると，予想より大きな数に驚くであろう。そして，「なぜ，アマゾンには，こんなに多くの商品があるのでしょうか」と問い，アマゾンのWebページについて，その特徴を調べさせる。アマゾンのWebページには他の店の商品がリンクされていること，また，個人的に売る商品もリンクされていることを知り，それらが商品として示されていることを知る（商品データのデジタル化）。次に，アマゾンには巨大な倉庫があり多様な商品の在庫が用意されていること等を知り，多くの商品はデータ化して集めたり，実物を多様に集めたりして，たくさんの種類の商品が紹介できることを知る（商品データの集積）。

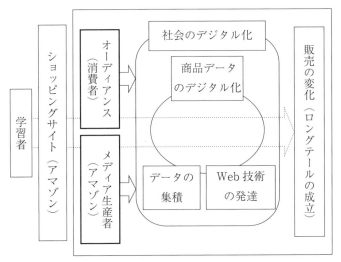

図3　児童が読み解くネットショッピングの構造（筆者作成）

そして、アマゾンの売るための工夫についてビデオを中心に調べ、Webページの構造が多様な消費者のニーズに合わせて構成されていることを知る（Web技術の進展）。これらの学習をまとめ、アマゾンのショッピングページの背景にはデジタル化といった社会の構造変化があることを知る（図3）。

そして、「こんなにたくさん商品があったら便利ですか」と問い、消費者の多様な関心に応じるために品ぞろえが豊かであることについて考えさせる。次に、「なぜ、アマゾンでは、こんなにたくさんの商品が必要なのですか」と学習問題②を示す。子どもたちは、役割に分かれたロールプレーイングゲームを行い、たくさんの種類の商品が少しずつ売れたら儲かることをロールプレーイングを通して知る。そして、昔の販売と今のインターネットショッピングの違いについて話し合わせ、インターネット技術の進展が、現在の、たくさんの種類の商品を少しずつ売ることで儲けるといった販売の形態を可能にしていることを理解する（ロングテールの成立）。

3-3 価値解釈場面

これまで学習したことをもとにして、今度は地域のショッピングセンターについて調べる学習問題③「ショッピングセンターのひみつを調べよう」を成立させる。インターネットショッピングとの違いから、売るための工夫について調べ、まとめさせる。そして、ショッピングセンターの売るための工夫について、デジタル化した社会の点から意見交流し、ショッピングセンターとインターネットショッピングの違い、例えば、「実物とバーチャル」、「地域での販売とあらゆる場所での販売」などについて明確化させる。そして、それぞれの販売の仕事の良さと違いについてまとめ、自分たちの生きる社会の中で販売と消費の変化について意見を形成する。

以上の単元構成をまとめると表1となる。

表1　単元の指導計画

次	場　面	学　習　内　容	認　識　内　容	教材・教具
1 (2)	＜導入＞ 問題設定 場面	1. 既存の消費活動の整理 2. ネットショッピングでの商品購入の整理 3. ネットショッピングの体験 4. ネットショッピングと既存の店の比較による学習問題①の設定	○既存の消費傾向の認識 ○ネットショッピングの購入の仕方の認識 ○認知的不協和による学習問題の認識	販売額推移グラフ アマゾンのWebページ
2 (4)	＜展開Ⅰ＞ 構造分析 場面①	1. メディア生産者（アマゾン）への共感 2. アマゾンのサイトの背景（商品データのデジタル化，商品データの集積，Web技術の特徴）の追究 3. 消費者，アマゾンの人々への共感	○ネットショッピングの構造の多面的認識	アマゾンの倉庫・アマゾンのサイトの仕組みの資料 アマゾンの人々のビデオ
	＜展開Ⅱ＞ 構造分析 場面②	1. 学習問題②の設定 2. ロールプレーイングによる追究 3. ネット販売についてのまとめ	○地上の店とネット上の店の違い認識 ○ロングテールの形態の認識	ロールプレーイングシート
3 (4)	＜まとめ＞ 価値解釈 場面	1. 地域のショッピングセンターについての学習問題③の設定 2. ショッピングセンターとネット販売価値の比較 3. ネットショッピングについて自分の考えの形成	○既存の販売の仕事の認識 ○価値比較による販売の違いの認識	振り返りシート

＊全10時間　（　）の数字は時間数

4 単元「成長するネットショッピング」の授業開発

4-1 指導目標
○情報通信技術の発展により変化するデジタル化するメディア社会の構造を，多面的に認識する。

（知識・理解目標）
・アマゾンのショッピングサイトを調べ，多種多様な商品があることを知り，それらの商品のうち，実物は地価の安い巨大な倉庫にあること，また，他の店や顧客の商品も扱うことで，多くの商品を供給できることを理解する。
・ロングテール理論に基づくネットショッピングの構造を追究し，①商品データのデジタル化，②データのサーバへの集積，③Web技術の発達等による需要の喚起により，販売と消費が拡大されること等を多面的に理解する。
・消費者の多様な消費性向は，ネットショッピングの仕組みによって喚起されたものであることを理解する。
・地域のショッピングセンターといった地上のお店とネット上のお店には，「実物とデータ」，「限定された地域での販売とあらゆる場所での販売」などの違いがあることを理解する。

（思考・判断・表現目標）
・ロールプレーイングを通して，たくさんの種類の商品が少量売れることで儲けるといった現代の販売の変化について考えることができる。
・地上のお店とネット上のお店を比較し，それらの違いについて考え，表にまとめることができる。
・地上のお店とネット上の店の違いに着目して，その中で自分が大事にしたい観点を考え，具体的に判断することができる。

4-2 単元の展開

	教師による主な発問・指示	教授・学習活動	子どもの反応
導入 問題設定	・みなさんは、お店でどんなモノを買ったことがありますか、どこで買いましたか？ ・なぜ、近くにお店があるのに、遠くで買うのですか。 ・でも、大型店では、今売れなくて困っています。なぜですか？ ・インターネットショッピングって知っていますか。みんなの家では、どれくらいインターネットで買い物をするのだろうか、調べてみましょう。 ・調べたことを発表しましょう。 ・インターネットって、実物がないよね。君たちなら、インターネットで買い物をしますか？ ・インターネットのお店であるアマゾンでネットショッピングを体験してみましょう。 ・気づきを発表しましょう。 ・なぜ、インターネットでモノを買うのかな？　予想しましょう。 インターネットショッピングのひみつを調べよう。	T 発問する P 答える T 発問する P 答える T 発問する P 答える T 発問する P 調べる T 指示する P 発表する T 発問する P 答える T 指示する P 経験する T 発問する P 答える T 発問する P 答える	・本は近くの本屋さん、CDは楽器店、野菜は八百屋さんかな。 ・少し遠いけどゆめタウンで全部買うよ。 ・大きなお店は、種類が多いし、車で行けるから便利だからだよ。 （販売額推移グラフの提示。） ・車で行かなくても、家で買うことができるからじゃないかな。 （家でインターネットショッピングによって買ったモノを調べる。どこで何を買ったか表にまとめる。） ・店で買い物をするけれど、多くの品物をインターネットで注文している。 ・実際に、手に取ることができないので買わない。信用できない。 ・なぜ、大人はインターネットで買い物をするのだろう？ （使い方を説明し、実際に購入するまで経験させる。） ・楽しいし、品物の種類が多い。簡単に注文することができる。 ・家にいて買い物ができるのは便利だ。 ・欲しいものが簡単に買うことができる。
展開Ⅰ 構造分析①	・ネットショッピングでは、どんな人が働いているのだろうか？ ・アマゾンの仕事について紹介したビデオがあります。見てみよう。 ・どんな人が働いていましたか？ ・どんな工夫がありましたか？	T 発問する P 答える T 指示する P 視聴する T 発問する P 答える T 発問する P 答える	・ホームページを作る人 ・商品を送る人 （「アマゾンの物流センター」のビデオを視聴する。） ・会社で働く人、倉庫で働く人、トラブルの時に対応する人、ホームページを作る人など ・倉庫で働く人は、素早く商品を見つけることができるように、陳列の仕方を工夫している、注文を受

・アマゾンで働く人に関して感想を書きましょう。	T P	指示する まとめる	けて，その日に発送しているなど ・ネットショッピングでは，たくさんの人が関わって，たくさんの商品をすぐに配達できるなど，すごい工夫をしていてすごいと思った。
・配達する商品がたくさんあったけど，アマゾンには，どれだけの商品があるだろうか。（みんながよく行くゆめタウンなどでは，約30万種類の商品があります。）	T P	発問する 答える	・ゆめタウンより少ないのではないかな。 ・もっと多いから，100万ぐらいかな。 （アマゾンでは約1800万種類の商品を紹介していることを知らせる。）
・なぜ，アマゾンは，こんなに多くの商品を集めることができるのでしょうか，予想しましょう。	T P	発問する 予想する	・巨大な倉庫に，たくさんの商品があるのではないかな。 ・本当に商品があるのかな？
・予想を確かめるためにアマゾンのWebページについて調べてみよう。	T P	発問する 調べる	（商品紹介のWebページ等の仕組みに関する資料を用いる。）
・調べて分かったことを発表しましょう。	T P	発問する 答える	・他の店の商品をリンクさせたり，お客さんが自分の商品を売ったりすることができるようになっている。 ・実際にある商品ではなく，商品を売っている情報を集め紹介しているから，たくさん商品を紹介している。 （商品データのデジタル化）
・じゃあ，アマゾンには商品はないのですね。商品がないと困りませんか？	T P	発問する 答える	・そんなことはない。倉庫で働いていた人がいたから，商品も用意されている。
・この写真はアマゾンの倉庫です。倉庫について調べましょう。	T P	発問する 調べる	（アマゾンの倉庫の立地場所，倉庫の内部等の資料を用いる）
・たくさんの商品はどこに置いていたかな。なぜ，千葉県にあるの。	T P	発問する 答える	・千葉県に巨大な倉庫に置いてあるよ。 ・アマゾンでは，多くの商品を供給するために千葉県に東京ドーム30個分の倉庫を持っている。
・まとめると，なぜ，多くの商品をアマゾンは集めることができるのですか。	T P	発問する 答える	・東京に倉庫を建てるより，かなり安く建てることができるから。 ・商品のデータを集めたり実物は巨大な倉庫に集めたりして，たくさんの商品を紹介している。 （商品データの集積）

		T/P	活動	内容
	・こんなにたくさんの商品をアマゾンでは，どうやって売っているのかな？ ビデオを見てみよう。	T P	指示する 視聴する	（アマゾンでは，お客様が商品を買いたくなる工夫として，たくさん商品があることを気づかせる機能を設けていること。また，アマゾンでは自分がいらなくなった商品を売ることができること等，これからの物を売る商売の新しい形を目指している等。）
	・アマゾンでは売るためにホームページには，どんな工夫がありましたか。	T P	発問する 答える	・一つの商品を見つけると，関連した商品が出てくる（レコメンデーション） ・商品には，それまで買った人のコメントがついてくる（カスタマレビュー） ・買ったり見たりした商品からお客さんの好みに合わせて商品を紹介する（パーソナライゼーション） （Web技術の発達）
	・これまで，学習したことをまとめましょう。	T P	まとめる まとめる	（板書でのネットショッピング構造のまとめ）
	・こんなにたくさんの商品があったら便利ですか。なぜ，実物がないのに売れるのですか。	T P	発問する 答える	・自分の好きな商品を選ぶことができるから便利。コメントで商品の善し悪しがわかるし，自分の好きな商品があるから買いたくなる。
	・なぜ，アマゾンでは，買いたくなる工夫をたくさんしているのですか。	T P	発問する 答える	・アマゾンは，たくさんの種類の商品があり，少しでも売るには，買いたくなるように工夫しないといけないからじゃないかな。
展開Ⅱ 構造分析②	なぜ，アマゾンでは，こんなにたくさんの商品が必要なのですか？ ゲームをして考えよう。	T P	発問する ゲームする	（アマゾンの役と一般のお店の役とお客さんの役に分かれて，ネットショッピングのゲームを行う。）
	ロールプレーイング（アマゾン・商店・お客さんの役割に分かれて）			
	・気づいたことを発表しましょう。	T P	発問する 答える	・たくさんの種類の商品が少しでも売れたら，儲かる。 ・人気商品がたくさん売れて儲かるのと同じぐらい，たくさんの種類の商品が少し売れて儲けることができる。（ロングテールの成立）
	・今のアマゾンのようなモノを売る仕事と昔，コンピュータがなかった時代のモノを売る仕事では，何	T P	発問する 話し合う	・昔はインターネットがなかったから，ネット買い物ができなかったので，たくさんの種類の商品から，

	が違いますか。			選ぶことができなかった。 ・今は，インターネット技術が発達し，たくさんの種類の商品が少しずつ売れることで儲けている。 （デジタル社会の認識）
ま と め 価値解釈	・インターネットショッピングについて勉強したことをもとにして，今度はショッピングセンターのひみつについて考えよう。	T P	発問する 答える	・スーパーマーケットは，インターネットショッピングほど商品を置くことができないから種類が少ないのではないかな。
	ショッピングセンターのひみつを調べよう。			（資料をもとに追究させる。）
	・インターネットショッピングでは，たくさんの種類の商品を少しずつ売って儲けていました。ショッピングセンターも同じですか？	T P	発問する 答える	・ショッピングセンターは人気のある商品を中心に売っている。 ・アマゾンほど品数は多くない。
	・では，ショッピングセンターでは，売るためにどんな工夫がありましたか，調べたことを発表しましょう。	T P	発問する 答える	・大きな駐車場 ・品数を増やし，地域の特産物を売っている。 ・広告を出して宣伝している。 ・ポイントカード　安い日をつくる……等。
	・インターネットショッピングとショッピングセンターにはどんな違いがありますか。まとめましょう。	T P	発問する まとめる	＜板書によるまとめ＞

	買う人	商品	品数	売れ筋	売るの工夫
インターネットショッピング	全国	データ	多品種	徐々に売れる商品	Webの工夫
地域のショッピングセンター	地域の人々	実物	少品種	すぐに売れる商品	様々な工夫

	・これまでの学習を振り返って，これからの販売は，どのように変わっていくと思いますか。意見を書きましょう。	T P	指示する 意見を書く	・インターネットの販売と地域の販売では，買う人にとって特徴が違うから，互いの良いところを取り入れて，販売の仕事は変わっていくと思う。

第3節　技術的所作に関する単元「地球を映し出すGoogle Earth」の授業開発

1　内容編成に向けての課題

　デジタル化による社会構造への技術的影響として，地図ソフトGoogle Earthを取りあげる。デジタル化する社会における地図について，その歴史的過程から検討してみよう。地図は一般に，「地球表面の一部または全部を一定の割合で縮小し，記号・文字などを用いて平面上に表わした図」と解されている。これまで，地図は，文字が生まれるより先に発明されたと考えられ，先史時代においても壁画に山や谷などの風景が絵地図のように組み合わされて残っているものもある。その後，時代に応じて様々な測定機材を用い，実測を中心とした地図が制作されてきた。しかし，現代においては衛星からのデータに基づきより精密な地図が作成されてきている。つまり，衛星写真を用いて地球地図としてデータ変換が行われることで，より綿密な地図作成が可能になっているのである。このような細密な地図と実際の衛星写真を組み合わせた地図ソフトGoogle Earthは，地図と画像の組み合わせることにより，これまでの地図学習を改善する可能性を有するツールであると言えよう。

　小学校における地図学習は，第3学年の最初の単元から始まる。平成20年版学習指導要領では，第3学年及び第4学年の目標(3)において，「……地図や各種具体的な資料を効果的に活用し，……社会的事象や相互の関連などについて考える力，調べたことや考えたことを表現する力を育てるようにする。」と記され，その内容と内容の取扱いにおいて，調べ学習の道具として活用することが強調されている。また，学習指導要領に準拠した教科書では，最初に地図学習の活動が示され，通学路の近くにある自慢の場所を絵地図に

書いて紹介し合い，学校からその場所までのコースを白地図に書きこむ活動が例示されている。次に，グループごとに実際に通学路を探検し，白地図に書きこみ，書き込んだ地図をつなげて，絵地図として整理する活動が示された上で，その絵地図と実際の平面地図を比較し，方位と地図記号を理解する活動が中心となっている。つまり，実際の体験に基づき，具体的に地域の地理的内容を絵地図として表し，比較することで平面地図を具体的に理解する内容となっている。しかし，実際に地域探検などで体験したことを白地図に書き表すことには，困難さを伴う。第3学年の発達段階から，地域の空間情報を平面的な白地図に転記することが難しいのである。また，無理に作成した絵地図と平面地図を見比べても，子どもたちのイメージと既成の地図が表している内容が遊離し，実感の伴わない，子どもたちにとって主体的に取り組むことが難しい地図学習になっているのではないだろうか。

したがって，地図学習においては，子どもたちのイメージと地図をつなぐために，地図ソフト Google Earth を活用した授業を提案する。Google Earth は，学習対象地域の空間情報を写真中心に表しているために，子どもたちがその地域のイメージを豊かにして，地図を読み取ったり，作成したりすることが可能になる。また，Google Earth と平面地図を比較させることで，地図は省略し，一般化した空間情報を表したメディアであることを理解することにもつながると言える。

2 内容編成の論理

Google Earth とは，Google 社[11]が基本的には無料で配布しているバーチャル地球儀型地図ソフトである。世界中の衛星写真と地図が組み合わされ，拡大・縮小，角度調節等により容易に目的とする地域を表示させることができる。これらの画像データは，インターネット経由で100万台を超えていると言われる Google 社のサーバから転送される仕組みであり，現代の大量のデータの蓄積と双方向的往来を可能にしたインターネット回線の世界的発達

第3章 「デジタル化するメディア社会」の教育内容と授業開発　107

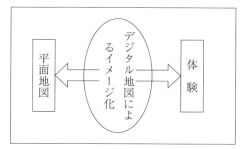

図4　平面地図と体験を結ぶデジタル地図（筆者作成）

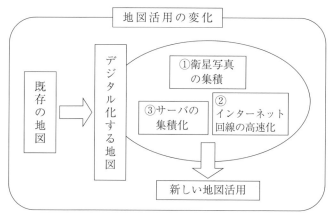

図5　デジタル化する地図の構造（筆者作成）

によって現実化した地図ソフトであると指摘することができるであろう[12]。

　実際，紙媒体の既存の平面地図においても，衛星写真のデータが活用されることによって，詳細な改善が図られている。しかし，図を中心とした平面地図と衛星写真を中心としたデジタル地図を比較させることで，子どもたちの体験による空間情報と平面地図をイメージ豊かにつなげることができるのではないだろうか。

　したがって，デジタルソフトの発達による地図活用の変化を，ソフトの背後にあるデジタル化する社会の構造と既存の地図との比較により追究し，デ

ジタル化する社会の変化を実感させたいと考えている（図5）。

3 「メディア社会解釈学習」による単元構成の論理

メディア社会の構造の多面的認識を目指す「メディア社会解釈学習」による「地球を映し出すGoogle Earth」の単元構成は次の通りである。

3-1 問題設定場面

最初，教室内で方位について確認した上で，附属小学校を中心にすると，どの方位に何があるのか考えさせる。まだ，距離感をあまり持たない多くの子どもたちは，「北には駅がある。」「南には，海がある。」と思いついたままを答えるであろう。そこで，実際にGoogle Earthを使わせ，附属小のまわりの様子について操作さる。子どもたちは，初めて使う地図ソフトに興味を持って取り組むであろう。その後，附属小学校のまわりには何があるか，方位ごとに聞けば「南をまっすぐ行くと海がある。」等，より詳しく答えるであろう。Google Earthの分かりやすさを知った上で，「Google Earthのひみつを見つけよう」と学習問題①を成立させる。

3-2 構造分析場面

最初に，Google Earthが表示する写真はどこにあるのかと問うと，多くの子どもが「パソコンの中」，「先生が見せている」等答えるであろう。そこで，資料から写真は人工衛星が撮っていること（衛星写真の集積），その写真を集める場所が世界中に100万台あること（サーバの集積化），インターネットの回線で写真がパソコンに映し出されること（インターネット回線の高速化）等を調べさせ，デジタル化する地図の仕組みをまとめる。次に，「こんなにすごいソフトなら何でも見ることができそうですね」，「附属小学校の近くには何があるのかな」と問う。すると子どもたちは，Google Earthで附属小学校の近くを見ようとするだろう。しかし，方位ごとに店の種類や家と店舗

の違いを判断することができない，また，附属小のまわりはあまり歩いたことがない為，「よくわからない。」と答えるであろう。そこで，学校の近くには何があるのかな，「学校の近くのひみつを見つけよう」と学習問題②を成立させ，学校の東西南北をグループごとに調査し，白地図に空間情報を書き込む活動を行う。そして，附属小に戻り，白地図をまとめる活動の中で，書き込んだ店舗や家以外の空白部分，また，想起できない部分をGoogle Earth を参考にしながら，学校の近くの絵地図を完成させる。

3-3　価値解釈場面

その後，グループごとに作成した絵地図と平面地図と Google Earth を比較させ，平面地図と何が違うのか，それらの違いについて考えさせる。子どもたちは，「本当にあるものをぜんぶ地図であらわすことはできない。」「地図はたくさんあるものの中から作った人が必要なものを選んで作っている。」等，平面地図の特徴について，意見交流する。そして，Google Earth と絵地図と平面地図の良さについて考え，自らの意見を形成する。

以上の単元の指導計画をまとめると表2となる。

表2　単元の指導計画

次	場　面	学　習　内　容	認　識　内　容	教材・教具
1 (2)	<導入> 問題設定場面	1. 方位についての体験活動 2. Google Earth の体験 3. Google Earth と自らの経験との比較による学習問題①の設定	○方位の認識 ○Google Earth の使い方の認識 ○経験的親和性による学習問題の認識	16方位図 Google Earth のページ
2 (6)	<展開Ⅰ> 構造分析場面①	1. Google Earth の背景（衛星画像の集積，データの集積，インターネット技術の特徴）の追究 2. Google Earth 使用者としての共感	○Google Earth の構造の多面的認識	Google Earth のサーバの数・インターネット普及の資料 Google Earth のページ

	<展開Ⅱ>構造分析場面②	1. 学習問題②の設定 2. 方位ごとの体験的活動による空間情報の収集 3. 体験的活動のまとめによる方位ごとの絵地図の完成	○地上の店とネット上の店の違い認識 ○ロングテールの形態の認識	附属の周りの白地図 絵地図用模造紙
3 (2)	<まとめ>価値解釈場面	1. 絵地図と平面地図とGoogle Earthの比較による相違点の追究 2. それぞれの地図の良さに関するまとめ 3. デジタル化した地図について自分の考えの形成	○既存の販売の仕事の認識 ○価値比較による販売の違いの認識	振り返りシート

＊全10時間　（　）の数字は時間数

4　単元「地球を映し出すGoogle Earth」の授業開発

4-1　指導目標

○情報通信技術の発展により変化するデジタル化するメディア社会の構造を，多面的に認識する。

(知識・理解目標)
・16方位や絵地図の表し方の特徴について理解している。
・自分が体験したことやGoogle Earthの地図と平面地図を比較し，平面地図は作成者が事象を省略し，特徴づけた地図であることが理解できる。
・Google Earthの背景にある，デジタル化した社会の仕組みを理解することができる。

(思考・判断・表現目標)
・Google Earthを利用して，学校のまわりの様子に関心をもち，調べたいことを考えることができる。
・Google Earthで表されている地図と自分の作成した絵地図を比べ，それぞれの場所の特徴について自分のイメージを再考している。
・学校の周りを歩き，白地図に空間情報を書き入れることができる。

・4方位ごとに，自分たちが調べた地図をまとめ，附属小学校のまわりの絵地図を作製することができる。

4-2 単元の展開

	教師による主な発問・指示	教授・学習活動	子どもの反応
導入 問題設定	・みなさんは，方位って知っていますか？どんな方位がありましたか。	T 発問する P 答える	・北・南・東・西といった方位があるよ。
	・3年生の教室を中心とすると，北側には何がありますか。南側には何がありますか。	T 発問する P 答える	・附属中学校があるよ。南側には，グランドがあるよ。
	・附属小学校を中心とすると，北側には何がありますか。南側には何がありますか。	T 発問する P 答える	・北には広島駅があるんじゃないかな。南は，海があると思うよ。
	・Google Earth を体験してみよう。Google Earth では，いろいろな場所の写真や地図を見ることができます。	T 指示する P 経験する	（使い方を説明し，実際に様々な地域を見ることを経験させる。）
	・附属小学校の周りについて調べてみよう。	T 発問する P 調べる	（Google Earth を用いて，附属小のまわりの様子を調べる。）
	・気づきを発表しましょう。	T 発問する P 答える	・附属小からずっと北に行くと広島駅がある。 ・附属小から，南に電車の線路を行くと宇品港がある。
	・なぜ，Google Earth は世界中を見ることができるのかな？予想しましょう。	T 発問する P 答える	・わからない ・だれかが写真を撮ってきて入れているのではないだろうか。
	Google Earth のひみつを調べよう。		
展開 I	・Google Earth が映している写真は，どこにあるのだろうか？ 予想しましょう。	T 発問する P 予想する	・パソコンの中にあるんじゃないのかな。 ・先生が見せているんじゃないのかな。
	・Google Earth が映している写真は，ここにはありません。どこにあるか調べてみましょう。	T 指示する P 調べる	（インターネット網，サーバの集積，衛星写真の集積等の資料を用いる。）

構造分析①	・たくさんの写真はどこにありましたか。	T P	発問する 答える	・日本じゃなくて，アメリカのいろいろな所にある。 ・アメリカだけで，100万台のパソコンの中にある。
	・いろいろな場所にある写真が，なぜ，みんなのパソコンに映るのだろうか。	T P	発問する 答える	・インターネットの線にのって，僕たちのパソコンに運ばれてくる。
	・Google Earth の仕組みについてまとめましょう。	T P	指示する まとめる	・衛星写真が，アメリカにあるサーバにためられて，インターネットを利用して，みんなのパソコンに運ばれてくる。 （板書で Google Earth の仕組みのまとめ）
	・こんなにすごいソフトなら，何でも見れそうですね。附属小の近くには何があるのかな。	T P	発問する 答える	・すぐに，附属小の近くに行くことができるよ。 ・でも，どんな店や家があるのかわからないよ。
	・附属小の周りを歩いたことはないのかな。	T P	発問する 答える	・附属小の周りは，通学路じゃないから，あまり歩いたことはないよ。 ・附属小の近くには，何があるのだろうか。
展開Ⅱ 構造分析②	学校の近くのひみつを見つけよう。			（附属小の近くをグループごとに探険する計画を立てる。）
	・東西南北ごとにグループになって，学校の近くを探険しよう。何が必要ですか。	T P	発問する 答える	・グループごとに，探険バッグと筆記用具など。
	・グループごとに，附属小の近くを探険して，分かったことを白地図に書き入れましょう。	T P	発問する 体験する	（東西南北のグループに分かれ，附属小の周りを歩き，空間情報を白地図に絵で描きこんでいく）
	（グループごとに調べる）			
	・探険してわかったこと，気づいたことを絵地図に表わそう。	T P	発問する 話し合う	・南では，たくさん家があってマンションもあった。 ・西側には，病院や銀行があったよ。
	（グループごとに絵地図を作製する。）			
	・困ったことはありませんか。	T P	発問する 答える	・同じところを見学したのに，書いてあることが違うよ。 ・何も書いていないところがあったよ。

	・Google Earth を参考にしながら作成しましょう。	T P	指示する 作成する	・何があったか思い出せないよ。 ・Google Earth を使ったら，何があったか思い出せたよ。 ・友だちと関わって，わからない建物が何かわかったよ。
ま と め 価 値 解 釈	・ここに平面地図があります。平面地図と絵地図と Google Earth は，何が違いますか。	T P	発問する 答える	・平面地図は記号がたくさんある。絵地図は，絵が多くてわかりやすい。Google Earth は，写真がたくさんあって，本物みたいだよ。
	・3つを比べると，絵地図には，どんな違いがありますか。	T P	発問する 答える	・絵地図は，絵がたくさんあるので，わかりやすいけど，みんなが書いた絵をつなげたらわかりにくくなる。
	・平面地図には，どんな違いがありますか。	T P	発問する 答える	・平面地図は，記号で書いてあるから，混雑はしていないけど，絵じゃないから，どんなところか想像できない。
	・Google Earth には，どんな違いがありますか。	T P	発問する 答える	・Google Earth は，写真が中心だから，行ったところのイメージと同じだけれど，地図と組み合わせるとわかりにくい。
	・3つの地図について，まとめましょう。	T P	発問する まとめる	・本当の姿を一番あらわしているのは，Google Earth だけれど，写真だけでは地図とは言えない。絵地図はすべてのモノを表そうとするとわかりにくくなる。平面地図は，たくさんあるものの中から作った人が選んで作っている。
	・これまでの学習を振り返って，地図について感想を書きましょう。	T P	指示する 意見を書く	・それぞれの地図には，良い所があり，用途に応じて，地図を選択することが大切だと思った。

第4節 「デジタル化するメディア社会」の実践の分析

　本章では，単元「成長するネットショッピング」と単元「地球を映し出すGoogle Earth」を開発し，各々の開発授業を小学校3学年の児童に実践した。これらの開発授業は，メディア社会の構造の多面的認識を目指す「メディア社会解釈学習」に基づき開発されたものである。したがって，子どもたちの

認識の成長にとって，本開発授業が有効であったかを明らかにするために，実践した授業[13]について，次の3点から分析を行う。

第一は，メディア社会の構造の「多面的認識」についてである。

第二は，メディア社会と既存の社会との比較による「価値認識の変容」である。

そして，

第三は，「児童の発達段階」に応じた開発単元であったかどうかである。

1 単元「成長するネットショッピング」の分析

1-1 児童の認識の変容と分析

児童の認識の変容に関して，主なワークシートの記述内容をまとめると表3，表4に示したようになる。

表3 ネットショッピング売買がさかんな理由についての記述内容

	問題設定場面	構造分析場面（学習後）
A児	商品の種類が多い。	アマゾンのHPには，その商品を買った人のコメントやよくにている他の商品もしょうかいしてくれるから，信用して買う人が多い。
B児	ねだんが安い。	HPにはたくさんの工夫があるし，アマゾンの人もそうで，早く商品を見つけることができるので，早く，その日におくることができる。
C児	遠くに行かなくても買うことができる。	本当にはアマゾンにはない商品をHPでしょうかいして，たくさん商品があると人はかんちがいして買うと思う。
D児	楽しい。	じぶんの商品を売ることができるし，中古品も売ることができるので，たくさん商品があって買うと思う。
E児	すぐとどくから。	インターネットが発明されて，すこしのもうけでたくさん商品を売るためにアマゾンがページの工夫しているから売れている。
F児	しゅるいが多いから。	たくさんの商品を売れば，少しのもうけでもアマゾンはもうかるし，アマゾンも買ってもらうために，いろいろな工夫をしているから売れる。

表4　ネットショッピングと既存の店の比較についての記述内容

	問題設定場面「インターネットで買い物をしますか。」	価値解釈場面「インターネットと地域のお店では，どちらで買い物をしますか。」
A児	買い物をする。たくさん商品があるから。	インターネットはたくさん種類があるけど，近くのお店は触ることができるし，いろいろな種類の商品が増えているから近くのお店で買い物する。
B児	買い物をする。近くの店より安い。	近くには安いお店がない。インターネットのほうが安くてしゅるいが多いから買い物をしたい。
C児	買い物をする。たくさん種類がある。	お店とインターネットの商品を比べて，安くて買っても安全な商品を選んで，買い物をしたい。
D児	買い物をする。ボタンをおしたらすぐ商品が出るから。	今もしているのでインターネットで買い物をする。自分がいらなくなったものも売れば，もうかることができる。
E児	買い物をしない。服のサイズとか着ないとわからない。	実際にさわらないとわからない服や食べ物は近くの店で買って，めずらしいものとかお店で売っていないものはインターネットで買う。
F児	買い物をしない。だまされた人がいるから信用できない。	アマゾンとかは信用できるけど，他のインターネットは信用できないのも多いから，どうしても必要なものだけアマゾンを使う。

　最初に，ネットショッピング売買がさかんな理由についての記述内容（表3）を分析すると次のようになる。構造分析場面後は，抽出児童全員がネットショッピングの背景に関する知識量が増している。また，その内容も，A児の「Web技術の影響」，C児，D児の「商品データのデジタル化」「商品データの集積」等のネットショッピングの構造に関する内容を理由に挙げる児童，また，B児の倉庫内の人の工夫等，多様な観点から説明している。さらに，E児，F児は，ロングテールの成立をその理由として挙げている。これらのことから，次の2点が指摘できる。1点目は，メディアに関する主観的観点による表面的な認識から人を視点にネットショッピングの構造を追究することで，構造的影響面に関する知識が増し，より多面的にネットショッピングが理解されている点である。2点目は，現代の商活動の広がりをロン

グテール理論から解釈しようとする児童が見られる点である。

　次に，ネットショッピングと既存の店の比較についての記述内容（表4）を分析すると次のようになる。問題設定場面では，ネットショッピングでの買い物を表面的に捉えていた多くの児童が，価値解釈段階の学習後，既存の店と比較し，買い物に関して自分なりの価値判断を行っている。例えば，A児は，最初，単に種類が多いことをネットショッピングをしたい理由としていたが，学習後，実物の良さや既存の店の品揃えから地域のお店の方に価値を見出している。また，C児は二つのお店を比較した上で，安いだけでなく安全性といった価値に気づいている。B児，D児は基本的に意見が変わらないが，認識内容の広がりが見られる。更に，E児，F児は，商品の違いによって買い物の仕方を考え，多様な価値の中から選択している。

　これらのことから，ネットショッピングの学習前では表面的な利点に価値を感じていた児童が，学習後，それぞれの店の違いを認識し，自分の考えを問い直し，多様な観点の中から自らが価値選択を行っている点が確認できる。

1-2　児童の発達段階に関する考察

　単元「成長するネットショッピング」では，ネットショッピング拡大の構造を追究することで，構造的影響面の知識が増し，より多面的にネットショッピングの構造が理解されていた。このことから，小学校3学年の段階において，現代社会の商活動の構造を理解する上で，開発単元の内容は適切だったと言える。しかし，現代の商活動の広がりをロングテール理論から解釈できた児童は多くなかった。このことは，開発単元が理論追究を目的化した授業構成でなかったこと，また，第3学年の児童にとってネットショッピングだけでなく，他の消費活動の経験も不足しており，多様な消費活動を比較することが授業内に留まったことが要因ではないかと思われる。したがって，第3学年で実施する場合，ネットショッピングの構造の多面的な認識を中心目標とし，その背景にある理論の追究は，より消費活動が豊かになる次

学年において為されることが妥当であると言えるであろう。また，既存の店とネットショッピングを比較することで，抽出児童全員が，各々の店の違いを認識し，多様な観点から自ら価値判断していた。このことから，小学校3学年段階において，具体的な店の特徴を比較することが多様な価値を認識するうえで有効であることが示されたと言えよう。

2 単元「地球を映し出すGoogle Earth」の分析

2-1 児童の認識の変容と分析

児童の認識の変容に関して，抽出児の主なワークシートの記述内容をまとめると，表5，表6に示したようになる。

最初に，Google Earthの仕組みについての記述内容（表5）を分析すると次のようになる。構造分析場面後は，抽出児童全員がGoogle Earthの背景に関する知識量が増している。また，その内容も，A児の「サーバの場所とインターネット」，B児の「衛星写真の利用」C児の「サーバの集積とインターネット」等のGoogle Earthの仕組みに関する内容を説明している児童

表5　Google Earthの仕組みについての記述内容

	問題設定場面	構造分析場面「Google Earthのひみつを調べよう」
A児	世界中を見ることができてべんり。	グーグルアースは，さいしょに，学校のパソコンの中にしゃしんがあって，それをうつしていると思っていたけど，アメリカや別のところからインターネットで流れてきていると知ってびっくりしました。
B児	地図がだんだん大きくなっていって，びっくりした。	グーグルアースは，えいせいしゃしんをためて，少しずつ，うつしているとわかった。ためるばしょも，いろいろなばしょにあるから，世界を小さくしたソフトだと思った。
C児	知らない場所にも行くことができるよ。	いろいろなところに行けるのは，しゃしんがたまっているからだとわかった。インターネットがあるから，グーグルアースみたいな地図ができるんだな。

表6　Google Earth と平面地図の比較についての記述内容

	問題設定場面 「Google Earth を使いたいですか。」	価値解釈場面 「Google Earth とふつうの地図では，どちらを使いたいですか。」
A児	使いたい。だって，知らない場所を知ることができるから。	グーグルアースは，しゃしん中心だから，わかりやすいけれど，地図はもってはこぶことができるし，インターネットがないところでもつかうことができるから地図がいいな。
B児	広島市の知らないところをしることができるから，使いたい。	地図はきごうをおぼえないといけないから，グーグルアースのほうが使いやすい。
C児	使いたい。行ったことのない場所がわかるから。	地図はこまかいところはわからないし，グーグルアースもわからない。調べたいばしょによってちがう気がする。

が見られた。これらのことから，次のことが指摘できる。Google Earth といったメディアに関して，当初，便利なものといった主観的観点による表面的な認識から，Google Earth の仕組みを追究することで，構造的な知識が増し，より多面的に Google Earth が理解されている点である。

　次に，Google Earth と既存の地図の比較についての記述内容（表6）を分析すると次のようになる。問題設定場面では，Google Earth 活用について表面的に価値を見出していた多くの児童が，価値解釈段階の学習後，既存の地図と比較し，地図活用に関して自分なりの価値判断を行っている。A児は，最初，多様な地域を見ることができる Google Earth に価値を見出していたが，携帯性の問題から既存の地図に価値を見出している。また，C児は用途の違いから，地図選択の仕方について考えている。B児は地図記号の煩雑さから Google Earth を選択している。これらのことから Google Earth の学習前では表面的な利点に価値を感じていた児童が，学習後，それぞれの地図の違いを認識し，自分の考えを問い直し，多様な観点の中から自らが価値選択を行っている点が確認できる。

2-2 児童の発達段階に関する考察

　単元「地球を映し出すGoogle Earth」では，Google Earthといったデジタル化する地図の構造を追究することで，構造的影響面の知識が増し，よりデジタル地図が理解されていた。このことから，小学校第3学年の段階において，単なる地図活用に留まらないデジタル化する地図の変容を理解する上で，開発単元の内容は適切だったと言える。特に3年生段階においては，児童の空間認識はあまり距離感がないことが明らかであった。方位はわかっても，実際の距離感は持っておらず，Google Earthを活用することで附属小学校を中心として全方位の距離感を子どもたちなりに把握させることにつながった。また，附属小学校の周りの様子については，Google Earthを用いて鳥瞰図のような画像を提示させることで，何がそこにあるのか，自分たちの経験からくる認識をもう一度問い直し，自分たち自身で調べてみたい関心を高めることができた。また，体験活動後，作成した絵地図とGoogle Earthの画像を比較させ，描写したい建物や道路，線路など新たに書き加えさせ，改善につなげることができた。子どもたちの作成した絵地図を考え直させることは，実際に何度も調査活動を行い，イメージを豊かにさせる必要がある。しかし，現実には限られた時間の中で学習せざるを得ない。Google Earthを用いることにより，より自分が強調したいイメージを容易に絵地図として表すことにつながったようである。

　以上のことから，小学校3学年段階において，デジタル化した地図と既存の平面地図，そして，体験活動から生まれた絵地図を比較させる学習を構成することで，地図活用の新たな道筋を示すことができたと言えよう。

【註】

(1) 経済産業省『平成21年度版　我が国の商業』経済産業省経済産業政策局調査統計部，2009年．
(2) 田村直樹「インターネットマーケティングの基礎と現状」『経営の科学』51(12)，2006年，pp.723-728.
(3) 文部科学省「第２節社会」『小学校学習指導要領』東京書籍，2008年．
(4) 代表的な教科書として，日本一のシェアを占めている東京書籍の教科書を参考にした。
東京書籍『新編新しい社会５下』，2007年．
(5) http://www.amazon.co.jp/
(6) 谷山大三郎「ネットショッピングの仕組みを知ろう」藤川大祐・塩田真吾編著『楽しく学ぶメディアリテラシー授業』学事出版，2008年，pp.104-110.
(7) C.アンダーソン『ロングテール「売れない商品」を宝の山に変える新戦略』篠森ゆりこ訳，早川書房，2006年．
(8) 同上書 p.18.
(9) 商品の販売形態は従来，人気商品を中心とした品ぞろえであった。しかし，インターネット技術の発達により商品の種類が多様化する傾向にある。（同上書 p.24）
(10) 佐々木はAndersonのロングテール理論を例にとり，ロングテールを生み出す要因について説明している。
佐々木裕一「ロングテールの動態的分析」『コミュニケーション科学』(29)，2009年，pp.17-45.
(11) http://www.google.co.jp/
(12) Google Earthの活用に関して，次の文献を参考にした。
後藤和久『Google Earthでみる地球の歴史』岩波書店，2008年．
(13) 単元「地球を映し出すGoogle Earth」は，平成22年４月〜５月の期間において，広島大学附属小学校２部３年生40名を対象に授業を行った。また，単元「成長するネットショッピング」は，平成22年７月〜10月の期間において，広島大学附属小学校３年生80名を対象に授業を行った。

第4章 「ステレオタイプ化するメディア社会」の教育内容と授業開発

　本章では,「ステレオタイプ化するメディア社会」の教育内容を示した上で,第2章の学習モデルに応じた授業開発を行い,その検証結果について報告する。

　そして,その検証結果を踏まえ,「ステレオタイプ化するメディア社会」の教育内容開発に関する成果と課題を明らかにする。

第1節 「ステレオタイプ化するメディア社会」の教育内容編成の視点

　「ステレオタイプ化するメディア社会」とは,多様なメディア環境の表出により,メディア・コミュニケーションにおいて,受信者の画一的な見方が形成される社会である。このような社会では,発信者の意図的な情報操作は存在せず,メディア表現の特徴である単純化した情報が繰り返し発信されることで,受信者にステレオタイプ的な見方を与える社会でもある。

　しかし,これまでの小学校の社会科学習は,メディアからの繰り返し発信される情報により,子どもたちの社会理解が表面的に陥っていることを問い直したり,そのような表面的な認識を導くメディア社会の構造を追究したりする学習は構成されてこなかったのではないだろうか。

　したがって,「ステレオタイプ化するメディア社会」の教育内容編成にあたっては,次の視点に基づき,教育内容を編成していく。

> 　第一に，メディア社会のステレオタイプ化の現象が具体的に表れる教育内容を創造することである。メディアにより繰り返し発信される情報により，受信者はステレオタイプ的に社会を理解する場合がある。このような顕著なステレオタイプ化の現象を教育内容として示すことである。
> 　第二に，学習を通して，子どもたちが「ステレオタイプ化するメディア社会」の構造を批判的に読み取った上で，多様な価値を認識できる教育内容とすることである。
> 　第三に，「ステレオタイプ化するメディア社会」の構造的影響を把握した上で，自らの価値判断に基づく解釈を表現できる内容構成にすることである。

　以上の視点に基づき，本章では，繰り返し報道されることによる人々のステレオタイプ化した見方に着目した単元「メディアによる風評被害」と，メディア社会のインターネット技術の発達による異文化に対するステレオタイプ的な見方に着目した単元「メディアが伝えるオーストラリア」の開発・実践内容について報告する。

第2節　人的所作に関する単元「メディアによる風評被害」の授業開発

1　内容編成に向けての課題

　メディア報道に関して，情報化による国民生活への影響の点から，平成20年版学習指導要領[1]について検討してみよう。
　第5学年の内容(4)「我が国の情報産業や情報化した社会の様子」について調べ，「情報化の進展は国民の生活に大きな影響を及ぼしていることや情報の有効な活用が大切であることを考えるようにする」ことが関連する。このことに準拠した代表的な教科書[2]では，放送局のニュース番組制作の機能面について製作者の行為内容を中心に調べ，どんな工夫や努力があるか共感的

第4章 「ステレオタイプ化するメディア社会」の教育内容と授業開発　123

理解を導く内容とコマーシャルのメディアごとの特色をまとめる内容，そして，テレビや新聞の情報を利用するときにはその情報の発信元や質を見分け，判断することが大切であるといった態度を導く内容とによって構成されている。つまり，情報化による国民の生活への影響に関しては，教科書が道徳的態度を導き，子どもたちがその情報に対して自らが解釈し，判断する学習とはなっていないのである。また，情報化した社会におけるPOSシステム等の様々なメディアが紹介されているに過ぎず，子どもたちが問題意識を持って，情報化社会の背景にある社会の構造を批判的に追究できる学習内容となっていない。

　このような情報産業単元に関して，吉田[3]はメディア・リテラシー論に基づき，従来の情報産業学習を検討し，共感的理解を志向した学習においては，「批判」の契機が欠落していること[4]，社会諸科学科を志向した学習では，「批判」と「創造」の契機を欠いていること[5]，批判能力育成を指向した学習では「創造」の契機を欠いていること[6]について指摘した。その上で，社会科と総合的な学習の時間の連携を図る融合単元「CM改造隊，出発！」のモデル事例を提案した。この単元は，CMといった子どもたちにとって身近で，人々の消費行動に大きな影響をあたえるメディアを題材にし，メディア・リテラシーの枠組みからCMの経済的背景の「理解」と既成のCMへの「批判」，自分たちなりのCMの「創造」させることを可能にする授業構成となっている。しかし，CMの「批判」が，既成のCMの在り方について自分たちの経験に基づいて話し合う活動であり，また，CMの「創造」が実際のCMの製作面の検討なしに，子どもたちの意向に合わせて制作する活動となっている。つまり，既存のCM制作場面等について吟味することがないために，個人的な見解に基づく表面的な学習活動に留まっている。これはCMを生産する人の営みから理解する活動を「批判」の視点から排除した結果だと言えるであろう。確かに，小学校においてメディアを生産する人々に感情移入し共感的に追究することは，子どもの学習への親和性を高め，

主体性を発揮する意味から重要である[7]。問題は，メディアを生産する人々に影響を与える社会の構造を批判的に読み解くことであり，メディア生産者への共感的理解とその背景にある社会の構造に対する批判的理解は両立すると考える。吉田の授業は，CMといった子どもたちにとって身近なメディアを扱い，メディア・リテラシー論に基づく「理解」「批判」「創造」の場面を入れることで，これまでの情報産業学習を改善しようとする意義は見出せるが，情報化社会の中で人々に影響を与える社会の構造を子どもたちが追究する学習としては不十分なのである。

したがって，情報産業単元においては，情報産業に従事するメディアを生産する人々の営みに共感的理解を図りながら，子どもたち自身がその背後にある社会の構造を批判的に追究し，その影響を判断する学習を構成することが求められていると言えるだろう。本授業開発では，メディア報道による風評被害を事例とする教育内容を示していく。

2　内容編成の論理

2-1　風評被害の学習対象

風評被害の事例としたのは，新潟県中越地震に関する報道とその影響である。新潟県中越地震は，2004年10月23日に小千谷市を震源に発生した直下型の地震であり，死者68名，負傷者4,805名，被害総額3兆円を超える大きな被害をもたらした[8]。また，土砂崩れなどで道路の寸断が多発し，電気，ガスといったライフライン，インターネット網なども破壊され，鉄道では上越新幹線が開業以来，初の脱線事故を起こした。このような地震により，新潟県中越地方では甚大な被害が発生したのである。しかし，震源地から50km以上離れている越後湯沢では，被害が軽微であり，ライフライン，携帯電話等にも問題はなかった。ただし，地震発生のショックで1名死亡した事実がマスコミに伝わり，地震災害において死亡者が出たとの報道により，越後湯沢の被害は甚大であると誤認され，宿泊のキャンセルが多発する風評被害が

発生したのである。この風評被害によって，対前年度比70%減といった経済的大打撃を受け，被害総額は約14億円に上った。

このような風評被害に関して，これまでに情報教育の研究者である藤川[9]によって授業開発がなされてきている。この授業では，総合的な学習の時間の一環として実施され，風評被害を解決するためにメディアを活用する意義や方法を具体的に考えることを目標にして，最初に新潟県中越地震の紹介，次に地震の影響がなかった越後湯沢になぜお客が来なくなったのかについての話し合い，そして，越後湯沢にお客さんを呼び戻す対策の検討，最後に越後湯沢の人が実際にとった対策について紹介している。しかし，風評被害の表面的な被害面から対策を考えさせているために，対策が子どもたちの常識の範囲内に限られ，メディア報道の背景にある風評被害の構造まで考慮されたものになっていないのである。このことは，風評被害を導く人と社会の関係性が学習されないために，表面的な学習に終始し，情報をうのみにしない，真偽を確かめるといった常識的認識に基づいて対策を検討させた結果であるとも言える。

そこで，本研究では，風評被害を読み解く枠組みを示し，子どもたちの風評被害に対する認識と判断をより多面的に検討させたい。

2-2 風評被害の理論的枠組み

風評被害のこれまでの研究では，社会学者である関谷が，風評被害の実態とそのメカニズムについて包括的に論じている[10]。関谷は，風評被害は「元々は，安全にもかかわらず食品・商品・土地が被る経済的被害として，原子力事故の補償問題に関連して用いられた言葉である。」とし，「近年，原子力以外の環境問題や災害においても使用されるようになった。」としている。そして，これまでの風評被害であるとされた事例を整理した上で，風評被害の構成要素を「経済的被害」，「事故・事件・環境汚染・災害の存在もしくは関連する報道の存在」，「大量の報道量」，「本来『安全』とされる食品・

商品・土地の経済的被害」と特定している。つまり,「災害等の発生」による「大量の報道量」によって「本来『安全』とされる商品等」の「経済的被害」と解釈したのである。また,長尾等[11]は,具体的に新潟県中越地震の越前湯沢の取り組みから,風評被害の発生原因と拡大メカニズムについて論じた。風評被害は,「事象の発生—マスコミ報道—個人の認知」のプロセスで起こる二つの誤りに起因しているとし,一つはマスコミの誤りの報道を信じる誤り,もう一つは一部の事実のみが報道され拡大解釈することによる誤りであり,特に後者による誤認が,大規模自然災害においては多いと考えられると指摘した。

そして,発生した風評被害が拡大するのは,更に別のメカニズムが存在すると指摘し,風評被害を拡大する要因として,「事実の存在」,「マスコミ報道」,

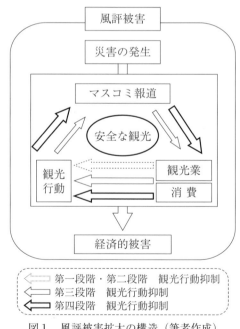

図1　風評被害拡大の構造（筆者作成）

「業者の心理」,「消費者心理」,「経済的被害」を挙げ,これらの要因が関連して風評被害が拡大することを明らかにした。本研究では関谷と長尾等の論に基づき,観光業に関する風評被害拡大の枠組みを図1のように構造化した。

図1では,風評被害の拡大による観光地の経済的被害にいたるプロセス全体を表している。長尾の論[12]によると,大規模災害が発生すると事実がマスコミ報道されると被害にあった部分のみクローズアップされるために,その周辺地域,本来,安全である観光地も同じ状況だと誤認され,消費者の観光行動抑制が生まれる(第一段階)。次に,マスコミ報道による被災地の情報のみが発信されることにより,観光業者は旅行者の安全を図るためにその周りの地域の観光を止めてしまう(第二段階),この観光業者の対応がマスコミによって報道されることで,被害を受けていると誤認され,消費者の更なる観光行動抑制を生む(第三段階),これらによって,観光地のキャンセルが多発している状況がマスコミ報道され,観光地が災害を受けていると誤認され,更に被害が拡大していく(第四段階)。このような負の循環が続くことにより大規模な風評被害へと拡大するのである。

更に,周辺地域の正確な情報があっても,消費者は被災地の近くに行くことの遠慮や気兼ねなどから観光行動を起こしにくいと言われている。つまり,風評被害は,その拡大の構造と消費者の心理とによる複合的な要因によって起こるのである。

したがって,風評被害を導くメディア報道だけを対象とするのではなく,その生産者と消費者や観光業者といった人の行為とそれに影響を与える風評被害の構造との関係性を多面的に追究することが肝要なのである。

3 「メディア社会解釈学習」による単元構成の論理

メディア社会の構造の批判的認識による多様な価値解釈を目指す「メディア社会解釈学習」による「メディアによる風評被害」の単元構成は次のとおりである。

3-1 問題設定場面

　今回事例とする新潟県中越地震に関して子ども達のイメージが乏しいことが予想される。そこで，最初に新潟県の地理的環境を学びあった上で，中越地震のTVニュースを視聴させる。TVニュースでは，地震発生により新幹線が脱線したり，家屋が崩れたりした映像と新潟県全体の震度の地図が発信されている。このTVニュースを見た子どもたちは，地震の怖さを知り新潟県全体が危ないと思うであろう。そこで，「新潟県の湯沢町の温泉に行く予定だったとします。どうしますか。」と問う。すると，子どもたちは湯沢の町を調べないで，絶対に行かないと言うであろう。次に湯沢の町の様子を紹介する。地震の影響がなく道路なども壊れていないことを説明すると，子どもたちは被害の出ていない様子に安心するであろう。そこで，「でも，湯沢の温泉にはお客さんが来なくなったのです。」と告げ，「なぜ，安全なのに，湯沢にはお客さんが来なくなったのでしょうか」と，学習問題①を成立させ，予想させる。

3-2 構造分析場面

　子どもたちの予想を交流した後，地震の時の報道を調べる問題を設定し，TVニュース，新聞の地震報道について，その回数や内容，法律等を調べる。報道機関の災害時報道の義務，災害が起こったところを中心に報道していること，連日報道されていること等，調べた内容を交流し，地震時の報道の多さと偏りについて知る。そして，「このような報道を見たら，湯沢町に観光する人はどう思いますか」と問い，長期間，湯沢の観光客に影響があり，数十億円の損害があったことを知らせる。次に，「なぜ，長い間，観光客は湯沢に行かなかったのだろうか」と学習問題②を問う。資料を基に，子どもたちは，風評被害拡大の構造（図1）から追究し，風評被害のマスコミの影響についてまとめていく。次に，湯沢の方の思い「地震の悲惨な映像や写真が連続連夜報道され，どの場所が危ないとか，地図もなく報道されることによ

第4章 「ステレオタイプ化するメディア社会」の教育内容と授業開発　129

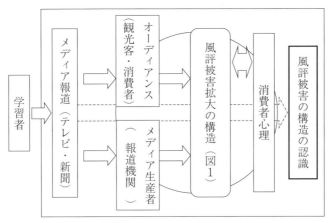

図2　学習者が読み解く風評被害の構造（筆者作成）

り観光客が来なくなった。」等のビデオを視聴させる。これらの学習の後，マスコミは誤解を与えないためにどのように報道すればよかったのか話し合わせる。子どもたちは，被害を受けている地域だけでなく受けていない地域についても報道すべきだと考える子どもや報道の緊急性からそれは難しいと考える子どももいることが予想される。次に，「観光客が来るために，マスコミの報道の誤解を解くにはどうすれば良いですか」と問い，対策について考えさせる。子どもたちは，安全な地域であること，観光客が来なくて困っていることをTV等で伝えたらいいと感じながら，それだけで観光客が本当に来るのかと，風評被害の構造と消費者心理の対立を考え葛藤することが予想される（図2）。

3-3　解釈構築場面

　マスコミによる風評被害を認めながら，その緊急性や観光客の被災地周辺を遠慮する心理を考えさせ，風評被害をなくすことができるかどうか，また，なくせるなら，どの段階でどんな対策をとればよいか，また，なくせないなら湯沢に観光客を呼び戻すための対策を考えさせ，自分たちが選んだメディ

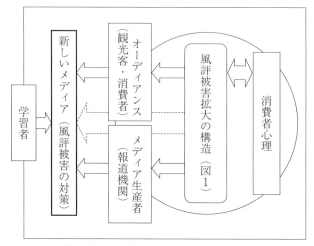

図3　学習者が読み解く風評被害の構造（筆者作成）

アで制作させる。子どもたちは，風評被害の構造と消費者心理等からなくせるかどうか，また，対策について深慮するであろう。子どもたちの対策としては，安全性のアピールや観光客が減ったことを訴えること等が予想される。そのような対策を具体的に考え，選択したメディアを用いて制作させるのである（図3）。

3-4　解釈吟味場面

　第3次で制作したメディアについて，グループごとに発表する。その際，風評被害はなくせるか否かの意見を表明し，その対策について理由を明確にして発表する。視聴するグループは，観光客として，その対策で観光するようになるかどうか評価する。そして，発表グループは，それらの評価に対して改善策を示し，風評被害の背景にある多面的な影響について，自らの考えと相対化し認識を深めていく。次に，風評被害の対策について，湯沢の人に紹介し，意見をいただき，実際に湯沢の人が取った取り組みについて紹介していただく。そして，報道の立場から，風評被害についての考えを示してい

第4章 「ステレオタイプ化するメディア社会」の教育内容と授業開発　131

表1　単元の指導計画

次	場　面	学　習　内　容	認　識　内　容	教材・教具
1 (1)	＜導入＞ 問題設定 場面	1．新潟県の地理的環境の整理 2．新潟県中越地震のTVニュースの視聴 3．TVニュースと湯沢の町の様子の比較による学習問題の設定 4．学習問題①に関する予想の設定	○TVニュースによる問題状況の認識 ○認知的不協和による学習問題の認識	新潟県の地図 新潟県中越地震のTVニュース番組
2 (3)	＜展開Ⅰ＞ 構造分析 場面	1．予想の交流と地震報道の追究（災害対策基本法・放送回数・放送内容） 2．観光客，湯沢の人への共感 3．学習問題②の設定と風評被害の構造についての追究 4．風評被害に関する葛藤場面の把握 5．風評被害に関する対策の予想	○風評被害の構造の多面的認識 ○風評被害の価値対立の認識 ○マスコミ報道の問題状況の認識	災害対策基本法・放送回数・放送内容等の資料 湯沢の方のビデオ
3 (3)	＜展開Ⅱ＞ 解釈構築 場面	1．葛藤する価値に応じたグループ設定 2．グループごとに対抗メディアの制作（風評被害と対策を視点に）	○思考の表現を通した認識内容の強化 ○協同的学習による認識内容の強化	ビデオ Webページ作成ソフト 湯沢町の写真データ
4 (3)	＜展開Ⅲ・まとめ＞ 解釈吟味 場面	1．制作したメディアの発表 2．各々のメディアについての討論（観光客の立場からの評価と改善策の提示） 3．対案に対する湯沢の方の意見の紹介 4．報道機関の人への共感 5．風評被害について自分の判断についての振り返り	○討論を通した各々のメディアに関する多様な対策の認識 ○風評被害の構造の多面性の再認識 ○多様な価値判断の認識 ○自らの認識内容の修正と知識の再構成	プロジェクター パーソナルコンピュータ インタビュービデオ 振り返りシート

＊全10時間（　）の数字は時間数

ただき，すべての事実を報道できるわけではないメディアの限界性について知る。そして，最後に風評被害について自分の考えをまとめ，振り返りの中で，メディアが影響する社会には，多様な価値が存在し，その中で判断することの難しさについて意見を形成する。以上の単元構成は，表1に単元の指導計画としてまとめている。

4　単元「メディアによる風評被害」の授業開発

4-1　指導目標

○メディア社会のステレオタイプ化（受信者のメディアによる表面的な認識）を導く構造を批判的に読み解き，多様な価値を解釈する。

（知識・理解目標）
・地震報道の背景にある法律や報道内容，報道回数について調べ，報道の多さとその偏向性について理解する。
・地震報道による風評被害に関して，風評被害の拡大の構造からマスコミ報道以外に，消費者や観光業者，消費者心理など，多様なそれらの関連が影響していることを理解する。
・制作したメディアを交流し，風評被害にはマスコミの影響と観光客の心理が働いていることについて理解する。

（思考・判断・表現目標）
・地震報道を調べることで，マスコミ報道の問題点について思考することができる。
・対案を制作する中で，風評被害に対するマスコミの影響と観光客の心理を比較し判断することができる。
・他のグループの対案を知り，その問題点を自分の主張と比較し判断することができる。
・風評被害の構造を知った上で，自分の判断を振り返り，メディアが影響する社会の中で行動することの難しさについて自らの考えを問い直すことができる。

4-2 単元の展開

	教師による主な発問・指示	教授・学習活動	子どもの反応
導入 問題設定	・新潟県について，どんなことを知っていますか。	T 発問する P 答える	・コシヒカリが有名。佐渡島がある。雪が深い地域。
	・新潟県って3つにわかれているよね。地図帳で確認しましょう。	T 発問する P 答える	・上越と中越と下越に分かれている。米だけじゃなく，温泉とかもある。
	・新潟県中越地震って聞いたことがありますか。	T 発問する P 答える	・聞いたことがある。大地震だと聞いたことがある。 （中越地震の説明）
	・中越地震が起きた時のTVの放送があります。視聴してみましょう。	T 発問する P 視聴する	・すごく揺れている。道路が壊れ，新幹線が止まっている。
	・さて，君たちは新潟県にある湯沢温泉に行く予定だったとします。どうしますか？	T 発問する P 答える	・絶対に行かない。危険そうだし，道路もぐちゃぐちゃだし，余震とかありそう。 ・いつ行くかによるね。1か月も経ったら安全そうなので行くかもしれない。
	・温泉地の湯沢町は，地震の影響がほとんどなく，道路も壊れてないし，翌日には新幹線も通っていました（写真提示）。でも湯沢町にお客さんが来なくなったのです。		
	○なぜ，安全なのに，湯沢にはお客さんが来なくなったのだろうか。予想しましょう。	T 発問する P 予想する	・TVや新聞を見て，安全じゃないと思ったからじゃないのか。 ・地震があったところなんて行きたくないと思うよ。
展開I 構造分析	・TVや新聞などの地震についての報道や観光客の思いと関係がありそうです。予想を確かめるために，地震の時の報道を調べてみよう。	T 指示する P 調べる	（災害対策基本法，地震後一週間の地震の放送回数，放送内容，新聞の見出し，新聞記者の取材記録等の資料を用いる）
	・調べて分かったことを発表しましょう。	T 発問する P 答える	・報道機関は，災害の時には番組を変更して放送しなければならない。新聞記者は，災害が起こった場所を中心に報道せざるを得ない。 ・地震について，連日連夜報道されている。どれも新潟県中越地方といった表現になっていて，どの地域か地図もなく報道されていることが多い。

・このような報道を見たら観光する人はどう思いますか。	T P	発問する 答える	・新潟県全体が危険だと思ってしまうから、湯沢町も危険だと思う。（長期間、湯沢の観光客に影響があり、数十億円の損害があったことの説明）
○なぜ、長い間、観光客は湯沢に行かなかったのだろうか。	T P	発問する 話し合う	（風評被害の構造による話し合い）
・新潟県中越地震が起きたら、TVではすぐに報道しますね。それを見た人はどう思いますか。	T P	発問する 答える	・新潟県全体が危険だ。危険だから近づきたくない。（第一段階観光行動抑制）
・地震が起きた時、他に観光に関して、影響を受ける人はどんな人がいますか。	T P	発問する 答える	・旅行の代理店、JR、航空会社など
・マスコミが報道されるのを見て旅行代理店や公共交通機関はどんな行動をとると思いますか。	T P	発問する 答える	・旅行する人の安全を考えてその地域の観光を取りやめてしまう。 ・JRや飛行機はその地域への旅行をやめるよう掲示し、アナウンスする。（第二段階観光行動抑制）
・旅行代理店が旅行を取りやめたことが、マスコミで報道されたら、それを見た人はどう思いますか。	T P	発問する 答える	・やっぱり、被害が深刻だと思って、湯沢も危ないと思う。（第三段階観光行動抑制）
・湯沢で観光客がキャンセルしていることが報道されると、それを見た人はどう思いますか。	T P	発問する 答える	・湯沢もかなり被害を受けていると誤解されて、観光しないと思う。（第四段階観光行動抑制）
・このような報道が繰り返されるとどうなりますか。	T P	発問する 答える	・湯沢は危険だとみんな思って、観光に行く人がいなくなる。
・被害が繰り返し拡大していくのですね。何が問題ですか。	T P	発問する 答える	・マスコミの報道が被害を受けた地域の報道に限定され周りの安全な地域の報道がない。 ・公共交通機関がマスコミの報道に左右される。 ・報道を見た人が確かめもせず、被災地の周りも同じだと誤解してしまう。
・地震後に湯沢の人が語ったビデオがあります。	T P	紹介する 視聴する	（地震の悲惨な映像や写真が連続連夜報道された。どの場所が危ないとか地図もなく報道されることにより観光客が来なくなった。旅館はお客さんが来なくなり生活が苦しくなった等。）
・マスコミは誤解を与えないためにどのように報道すればよかったの	T P	発問する 話し合う	・被害を受けている地域と受けていない地域を正確に分けて報道した

	ですか。話し合いましょう。		らよい。 ・でも，最初は緊急に放送するのだから詳しく地域ごとの状況は放送できないんじゃないかな。 ・いくら後から湯沢が安全だと言っても，危険な地域に旅行することの遠慮があると思うよ。
	・観光客が来るために，マスコミの報道の誤解を解くには，どのようにすれば良いですか。	T　発問する P　答える	・安全な地域であること，観光客が来なくて困っていることを伝えたらいい。 ・マスコミが誤解を与えたのだから，マスコミを利用して誤解を解いてもらったらどうだろうか。
展開Ⅱ 解釈構築	・マスコミの報道による誤解は，どんな誤解ですか。 ・なぜ，誤解が生まれたのですか。	T　発問する P　答える	・地震による被害を受けていない湯沢も被害を受けているといった誤解。 ・何度も繰り返し誤解を生むマスコミ報道によって生まれた。
	・観光客が減ったのは，マスコミだけに責任がありますか。	T　発問する P　答える	・マスコミだけの責任ではない。観光客も災害地へ行くことの遠慮があったのではないかな。
	・風評被害はなくすことができますか。できるなら，どの段階でどのようにしたらいいですか。また，できないなら，湯沢に観光客を呼び戻す対策をメディアを用いて制作しよう。 （グループごとに，メディアを選択して対策を制作する。）	T　指示する P　作成する	A：風評被害はなくすことができる。第二段階において，旅行業者に観光地の状況を見て観光を中止するように要請する。また，第四段階において宿泊客のキャンセルが相次いでいることに対して，湯沢の町に観光客が来なくなって困っている実情をニュース番組の形式で訴えて放送してもらう。 B：風評被害はなくすことはできない。観光客にとって一番心配なのは安全性である。そこで，湯沢の元気な様子や交通機関が通じていること，被災地から離れていること等をHPで発信する。 C：風評被害はなくすことはできない。観光客が減ったのは，安全性や遠慮だけでなく，観光業者やJRが自粛したことが影響している。だから，JRや観光業者に湯沢の元気な姿のポスターを作成し配布してもらう。

展開Ⅲ・まとめ 解釈吟味	・グループごとに作成したメディアを発表します。それぞれが作った理由を明確にして主張してください。	T P	指示する 発表する	（グループごとに発表）
	・それぞれの対策に対して，観光客の立場から評価しましょう。	T P	発問する 評価する	・A←実情を聞いて同情はするけれど，それだけで観光しようとは思わない。また，それだけで，風評被害はなくせるとは思わない。 ・B←いくら安全だと言っても，他の地域には地震で困っている人がいるのだから，観光する気は起きないな。それにHPは関心のある人しか見ない。 ・C←ポスターを見て安全なことや湯沢が元気なことはわかったけど，ポスターはみんなが見ることができないので限定的だ。
	・評価に対して改善策を示して反論しましょう。	T P	指示する 反論する	A：実情だけでなく，宿泊費が安くなるパック商品を紹介し，たくさんの人に来てもらいたい気持ちを訴えれば，たくさんの人が来てくれるのではないか。 B：地震で困っている人のために，売上金の一部を地震の被災者に寄付したらどうだろう。また，HPは湯沢の観光協会のトップページにリンクしたらたくさんの観光客が見ると思う。 C：ポスターを配布するだけでなく，旅行業者を通じて，学校や団体に来てもらうように働きかけたらどうだろうか。
	・みなさんの対策を湯沢の人に紹介したら，意見が寄せられたので紹介します。	T P	紹介する 視聴する	（みんなが考えたのと同じような対策を取ったこと，それ以外に，ワンコインバスを運行してお客を集めたり，電車の中吊り広告を出したり，常連客にダイレクトメールを出したりしたこと，そして，元通りの営業になるのに一年以上かかったこと等を紹介する）
	・風評被害は，避けることができないのでしょうか。	T P	発問する 答える	・風評被害は，マスコミの繰り返す報道が原因だけど，危険なところに行きたくない観光客の気持ちも関係しているので避けることは難

・地震を取材したマスコミの方のお話があるので聞きましょう。	T 指示する P 視聴する	しいのではないかな。 (地震報道では，道路が壊れ，車が通らない危険な場所に歩いて行き取材することも多い。被害にあっている人にカメラを向けることが申し訳なく感じる。取材した地域の事実を伝えることが精一杯で，被災していない地域まで考えることは難しい。等)
・風評被害について，自分の考えを振り返りましょう。	T 指示する P 振り返る まとめる	・私は最初，風評被害はマスコミの責任だと思っていました。でも，取材した人の気持ちや被害にあった人の気持ちを考えると，風評被害を避けることは難しいと思った。 ・私は風評被害のようなことはこれからますます起こると思う。その中で自分たちがどのように行動すべきか考えることが大切だと思った。

第3節　技術的所作に関する単元「メディアが伝えるオーストラリア」の授業開発

1　内容編成に向けての課題

　小学校の異文化理解に関わる学習は，学習指導要領では，主には第6学年の内容(3)ア「我が国と経済や文化などの面でつながりが深い国の人々の生活の様子」を調べ，「外国の人々と共に生きていくためには異なる文化や習慣を理解し合うことが大切であること」を考えるようにすることが関連する。そして，このことに準拠した教科書[13]では，「日本とつながりが深い国々」として，アメリカ，中国，韓国，サウジアラビア，ブラジル，オーストラリアといった国が教科書ごとに3，4カ国選定され，衣食住といった基層文化を中心に調べる内容が構成されている。また，その学習は，各教科書とも自分の好きな国を選び，調べ，最後に調べたことを交流する過程となっている。

しかし，このような教科書では，各国の文化的事象が網羅的に紹介され，その背景を追究する過程が保障されていないために，表面的に異文化を捉えるといった問題が生ずるのである。

このような問題に関して，鴛原は，異文化理解学習の課題として，異文化理解中心であり，市民的資質の育成になっていない点を指摘した[14]。そして，表面的な異文化の事象の理解を求めるのではなく，その背景にある異文化の文化的特質と問題を追究することで，地球社会，国際化社会における諸問題に対する判断力の育成を求めたのである。確かに，異文化の表面的理解ではなく，文化的特質や問題の価値を判断することは，異文化を単純にレッテル化しない，その文化の特質を捉える点で示唆に富んだ指摘であると言える。しかし，この指摘は，中学校の地理分野における指摘であり，生活文化といった身近な文化事象を中心とした小学校の異文化理解学習では，各国の問題状況を共感的に理解することは限界があると言えるであろう。

また，田中は文化学習が抱える課題を現行の教科書内容記述から分析し，異文化共生を無批判に受け入れる内容構成であること，また，文化を比較・理解する受容型の学習であることを指摘した[15]。そして，アメリカ社会科における文化学習を根拠に，知識理解から知識の存在構造を分析する学習へ，また，知識を作りだす意味枠組みを読み解く学習へと展開する必要性を指摘し，小学校単元「日本とつながりの深い国々」を事例にして，文化人類学の成果に基づく授業モデルとカルチュラル・スタディーズに基づく授業モデルの２例を示した。前者は，子どもたちが各国の文化的特徴を調査し，理解した上で，なぜ生活習慣が異なるのか，文化人類学で使用されている概念的枠組みを獲得させ，その枠組みを使って特定の文化を分析させている。後者は，文化の枠組みが，後天的に作り出されたものであり，価値の総体が独自の文化を作り出すことを理解させた上で，子どもたちが新しい文化的枠組みを生み出さしている。つまり，文化的枠組みの概念理解から活用と創造の学習が提案されているのである。しかし，前者では，多様な文化の概念的枠組みが

政治，経済などの大きな概念にならざるを得ず，それを用いた特定の文化の解釈が表面的になり，文化を構成する人の姿が見えないのである。また，後者では，子どもたちの作り出した文化的枠組みについての検討がないために，個人的な見解に終始しているのである。したがって，文化の概念的枠組みの中で解釈するのは，文化の構造全体を理解する上では有効ではあるが，特定の文化の特徴を子どもたち自身が解釈するには限界があると言えるであろう。また，文化的枠組みの創造においては，個人的見解にとどめるのではなく，自分自身の価値観を問い直す場面を構成することが必要であると考える。

これまで検討した先行研究から，小学校の異文化理解学習は，現行の枠組みの中では，網羅的な知識の収集に留まり，各国の問題状況から文化的特質を理解することは難しいこと，また，子ども自身が文化の特質を解釈し，自分自身の価値観を問い直すといった学習構成に課題があることが指摘することができる。したがって，本稿では，次の改善視点に基づき授業開発を行っていきたい。

1つは，網羅的・表面的な知識の獲得ではなく，各国の特徴的な国際問題を追究することで，異文化の特質を多面的に解釈する学習を構成することである。

次に，メディアが伝える文化の特徴を子どもたち自身が自律して解釈するために，その文化的事象に共感的理解を図りながらも，子どもたち自身がその背後にある社会の構造を批判的に追究し，多面的な認識からその文化の価値を自律して判断できる[16]学習を構成することである。

本授業開発では，オーストラリアの特徴的な文化的事象を事例とする教育内容を示していく。

2 内容編成の論理

2-1 オーストラリアの特徴的な文化的事象

　事例としたオーストラリアは，広大な国土をもち豊かな資源に恵まれた農作物と工業資源の輸出国である[17]。教科書においては，これらの特徴とともに移民国家であること，また，先住民アボリジニについて簡単に述べられている[18]。しかし，これらの事象は「文化」と呼べないであろう。「文化」とは人間が社会の中で形成するものであり，移民や先住民によって形成された文化的事象とその背景によって「文化」は特徴づけられなければならないからである。本研究では，オーストラリアにおける特徴的な文化的事象を，児童にとって身近な自然等が活かされた観光[19]から捉える。オーストラリアの観光は，現在，他の産業を抑え，最大の輸出産業として経済の中心を担っており，オーストラリアの観光情報を載せたWebページやTV番組が多様に紹介されているのである。子どもたちは日常の生活の中で様々なメディアによって，オーストラリアに対するイメージが先行的に形成されていることが予想される。このようなイメージを問い直すことで，表面的な文化的事象の認識からその背景にあるオーストラリア社会の特徴を捉え直させたい。そして，その社会的背景を，多様な民族理解を促す多文化主義[20]政策とする。オーストラリアにおける多文化主義は，先住民とこれまでの移民の歴史の中で形成された多民族化の中で，社会を構成する諸民族の相互理解と共存を図る各種政策によって具体化を図るものである。したがって，本研究ではオーストラリアの多文化主義政策の一つである観光政策に焦点を当て，その構造を読み取らせる。

　オーストラリアの観光政策は，70年代半ばまで，多文化主義と観光開発が別々であったものが，80年代半ばになると両者が結びついたとされている[21]。このような多文化主義と観光をつなぎ，説明する枠組みとして，エスニックツーリズム論がある。エスニックツーリズムとは，特徴的なエスニック文化

を直接的に体験する観光形態のことである。その主要概念であるエスニシティと観光は，社会学における主要な研究領域と見なされ，モダン社会の中で生まれた問題として捉えられてきた[22]。つまり，モダンが標榜するのは発展や進歩であり，その中で人種問題，民族問題としてエスニシティ問題が生まれ，また，モダン社会における労働に対する価値観の変容の一端として観光が社会学的に関与してきたのである。モダン化されていない文化や社会や民族を観光するエスニックツーリズムは，エスニシティと観光の問題が集約され，同時にモダンの問題が浮き彫りにされる枠組み[23]であると言えるであろう。

2-2 エスニックツーリズムの理論的枠組み

これまでエスニックツーリズムに関して，観光を通して，異文化間の交流の機会を増やし，観光業に従事するエスニックに安定的な収入を増やすといった利点，また，民族的独自性を維持させ，エスニックグループの結束を深めるといったプラス面が指摘されてきている。しかし，一方，エスニック文化の覗き見であり，ステレオタイプ化されたエスニックイメージの再生産

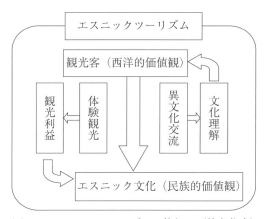

図4　エスニックツーリズムの枠組み（筆者作成）

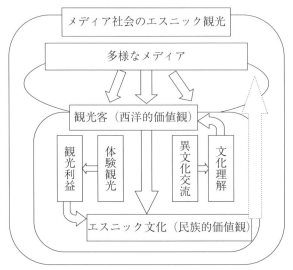

図5　メディア社会のエスニック観光の枠組み（筆者作成）

であるといった指摘もある[24]。これらの指摘は，西洋的価値観を持った観光客と固有の民族的価値観に基づいたエスニック文化との交流における文化の衝突であり，そのことが異文化理解を妨げる主要な要因であると捉えることができる（図4）。

　また，このようなエスニックツーリズムでは，観光業にとって，売りだしたいエスニックに関する文化的事象が，意図的にメディアによって構成され紹介されている。つまり，観光客は出かける前に，すでに旅の目的地についてのイメージが先行的に形成されているのである。つまり，エスニックツーリズムの論理では，観光客がエスニック観光することで文化理解が進むことが目的化されるが，先行的なイメージを持った観光客にとってステレオタイプ的に持ったイメージを再確認することに過ぎず，異文化理解が十分に進まないことが指摘されるのである。

　したがって，①多様なメディアによるエスニックの文化的事象の先行的なイメージの形成，②エスニック観光を通しての異文化交流と体験観光といっ

たメディア社会のエスニック観光の枠組み（図5）を追究させることで，学習者自身が持っている価値観を再考させる場面を設定していきたい。そして，これらの課題に応えるには，新たな単元構成の在り方を示す必要がある。

3 「メディア社会解釈学習」による単元構成の論理

メディア社会の構造の批判的認識による多様な価値解釈を目指す「メディア社会解釈学習」による「メディアが伝えるオーストラリア」の単元構成は次のとおりである。

3-1 問題設定場面

子どもたちのオーストラリアに関するイメージは，これまでの先行メディアの経験から，カンガルー，コアラといった動物や，グレートバリアリーフやウルルといった豊かな自然からなる国であろう。これらのイメージの差異を少なくするために，観光Webページとビデオ教材からオーストラリアの基本的情報を収集させる。そして，イメージについて整理した上で，2つのWebページを視聴させる。観光Webページ（A）は，アボリジニの聖地であるウルル登山を勧めているページである。(A)では，ウルル登山について写真と景観の素晴らしさについて紹介している。このページを見た後，子どもたちはウルルに登ることを望むであろう。次に政府系のWebページ（B）を紹介する。このページでは，ウルル登山はできなくなることを知らせている。このページの説明では，アボリジニの文化に敬意を払うために登山は禁止されることが示されている。子どもたちは両Webページの比較から，「どうして，2つのWebページは違うことをいっているのだろうか」と疑問を持たせ，「なぜウルルを登ることができていたのに，登れなくなるのだろうか」と，学習問題①を成立させ，予想させる。

3-2 構造分析場面

　子どもたちの予想を交流した後，アボリジニについて調べる問題を設定し，アボリジニについて，その歴史と生活について調べる。アボリジニの先住民としての歴史，自然と共存する生活様式などについて調べた内容を交流し，アボリジニの多様な生活文化とウルルが聖地であることを知る。そして，「なぜ，ウルルは聖地なのに観光地となっているのか」と学習問題②を成立させる。資料を基に，子どもたちはエスニックツーリズムの枠組み（図4）から追究し，オーストラリアの観光政策についてまとめていく。次に，「ウルル登山が禁止になったらアボリジニは，どうなりますか」と問い，観光客減少による観光収入の減少と交流する機会の減少について考えさせる。そして，自分たちの生活の場が観光化されることについてのアボリジニの思い「ウルルは聖地であり，勝手に登ったりしないでほしい」等のビデオを視聴させる。これらの学習の後，アボリジニにとってウルル観光には，聖地としての願いと観光収入と異文化交流といった機会に対する葛藤があることを知る。そして，観光Webページ（A）と（B）について評価していく。（A）は，ウルル登山の素晴らしさを伝えるだけで，ウルルの歴史的背景について説明がなく，アボリジニの思いを代表していないこと，また，（B）は，ウルル登山禁止処置がアボリジニの責任としてその背景が示されていないことなど，観光Webページの問題点をまとめる。次に「アボリジニの思いが伝わる観光Webページにするには，どうしたらいいですか。」と問う。子どもたちは，ウルル観光について経済性と異文化交流の意義から必要であると感じながら，聖地であることや見世物となることについて葛藤することが予想される。

3-3 解釈構築場面

　ウルル観光の必要性を認めながら，ウルルに対するアボリジニの思いが伝わる観光Webページにするために，ウルル登山をどうするか，見世物にな

第4章 「ステレオタイプ化するメディア社会」の教育内容と授業開発　145

らない異文化交流にするにはどうするか，といった視点から考えさせる。子どもたちは，ウルル登山の是非と多様な異文化交流内容について考えるであろう。子どもたちが考えるアボリジニ文化は，①自然に描かれた絵画，②音楽，③ダンス，④食文化，⑤狩猟（ブーメラン等）などが想定される。これらのアボリジニの文化的事象をどのような形で観光客に提示するのか考えさせた上で，グループごとに観光Webページを制作させるのである。

3-4　解釈吟味場面

　第3次で制作した観光Webページについて，グループごとに発表する。その際，Webページの内容として，ウルル登山の是非と異文化交流内容を示し，それを選択した理由を明確にしてアボリジニの立場で発表する。視聴するグループは，観光客として，そのページを見て観光したくなるか，どんな観光がしたいか意見を形成し，評価する。そして，発表グループは，それらの評価に対してアボリジニの立場から反論を行い，アボリジニの価値観と観光客の価値観の対立点を明確にする。また，ウルル登山の是非は世界的にも大きな問題であることから，制作したWebページをインターネット上に発表し，多様に意見を収集する。そして，収集した意見をまとめ，世界には多様な価値観があることを知る。次にアボリジニのインタビュービデオを視聴する。このビデオでは，様々なアボリジニの文化は人に見せるものではなく，厳しい自然の中で生き抜くために生まれた生活の知恵であったことなど，別の視点について知る。

　そして，最後にオーストラリアの多文化主義（観光政策）について自分の考えをまとめ，振り返りの中で異文化を理解することについて，自分の価値観から意見を形成する。
　以上の単元構成をまとめると表2となる。

表2　単元の指導計画

次	場　面	学　習　内　容	認　識　内　容	教材・教具
1 (1)	導入 問題設定 場面	①オーストラリアのイメージの整理 ②オーストラリアの観光Webページの視聴 ③2つのWebページの比較による学習問題①の設定 ④学習問題①に関する予想の設定	○観光Webページによる問題状況の認識 ○認知的不協和による学習問題の認識	オーストラリア地図 オーストラリア観光Webページ
2 (3)	展開Ⅰ 構造分析 場面	①予想の交流と観光Webページの背景(アボリジニの生活と歴史)の追究 ②学習問題②の設定とエスニックツーリズムの枠組みによる追究 ③観光政策に対する葛藤場面の把握 ④観光Webページの分析と評価	○オーストラリアの観光政策の構造の認識 ○葛藤する多面的な価値内容の認識 ○観光Webページの問題状況の認識	アボリジニ歴史，生活の様子，先住民保護法，アボリジニの狩猟・絵画・食事等の資料 アボリジニのビデオ
3 (3)	展開Ⅱ 解釈構築 場面	①葛藤する価値に応じたグループ設定 ②グループごとに対抗Webページの制作(アボリジニの立場から)	○思考の表現を通した認識内容の強化 ○協同的な学習による認識内容の強化	Webページ作成ソフト アボリジニ文化のデータ
4 (3)	展開Ⅲ 解釈吟味 場面	①制作した観光Webページの発表(アボリジニの立場から) ②各々のWebページについての討論(観光客の立場からの評価とアボリジニの立場から反論) ③制作したWebページの発信と意見の収集。 ④アボリジニの思いの共有 ⑤自分の価値観に対する振り返り	○討論を通した各々のメディアに関する多面的な価値認識 ○西洋的価値観と民族的価値観の対立点の認識 ○多面的な価値の認識 ○自らの認識内容の修正と知識の再構成	プロジェクター パーソナルコンピュータ インターネットメール インタビュービデオ

*全10時間　(　)の数字は時間数

4 単元「メディアが伝えるオーストラリア」の授業開発

4-1 指導目標

○メディア社会のステレオタイプ化（受信者のメディアによる表面的な認識）を導く構造を批判的に読み解き，多様な価値を解釈する。

（知識・理解目標）
- 2つのWebページの背景にあるアボリジニの生活と歴史について調べ，アボリジニの多様な生活様式と先住民としての歴史，ウルルが聖地であることについて理解する。
- 2つのWebページの社会的背景に関して，エスニックツーリズムの枠組みからその構造を追究し，オーストラリアの観光政策について多面的に理解する。
- 制作したWebページに対する他者の意見を聞き，多様な価値観があることを理解する。

（思考・判断・表現目標）
- 2つのWebページの内容構成上の問題点について考えることができる。
- 2つのWebページを比較し，内容を読み取った上で学習問題についての予想を考えることができる。
- エスニックツーリズムの枠組みの中で，アボリジニの抱えている葛藤について考え，オーストラリアの観光政策について，自分なりに判断し，意見を形成することができる。
- 制作したWebページについて交流し，評価する中で，多様な価値観について考えることができる。
- アボリジニの価値観と自分の価値観を比較し，異文化を理解することについて考えることができる。
- 自分の価値選択に応じたWebページを，友達と話し合う中で，具体的に計画し，制作することができる。

4-2 単元の展開

	教師による主な発問・指示	教授・学習活動	子どもの反応
導入 問題設定	・オーストラリアについて、どんなことを知っていますか。	T 発問する P 答える	・オーストラリアには、カンガルーやコアラがいる。広大な土地にウルルがあって、平和に暮らしているイメージ。(オーストラリアの位置、自然等の確認)
	・もし、オーストラリアに旅行するとしたらどこに行きたいですか。調べましょう。	T 発問する P 調べる	(観光Webページ、教材ビデオを視聴して調べる)
	・どんな所が紹介されていましたか。	T 発問する P 答える	・グレートバリアリーフ、ウルル、カンガルー村、アボリジニの村など。
	・アボリジニって何だろうか？	T 発問する P 答える	・古くから住んでいる人。先住民。
	・これは、ウルルの観光HP(A)です。登ってみたいですか。	T 発問する P 答える	・景色がきれいだ。登れるなら登ってみたい。
	・もう一つHP(B)があります。何と書いてありますか。	T 指示する P 答える	・登ることはできなくなると書いてある。アボリジニの文化に敬意を表すると書いてある。
	○なぜ、ウルルを登ることができていたのに、登れなくなるのだろうか。		・なんで、2つのHPは違うことを言っているのだろうか。
	・予想しましょう。	T 発問する P 予想する	・アボリジニにとって大切な土地だからじゃないのか。アボリジニが住んでいるからじゃないのか。
展開Ⅰ 構造分析	・アボリジニに関係ありそうですね。予想を確かめるために、アボリジニについて調べてみよう。	T 指示する P 調べる	(アボリジニ歴史、生活の様子、先住民保護法、アボリジニの狩猟・絵画・食事等の資料を用いる)
	・調べて分かったことを発表しましょう。	T 発問する P 答える	・アボリジニは先住民であり、後にイギリス人が来て植民地化し土地が奪われた。独自の自然と一体となった文化がある。 ・ウルルはアボリジニにとって聖地であり、伝統的絵画が残っている。現在、ウルルは、アボリジニが所有し、政府にレンタルしている。

第4章 「ステレオタイプ化するメディア社会」の教育内容と授業開発   149

	○なぜ，ウルルは聖地なのに観光地となっているのか。	T P	発問する 答える	（エスニックツーリズムの枠組みに基づき話し合う）
	・ウルルが観光地だったら，アボリジニにとってどんな良いことがありますか。また，観光客にとってどんな良いことがありますか。	T P	発問する 答える	・観光客が来ることで，観光収入を得ることができる。アボリジニの文化に触れたり，アボリジニと話をしたり，交流することができる。
	・ウルル登山が禁止になったら，アボリジニは，どうなりますか。	T P	発問する 答える	・観光客が減少して，観光収入が減り，交流する機会がなくなる。
	・自分たちにとっての聖地であるウルルや貴重な文化を観光客が見ることをどう思いますか。	T P	発問する 答える	・文化が汚される感じがする。見世物になるような気がする。
	・観光地のアボリジニのお話があるので紹介します。	T P	紹介する 視聴する	（ビデオの紹介） 「ウルルは，我々の聖地である。勝手に登って聖地を汚してほしくない」
	・アボリジニにとって，ウルル観光は必要ですか，必要でありませんか。	T P	発問する 答える	（アボリジニの思いについて考え，聖地としての願いと観光収入と異文化交流といった機会に対する葛藤があることについて話し合う）
	・観光HP（A）はアボリジニの思いを伝えていますか。また，観光HP（B）は，どうですか。	T P	発問する 答える	・（A）は，ウルル登山の素晴らしさを伝えるだけで，ウルルの歴史的背景について説明がなく，アボリジニの思いを代表していない。また，（B）は，ウルル登山禁止処置がアボリジニの責任としてその背景が示されていない。
	・アボリジニの思いが伝わる観光Webページにするには，どうしたらいいですか。	T P	発問する 答える	・観光客に来て欲しいけど，文化を尊重してほしい。 ・アボリジニの文化の素晴らしさが伝わるWebページにするには，どうしたらいいのだろうか。
展開Ⅱ 解釈構築	・ウルルが観光地のままで良いですか。	T P	発問する 答える	・観光地のままで良い。観光収入を得ることができるし，文化交流をすることもできる。
	・ウルルに対するアボリジニの思いが伝わる観光Webページにするには，どうすればよいですか。	T P	発問する 答える	・ウルル登山を認めた上で，アボリジニの文化を体験できることを紹介するWebページが良い。 ・ウルル登山は認めないで，アボリジニの誇りとする狩猟や絵画など

段階	学習活動		指導・反応	予想される児童の反応
				を体験できることを紹介するWebページが良い。
	・グループに分かれて，アボリジニの思いを代表した観光Webページを作成しましょう。 （グループごとに，テロップを作成し，画像を配置して制作する。必要な画像は次の画像と自分で収集した画像である。） 映像①…自然に描かれた絵画 映像②…音楽 映像③…ダンス 映像④…食事 映像⑤…狩猟 　　　　　　　　　…など	T P	指示する 作成する	A：ウルル登山をすることを認めない。ウルルには洞窟絵画やたくさんの観光スポットがあり，自然と一体化した絵画を鑑賞した後，ドリーミングの神話を聞きながら体験的に絵画を描くツアーを紹介するWebページを考えた。 B：ウルル登山を許可する。ただし，アボリジニの歴史とウルルが聖地であることを知らせた上で，登山し，下山した後，洞窟に描かれた絵画も鑑賞するツアーを紹介するWebページを考えた。 C：ウルル登山ではなく，文化交流を中心にしたツアーにしたい。狩猟の仕方やディジュリドゥなどの管楽器をアボリジニと一緒に体験したり，アボリジニの料理であるブッシュタッカーを一緒に作ったりする観光Webページを考えた。
展開Ⅲ・まとめ 解釈吟味	・グループごとに作成したWebページをアボリジニの立場で発表します。それぞれが作った目的を主張してください。	T P	指示する 発表する	（グループごとに発表）
	・それぞれのWebページに対して，観光客の立場から評価しましょう。	T P	発問する 評価する	・A←ウルル登山ができないし，絵画に興味がない人は楽しみがないので，観光したくない。 ・B←ウルル登山ができるので観光したいが，アボリジニの珍しい絵画を見なくてもいいのだが。 ・C←ウルル登山がなくて残念だ。いろいろな体験ができるが，ウルルに行かなくても体験できそうだ。
	・評価に対して反論しましょう。	T P	指示する 反論する	A：ウルルは登山のためにあるのではない。厳しい自然の中で暮らす我々の願いが表れた絵画を見てほしい。 B：ウルルの登山を許可したのは，我々の歴史や文化を知ってほしいからである。文化交流なしに登山

第4章 「ステレオタイプ化するメディア社会」の教育内容と授業開発　151

展開Ⅲ．まとめ　解釈吟味	（作成したWebページをインターネット上に発信し，メールによる意見を収集する。）			はあり得ない。 C：ウルルの景色は美しく登らなくても，自然の中のウルルを感じることができる。その中で我々の多様な文化を体験してほしい。
	・みなさんのWebページにたくさんの意見が寄せられたので紹介します。	T P	紹介する 視聴する	（ウルルはアボリジニのものではない。ウルル登山は観光客の権利である等，多様な意見を紹介する）
	・なぜ，こんなにたくさんの違った意見があるのでしょうか。	T P	発問する 答える	・アボリジニの権利を認めたくない人がいるからではないのか。 ・アボリジニは自然とともに暮らし，自然を大切にしたいと思っているが，観光客はお金を払ったので珍しく変わったものを見たいと思っているから価値観が対立しているのではないか。
	・アボリジニの方のお話があります。聞きましょう。	T P	指示する 視聴する	（ウルルは私たちの聖地である。そこに残された絵画は，自然の怒りを鎮めたり，豊猟の祈りを描いている。また，ブーメランは狩りの道具であり，楽器は遠くの人とコミュニケーションを取る道具であった。全部が自然と生活するための文化である等）
	・アボリジニの文化を観光することについてどう思いますか。 （エスニックツーリズムの枠組みによるまとめ）	T P	発問する 答える	（最初に，エスニックツーリズムの枠組みからまとめた上で意見を発表） ・アボリジニの文化を観光してみたい。珍しい文化を見るだけなく，体験することで，自然を大切にするアボリジニの姿を学びたい。 ・アボリジニにとって観光は生活のために仕方なく行っているのだから，観光する方はアボリジニの歴史と生活について理解しないといけないと思った。
	・異なる文化を理解するには，どうしたらいいのでしょうか，自分の考えを振り返りましょう。	T P	指示する 振り返る	・私は最初，ウルルに登りたいと思っていました。でも，アボリジニのことを知って考えが変わった

		ので，互いを理解し合うことが大切だと思った。 ・私はアボリジニの人たちが見世物になる観光はやめたほうがいいと思い，文化交流をする Web ページを考えたけど，知るだけでなくアボリジニから自然について学ぶことが大切だと思った。

第4節 「ステレオタイプ化するメディア社会」の実践の分析

　本章では，単元「メディアによる風評被害」と単元「メディアが伝えるオーストラリア」を開発し，各々の開発授業を小学校5学年と6学年の児童に実践した[25]。これらの開発授業は，メディア社会の構造を批判的に読み取り，多面的な価値解釈を目指す「メディア社会解釈学習」に基づき開発されたものである。したがって，子どもたちの認識の成長にとって，本開発授業が有効であったかを明らかにするために，実践した授業について，次の3点から分析を行う。

　第一は，メディア社会の構造の「多面的な価値認識」についてである。

　第二は，メディア社会と既存の社会との比較による「価値認識の変容」である。

　そして，

　第三は，「児童の発達段階」に応じた開発単元であったかどうかである。

1　単元「メディアによる風評被害」の分析

1-1　児童の認識の変容と分析

　児童の認識の変容に関して，主なワークシートの記述内容をまとめると表3，表4に示したようになる。

　最初に，風評被害の責任についての記述内容（表3）を分析すると次のよ

第4章 「ステレオタイプ化するメディア社会」の教育内容と授業開発　153

表3　風評被害の責任についての記述内容

	問題設定場面 「なぜ，安全なのに湯沢にお客さんが来なくなったのだろうか」	構造分析場面 「風評被害は，誰に責任があるのだろうか」
A児	地震があって安全でないと観光客が思ったから。	風評被害は，誰にも責任はない。なぜかというと，マスコミは放送法などがあるから報道しているだけであり観光客は自分の意思で行かないようにしているし，旅行会社の人は観光客のためにいろいろしているから。
B児	TVを見て，こわくなって行かなかったんじゃないかな。	風評被害は，湯沢の旅館の人以外の責任である。理由は，地震が起こったら，マスコミが報道するし，それを聞いた旅行店の人は旅行をキャンセルする。すると観光客は行かなくなり，観光を止める行動を起こす。するとマスコミがそれを報道し，観光客はさらに行きたくなくなる。といった悪循環に陥るので旅館の人以外の責任である。
C児	テレビや新聞が危ないと言ってるから，行かなかった。	風評被害は誰の責任でもない。なぜなら，マスコミは，小千谷は危ないことを率直に伝えているだけであり，観光客が報道を信頼しているから旅行を辞めただけである。これはマスコミが人々に与える力があって，マスコミが長い間報道すると，その分観光客が減るのはしょうがない。
D児	地震があったところには，行きたくないから。	風評被害は，マスコミに責任がある。理由は，危険なところだけを映して，安全な場所とか流さないから。私が行く予定だったら，めんどくさいので調べないから，安全な場所もニュースや新聞で報道してほしい。
E児	テレビで何回も危ないと言っていたから行きたくなくなった。	風評被害は政府の責任だと思う。なぜかというと，マスコミは放送法を守ったり，危険なところを放送しただけであり，他に責任がありそうな人は政府だけだと思ったから。その場合，政府がしっかり対策を打ち出さなかったから責任があると思う。
F児	地震が起こっているから，行かなかった。	風評被害は誰も悪くないと思う。なぜかというと，それぞれの人は立場が違うからである。立場に応じて行動しているだけで，ある点から見たらマスコミに責任があるが，違う点から見たら責任はない。つまり見方の違いである。

表4 風評被害の対策についての記述内容

	解釈構築場面 「風評被害は避けることができるでしょうか。できるなら，どのようにしたらいいですか，できないなら，観光客を呼び戻す対策を考えましょう。」
A児	風評被害は避けることはできない。だから，観光客をよぶためには，湯沢は頑張っていることをCMで流したり，いろいろなサービスをすればよい。サービスやCMの内容は，割引をしたり，新潟の名物を差し上げたり，地震の場所が元気であることを示す写真をあげたらいい。
B児	風評被害は避けることができる。マスコミが報道する時にくわしく報道して，旅行店もマスコミを信じる前に自分たちでしっかり調べればいい。そして，繰り返し報道する前に，被災地周辺の安全な観光地をマスコミが積極的にアピールすればよい。
C児	風評被害は人の気持ちの問題だから，避けることができないと思う。湯沢の人たちが自分たちの元気な姿をカメラにとって流したらいい。例えば，子どもたちが笑いながら遊んでいる様子や家族団らんの様子などを流す。また，安全なのに被害を受けていることを流したらいい。
D児	私は風評被害は避けることができると思う。なぜなら風評被害の原点は表現の仕方が悪かったマスコミ報道のせいだと思うから。それを変えたらいいと思う。具体的に言うと，放送法は被害を少なくするためにあると書いてあるのに，法律で風評被害を起こしても意味がないから，その放送法を変えるか，もしくは，その被害があったから危険だと言うことだけでなく，安全な地域のことも放送するように法律で決めたらいい。その時に震度を知らせた資料1のように，被害にも震度のような表し方を決めて，それを報道するべきだと思う。
E児	風評被害は避けることはできない。風評被害が起こった後に，政府が対策を考えるべきである。例えば，カイワレ大根の時のように政府の人が温泉地に行き安全をアピールするとか，政府がお金を出して観光客を無料にするとか，一回来て安全だと思ったら，その話が伝わって，また，たくさんの観光客が来るようになる。
F児	私は風評被害は少なくすることができると思う。確かに人の気持ちがすごく関係していると思うけど，やっぱりお金のことも気にする人はいると思う。しかも，そういう人は地震が起こった後も湯沢のことを調べると思うから，湯沢の旅館組合と旅行会社が組んで安くしたことをアピールしたらいい。するとだんだん観光客が多くなるし，マスコミが注目すると思う。

うになる。構造分析場面において，抽出児童全員が風評被害は誰に責任があるか判断し，風評被害が拡大する原因に関する知識量が増している。また，その内容も，A児の「放送法や旅行会社の対策」，C児の「マスコミの特質」，

D児の「マスコミの報道内容」，B児の「観光客，マスコミ，旅行店の行動」等を理由に挙げる児童，また，E児は，誰にも責任はなく，被害が生じたのは政府の責任だと説明している。F児は，見方の違いによって責任は違ってくることに気づいている。これらのことから，次のことが指摘できる。1点目は，最初に湯沢にお客さんが来なくなった理由を表面的に捉えていた児童が，風評被害拡大の構造を追究することで，構造的影響面に関する知識が増し，より多面的に判断されている点である。2点目は，風評被害の責任を，マスコミに限定せず，多様な立場からから解釈しようとする児童が見られる点である。

次に風評被害が避けることができるかどうかを判断した記述内容（表4）を分析すると次のようになる。風評被害を避けることができると記述した児童は，マスコミ報道の在り方を問題にしている。また，風評被害は避けることはできないと記述した児童は，人の心理構造や風評被害の対策について問題にしている。

A児，C児，E児は，風評被害は避けることができないので，観光客をよぶための湯沢の対策について具体的に示している。A児はCMの内容について，C児は安全性をアピールする場面について，E児は政府の対策について，具体的に提案している。また，B児，D児は，風評被害は避けることができる立場から，マスコミ報道の在り方を具体的に提案している。F児は，風評被害を少なくするために，観光客の立場に立って対策を示している。これらのことは，風評被害拡大の構造と観光客の心理構造の対立を認識した上で，自分なりにどうすればよいか判断し，具体的な意見を形成していることを示している。

1-2 児童の発達段階に関する考察

単元「メディアによる風評被害」では，風評被害拡大の構造を追究することで，構造的影響面の知識が増し，より多面的に風評被害の構造が理解され

ていた。このことから，小学校5学年の段階において，現代社会の風評被害の構造を理解する上で，開発単元の内容は適切だったと言える。しかし，風評被害拡大の構造を批判的に追究する場面において，最初から風評被害は避けることができないことであり，誰にも責任がないと考えていた児童が見られた。このことは，風評被害に関係した人物への共感性の高まりが十分でなかったことが要因ではないかと思われる。したがって，第5学年で実施する場合，より具体的な場面で共感性を高めることが必要である。

2 単元「メディアが伝えるオーストラリア」の分析

2-1 児童の認識の変容と分析

児童の認識の変容に関して，主なワークシートの記述内容をまとめると表5，表6に示したようになる。

表5 ウルル登山についての記述内容

	問題設定場面 「なぜ，ウルルは登れなくなるのだろうか」	構造分析場面 「アボリジニの人たちにとってウルル登山は必要ですか」
A児	アボリジニの人にとって聖地だから，登ってはいけないと思う。	アボリジニの人たちは，病気になったり食料も十分でなかったりして，人口が減っている。だから，観光で利益を得るウルル登山は必要。でも，今までより高い料金にして，寄付を呼び掛けてアボリジニの人たちが，ちゃんとした生活を送れるようにしたらいい。でもその前に，アボリジニのことをよく知ることが必要。
B児	ウルルは，神が舞い降りるところで，聖地を大切にしてということ。	アボリジニの人たちにとってウルルはもともと自分たちの土地だし，観光地になることで観光利益を得て，文化交流が進んで自分たちの文化理解も進むと考えて観光地としたんだから，ウルル登山は必要です。
C児	アボリジニたちの聖地を無視した自分勝手な行動に，国（オーストラリア）が怒って登れなくなるんだと思います。	ウルル登山は必要です。アボリジニの人たちの所得や教育費や保健衛生などのお金や家とかのために，お金は使われるのだから必要です。でも，登る人に聖地であることや大切に扱うことを呼びかけて登ってもらったらいいと思います。

第4章 「ステレオタイプ化するメディア社会」の教育内容と授業開発　157

D児	危険だし，聖地に立ち入っていくと呪われたりろくなことがないからやめた方がいい。	ウルル登山は必要ではない。ウルルはアボリジニにとって聖地であり，心の中心「赤い心臓」と言われている。聖地はきれいであることが本来の姿です。その聖地であるウルルを乱さないために，ウルルに登らない方がよいと思う。
E児	アボリジニの人たちにとっての聖地にかってに足を踏み入れてはいけないから。	ウルルに登らないでほしい。アボリジニの人たちにとって，ウルルを聖地として大切にしてきたと思います。今はお金を得るために観光地になっているけれど，差別を受けてお金がないだけであり，本当は聖地をお金のために売りたくないと思っています。そのかわりに，アボリジニアートなどの豊かで生き生きとした文化を観光してほしい。
F児	聖地といって神様が帰ってくるところだから神様にとって失礼だと思います。	私はウルルには登ってほしくありません。私は，アボリジニの人たちがどういう気持ちで，ウルルに登っていく人たちを見ているのかなと思いました。本当は聖地なんだし，事故とか起こってほしくないだろうけれど，そうしないと自分たちの生活が貧しくなってしまい仕方なく許しているんだと思います。

表6　異文化理解についての記述内容

	学習前「異文化を理解するとは，どういうことでしょうか。」	解釈吟味場面「異文化を理解するためには，どうしたらよいのでしょうか。」
A児	異文化を否定せずに認めること。	異文化を理解するには文化の奥に隠された考え方や思いを見つけたらいいと思います。違った考え方を見てみると「確かに」と思ったり「こんな考え方なんだ」と初めてわかることがたくさんあります。例えば，ウルルは僕たちにとって観光地だけれど，アボリジニの人たちから見ると大事な聖地です。このように見る視点を変えたら理解できると思います。
B児	異文化を体験して，異文化について知ることです。	私は文化を知って否定しないことも理解するための一つだと思う。それは，やっぱり，他国の文化を否定して「気持ち悪い」とか言われると嫌な気持ちになるから。私たちの国の文化を否定されるのと同じだと思う。だから否定せず認め合ったらいいと思う。認め合ったら他国の人も良い気持ちになるし，私たちも良い気持ちになる。

C児	その国のことをよく知ること，相手の文化をきちんと受け入れることだと思います。	一番大切なことは，その国の人たちの考え方や思い，気持ち等を知ったらいいと思います。考え方を知るだけでなく，それに対しての意見や反論を自分自身で持つということも大切だと思います。例えば，アボリジニの人たちはウルルを観光地にしたけれど「登ってほしくない」という気持ちを持っています。このアボリジニの考えを無視して無茶なことをすると，これはアボリジニの文化を理解していないことになります。
D児	日本の文化と比較して，文化の違いを知ること。	僕は，やっぱり現場に行って体験することと意見や考え方を知ることが近道だと思う。それは体験して楽しいなと思うだけなら，ただの観光になってしまうし，意見や考え方が分かっても，どんなものか分からなかったら完璧に分かるわけではないからです。だから，知りたい異文化の人たちの考え方や意見を知った上で，体験したり現場に行くのが一番だと思う。
E児	いろいろな国の生活習慣を知ることです。	異文化を理解するためには，ただ単にその国のことを知るだけでなく，その国の人たちの思いや考えを知り，良さを知ることだと思います。その国の言葉を知っても，その国の文化はわからないし，自分たちが，この国はこうだと決めつけていても，本当は違うこともあるので，やっぱり思いや考え方などを詳しく知ることがとても大切だと思う。
F児	他の国の文化を知ること。	私は最初はウルルに登りたいと思ったけど，アボリジニの人たちのことをよく知らなかったです。だから，今のアボリジニの人たちのことをよく調べて，その文化の考え方を知り，そして，その良さを知ればいいと思います。それは，考え方を知れば，この人たちは，こんな風にしようとしているんだと目的が分かるから。そして，良さを知れば，自分も安心できるし，それを広めることもできていいと思います。

　最初に，ウルル登山についての記述内容（表5）を分析すると次のようになる。構造分析場面において，抽出児童全員がウルル登山について判断した理由から，ウルル登山の背景に関する知識量が増している。また，その内容

も，A児の「アボリジニの人口減少」，C児の「アボリジニの生活水準」，D児の「ウルルが聖地である理由」等を理由に挙げる児童，また，B児は，エスニック観光の枠組みから説明し，E児，F児は，観光収入といった経済的理由とアボリジニの思いを比較し説明している。これらのことから，次のことが指摘できる。1点目は，最初にWebページを見た後，ウルル登山禁止の理由を聖地であるといった一面的な認識から，人を視点にエスニック観光の枠組みを追究することで，構造的影響面に関する知識が増し，より多面的にウルル登山の背景が理解されている点である。2点目は，ウルル登山の是非を，アボリジニの聖地に対する願いとエスニック観光の枠組みにある経済的背景との対立点から解釈しようとする児童が見られる点である。

次に異文化を理解することについての記述内容（表6）を分析すると次のようになる。学習前，異文化を理解することについて常識的に捉えていた児童が，解釈吟味場面後，異文化を理解することについて多様な意見を形成している。

A児は，異文化の背景にある考え方や思いを見つけることで多様な視点から文化理解が進む点から，B児は異文化に対する接し方の点から，C児は，異文化の考えを知った上で自分自身が意見を持つことの大切さの点から，D児は異文化を知った上で体験することの大切さの点から，E児は異文化の良さを見つける点から，F児は異文化を十分に調べることの大切さの点から，各々が特徴的な意見を形成している。これらのことは，異文化理解に関する常識的な認識から，学習の中で多様な意見を交流し自分の考えを問い直すことで，異文化に対する価値選択を行い，自律した意見を形成していることを示している。

2-2　児童の発達段階に関する考察

単元「メディアが伝えるオーストラリア」では，メディア社会のエスニック観光の構造を批判的に追究することで，多様な価値認識を得ることができ

た。このことから，第6学年の段階において，異文化の特色を理解する上で，開発単元の内容は適切だったと言える。また，制作した観光Webページを吟味することで，抽出児童全員が異文化理解に関する常識的な認識から自分の考えを問い直し，異文化に対する自律した意見を形成することができたことから，異文化の特徴的な文化的事象の背景にある構造を追究し，自らの対案を形成する授業構成は有効であったと言えよう。

【註】
(1) 文部科学省「第2節社会」『小学校学習指導要領』東京書籍，2008年．
(2) 代表的な教科書として，日本一のシェアを占めている東京書籍の教科書を参考にした。
東京書籍『新編新しい社会5下』2007年．
(3) 吉田正生「メディア・リテラシィ論による情報産業学習の転換―社会科と総合的な学習の融合単元づくりを通して―」『社会科研究』第51号，1999年，pp.21-30．
(4) 文部省『小学校社会科指導資料』(1993)を参考にしている。
(5) 赤木直行「5年新聞と私たちの生活」岩田一彦編著『小学校社会科の授業設計』(1991)を参考にしている。
(6) 前重幸美「小学校における情報産業学習の改善の試み」社会系教科教育学会第8回研究発表大会資料(1997)を参考にしている。
(7) 伊東亮三「社会科授業理論の認識論的基礎づけ(Ⅰ)―『追体験し意味を理解する社会科』の場合―」『日本教科教育学会誌』8巻1号，1983年，pp.27-32．
(8) 新潟県中越地震については次のWebページを参考にした。
(http://www.sei-inc.co.jp/bosai/2004/)
(9) 藤川大祐「デジタル情報革命後のメディアリテラシー教育に関する考察―テレビゲーム，携帯電話，風評被害等に関わる授業実践開発を通して―」『千葉大学教育学部研究紀要』第54巻，2006年，pp.69-74．
(10) 関谷直也「『風評被害』の社会心理―『風評被害』の実態とそのメカニズム」『災害情報 No.1』2003年，pp.81-82．
(11) 長尾光悦・岸野裕・大内東「新潟県中越地震風評被害に対する越後湯沢の取り組み～越後湯沢の事例から学ぶ一般論への展開～」『観光と情報　第2巻』第1号，2006年，pp.30-40．

⑿　同上書 p.35.
⒀　光村図書，大阪書籍，東京書籍，教育出版，日本文教出版の各教科書（平成19年度版）を参考にした。
⒁　鷲原進「社会科異文化理解学習の改善―『世界文化：グローバル・モザイク』を手がかりとして―」『社会科研究』46号，1997年，pp.38-39.
⒂　田中伸「小学校社会科文化学習の改善―知識を受容する学習から意味を解釈する学習へ―」『兵庫教育大学研究紀要』第33集，2008年.
⒃　異文化理解について，西川は，文化とは本来，他者の理解を超えたものであり，異文化を受け入れることは，自文化の一部を変えることであると指摘した。本授業では自文化について自己の価値観から問い直す学習を構成する。
西川長夫「国民国家と異文化交流―文化交流を妨げるものと促進するものとの関係についての理論的考察―」『立命館経済学』第46巻(6)，pp.701-712.
⒄　現在のオーストラリアの地理環境に関して以下の文献を参考にした。谷内達「地理教育のためのオーストラリアの実像」『東京大学人文地理学研究18』，2007年
⒅　清水毅四郎他21名『小学社会6年下』大阪書籍，2007年，pp.38-19.
⒆　オーストラリアの観光文化については以下の文献を参考にした。
朝永宗彦『オーストラリアの観光と食文化』学文社，1999年.
⒇　オーストラリアの多文化主義に関しては以下の文献を参考にした。
小山修二・窪田幸子編『多文化国家の先住民』世界思想社，2002年.
㉑　前掲書（註19）p.88.
㉒　モダン社会における人種問題と観光については以下の文献を参考にした。
・ローレン（lauren），P.G.『国家と人種偏見』大蔵雄之助訳，TBSブリタニカ，1988年.
・安村克己「ゆとり社会の社会学的考察―ポスト産業社会論の視点から」『産業能率短期大学紀要』27号，1994年.
㉓　社会学におけるモダンからポストモダンへの移行とエスニックツーリズムの関連について以下の文献を参考にした。
安村克己「エスニシティと観光の社会学的問題―エスニック・ツーリズム研究のための予備的考察―」『北見大学論集』第37号，1997年.
㉔　石井香世子「エスニック・ツーリズムにおける観光産業と国家：北タイ山地民とトレッキング・ツアーの事例から」『名古屋商科大学紀要』50巻，2005年，p.13.
㉕　単元「メディアによる風評被害」は，平成23年2月に，広島大学附属小学校1部6年40名を対象に検証授業を実施した。

単元「メディアが伝えるオーストラリア」は，平成22年2月〜3月の期間において，東広島市立原小学校，京谷志穂教諭のご協力を得て，6年生24名を対象に検証授業を実施した。

第5章 「イベント化するメディア社会」の教育内容と授業開発

　本章では,「イベント化するメディア社会」の教育内容を示した上で,第2章の学習モデルに応じた授業開発を行い,その検証結果について報告する。
　そして,検証結果を踏まえ,「イベント化するメディア社会」の教育内容開発に関する成果と課題を明らかにする。

第1節 「イベント化するメディア社会」の教育内容編成の視点

　「イベント化するメディア社会」とは,メディア・コミュニケーションにおいて,受信者の期待に応じて発信者によって情報が操作され,メディア・イベントが構成される社会である。また,この社会では,受信者が注目するのは情報の真偽ではなく,イベントのコンテクスト情報であり,マス・メディアのコードによって現実が誇張される社会でもある。
　しかし,これまでの小学校の社会科学習は,メディアから繰り返し発信される情報は,現実をそのまま反映した正しい情報として理解されており,受信者の期待に応じて情報が操作され,イベントが構成される場合があることに気づいていないのである。したがって,「イベント化するメディア社会」の教育内容編成にあたっては,次の視点に基づき,教育内容を編成していく。

　　第一に,メディア社会のイベント化の現象が具体的に表れる教育内容を創造することである。この社会では,発信者が,受信者の期待に応じて,スペクタクルなメディア・イベントを構成する。このような意図的なイベント化の現象を教育内容として示すことである。
　　第二に,メディア・イベントは,対立する価値内容が顕著に表れることで,

> よりスペクタクルに受信者に伝わる。つまり、子どもたちが「イベント化するメディア社会」の構造を批判的に読み取ったうえで、価値対立を追究できる教育内容とすることである。
>
> 　第三に、「イベント化するメディア社会」の構造的価値対立を把握した上で、自らの価値判断し解釈した意見を対案として表すことで、新たなメディア社会の形成につながる内容構成にすることである。

　以上の視点に基づき、本章では、マス・メディアによるイベント化の現象を人を視点に具体的な事例に基づき解釈する単元「メディアが伝える環境問題」と、多国間ケーブルテレビ・メディアによるイベント化の現象を解釈する単元「メディアが伝える捕鯨問題」の開発・実践内容について報告する。

第2節　人的所作に関する単元「メディアが伝える環境問題」の授業開発

1　内容編成に向けての課題

　身近な環境に関する問題として平成20年版学習指導要領[1]を検討してみよう。

　第3学年及び第4学年の内容(2)では、「地域の人々の生活にとって必要な飲料水、電気、ガスの確保や廃棄物の処理について、次のことを見学、調査したり資料を活用したりして調べ、これらの対策や事業は地域の人々の健康な生活や良好な生活環境の維持と向上に役立っていることを考えるようにする」が示されている。つまり、地域の廃棄物の処理を調べることで、人々の生活環境の維持と向上に役立っていることを考える内容となっている。このことに準拠した代表的な教科書[2]では、最初に家のゴミを分ける作業から、「どうしてわざわざゴミを分けて出すようになったのか」といった学習問題を成立させる。次に、ゴミ置き場の様子について調べ、分別したゴミはどの

第5章 「イベント化するメディア社会」の教育内容と授業開発　165

ように処理され，再利用されるのか課題を設定し，ゴミを燃やすせいそう工場の仕組みについて理解させる。そして，燃やさない資源ゴミや粗大ゴミは，再利用（リサイクル）されることを理解させた上で，ゴミを減らす取り組みについて紹介している。最後に，ゴミの分別のためにみんなが協力すること，せいそう工場は私たちの生活をささえているといったことをポスターで表現させる。つまり，教科書では，ゴミの分別の仕組みに関する工夫と努力を共感的に調べることで，ゴミの分別は大切であるといった態度形成を図る内容となっている。このような共感的理解に基づく内容構成は，子どもたちの主体的な学習関与を導く点から大きく評価されるが，表面的にゴミ分別が理解され，ゴミ分別が必要とされる社会の構造と多様な考え方（価値観）が学習されないために，一面的な態度形成を導く課題が指摘できよう。

したがって，本単元においては，ゴミ分別に従事する人々の営みに共感的理解を図りながら，子どもたち自身がその背後にある社会の構造を批判的に追究し，多様な価値観を認識し解釈した上で，自分なりの価値形成を図る学習を構成することが求められていると言えるだろう。

本研究では，ゴミ分別の大切さを示す教科書に対して，違った価値観を示すTV番組を取りあげ，単元「メディアが伝える環境問題」を構成する。次に具体的な事例について検討してみよう。

2　内容編成の論理

2-1　ゴミ分別の対立状況

事例としたのは，バラエティ番組における武田邦彦の発言[3]である。武田のゴミ分別に対する主張は，①「ペットボトルをリサイクルしても，品質が悪く，売り物にならない。」②「結局，分別された後，また，生ゴミと一緒になり燃やされている。」③「全体では，6％しかリサイクルされていない。」④「紙の分別も同様であり，リサイクルのためにエネルギーを使い，環境によくない。」の4点である。武田は，繰り返しバラエティ番組に出演

し環境問題に対して発言することで，ゴミ分別に対して懐疑的な人に共感を与え，現状のゴミ分別を絶対視する価値観に対する別の見方を示している。このような対立する意見を，なぜメディアは敢えて取り上げるのであろうか。

　放送メディアは，より「スペクタル」な番組作りをすることで，視聴者の番組視聴を促す傾向にあると言われている。放送メディアの経済基盤はスポンサーからの広告収入（NHKにおける受信料）であり，より多くの広告収入を得るためには，視聴率を稼ぐために「スペクタル」な番組が構成される場合がある。その結果，メディアから伝えられることは現実が誇張されイベント化するのである。

　吉見はメディア・イベントの例として，メディアが主催するイベント，中継報道するイベント，報道が繰り返すことによるイベント化に分類した[4]。主催イベントとして，例えば，「大阪朝日」が主催した高校（中学）野球大会，正力松太郎の「読売」による博覧会・将棋大会・プロ野球・プロレスなどがあるとする。また，マス・メディアが大規模に中継報道して広がるオリンピックやワールドカップなどがあるとする。そして，メディアが事件を連続的に放送することによってイベントのようになっていくものとして，ケネディ暗殺事件や浅間山荘事件などの希有な事件とメディアがあたかもシナリオを作っているかのように盛り上げていくものがあるとする。そして，これらの共通した特徴として「スペクタクル」のメディア構成について指摘している。つまり，メディアは現実を誇張し，より「スペクタル」な場面を創造する傾向にある媒体なのである。このことは商業メディア特有の特徴であり，このようなメディアによって構成された番組が視聴者へ認知的影響を与え，様々な誤謬と誤解を生み，子どもたちの社会認識に大きな影響を与えていると指摘できるであろう。

　そこで，本研究では，メディア放送を読み解く枠組みを示し，子どもたちの環境問題に対する認識と判断をより多面的に検討させたい。

2-2 ゴミ分別の理論的枠組み

　最初にゴミ問題に関わる環境問題の枠組みを示しておこう。ゴミ分別の目的は，循環型社会の創造と密接に関わっている。循環型社会とは，「製品のリサイクルなどにより新たな資源投入を抑えることを目指す社会。」(広辞苑6版，2008)」であり，資源の再利用と効率化を図ることで，持続可能な形で資源を循環させながら利用する社会のことである。その根拠法律は環境基本法であり，それに基づき廃棄物処理法と資源有効利用促進法，そして各物品に応じたリサイクル法によって，循環型社会の創造が行政的に目指されている。具体的には，モノが生産され，消費・使用された後，廃棄されるか再使用されるかに分かれる。例えばペットボトルなどが繰り返し再使用（リユース）されるならゴミとはならない。次に廃棄されたゴミは分別されることで，焼却されるゴミと埋め立てるゴミ，そして再使用できる資源ゴミに分類される。焼却灰と埋め立てゴミだけが埋め立て処分され，再使用できるゴミは資源として加工され，再利用される（リサイクル）。これらの活動が循環することで，ゴミの総量を減らし（リデュース），資源の効率的利用につながると言われている（図1）。この循環型社会は，消費者のゴミの分別が実行されることが前提で成立する社会であると言えよう。したがって，消費者のゴミ分別に対する判断が循環型社会を構築する上で重要な要素となる[5]。

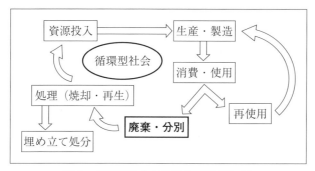

図1　循環型社会の枠組み（筆者作成）

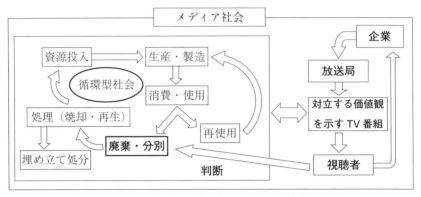

図2 メディア社会の循環型社会の枠組み（筆者作成）

このような循環型社会に対して，対立する価値観を敢えてメディアが放送することで，視聴者に視聴したい気持ちを生み，番組視聴率が向上する。しかし，そのことが，視聴者のゴミ分別といった行為と判断に大きな影響を与えるのである。したがって，メディアのゴミ分別への構造的影響（図2）を追究させることで，学習者自身が対立する考えを解釈する学習を構成したい。これらの課題に応えるために，新たな単元構成の在り方を示していく。

3　「メディア社会解釈学習」による単元構成の論理

メディア社会の対立する価値内容を多面的に解釈する「メディア社会解釈学習」による「メディアが伝える環境問題」の単元構成は次のとおりである。

3-1　問題設定場面

最初に広島市の人口増加グラフとゴミの回収量のグラフを示す。子どもたちは，人口が右肩上がりで増加しているのに，ゴミの回収量が減っていることに疑問を感じるであろう。そこで，「なぜ，広島市では人口が増えているのにゴミを出す量が減っているのだろうか」と学習問題を成立させる。最初に身近なゴミについて調査させ，多くの種類のゴミが捨てられている現状を

把握する。次に広島市のゴミ収集について調べると，ゴミが8種類に分別されていることを知り，その他のプラ以外のゴミが減っている現状を認識する。そして，自分の家のゴミの分別状況を調べ，ほとんどの家庭で分別が苦心して行われていることを知った上で，「捨てられたゴミはどこに行くのだろうか」と問い，ゴミ収集と廃棄の仕組みを調べる。広島市では，ゴミ分別に対して，「リデュース（Reduce）」，再利用「リユース（Reuse）」，再資源化「リサイクル（Recycle）」，不要なものは断る「リフューズ（Refuse）」という4つの考え方に基づき，ゴミの分別が行われ，ゴミの総量が減ってきていることをまとめる[6]。

次に，ゴミの分別は大切ですかと問うと，これまでの学習を踏まえ「ゴミの分別は，ゴミの総量を減らし，リサイクルにつながるから大切である。」と答えるであろう。そこで，ゴミ分別は必要ないことを主張するTV番組を視聴させる。TV番組では，ゴミの分別は必要ない。ペットボトルの分別は無駄であること等を主張している。この番組を視聴し，子どもたちは自分たち自身の認識とのギャップに驚くであろう。そこで，「本当に，ゴミ分別は必要ないのだろうか」と問い，「なぜ，ゴミ分別は必要ないことを主張するTV番組が放送されているのだろうか。」と学習問題を成立させ，予想させる。

3-2　構造分析場面

子どもたちの予想を交流した後，広島市のゴミ分別について，特にペットボトルの行方について資料を中心に追究させる。回収されたペットボトルは，2004年からペットボトルとプラスチック専用の中間処理施設「ダイヤエコテック広島」にて，選別，圧縮，再資源化業者への運搬まで行うこと，ペットボトルの再資源化の状況とデータ等について調べさせる。そして，「本当にゴミの分別は無駄なのか」について考えさせ，広島市のゴミ分別処理は，循環型社会を目指して行われていることをまとめた上で，広島市のゴミ収集

についての考え方とTV番組の主張点についての対立点を明らかにし，そのTV番組について評価を行う。そして，「なぜ，こんなTV番組が放送されているのだろうか」と問い，違った価値観を示す番組を放送することで，視聴者に番組を視聴させようとすること，また，視聴者の気持ちが番組に影響を与えていることについてまとめる。そして，「このような番組を見たら，ゴミの分別をしていた人はどう思いますか」と問い，ゴミ分別に対する市民の考えへの影響を示す資料等を提示する。子どもたちは，広島市では循環型社会を目指しながら，それと対立した意見が流布するメディア社会の状況を認識し，このような社会の中で，ゴミ分別の必要性を実感できるには，どのような活動が想定できるのか考えさせる。

3-3 解釈構築場面

ゴミ分別の必要性を認めながらも，そのことの意義が実感できない現代社会において，ゴミ分別の意義を具体的に表す対案を構築する。基本的な問題は，行政の循環型社会への取り組みと人の心理構造の対立である。したがって，市民の心理に適うゴミ分別の対案は，①ゴミ分別の種類数をどうするのかと②ゴミ分別の市民意識を高めるにはどのように情報を伝えるのかといった問題に集約される。①に関して，市民の分別の手間を減じるために種類数を少なくしたら，新規の清掃工場が必要となる，リサイクルが十分に機能しなくなる，市民のエコ意識が減じられること等が課題となるであろう。また，②に関して，市民のエコ意識を向上させるためには，広報活動を市報などに限定せず，TV番組等のメディアを活用した放送の中で，リサイクル商品やゴミの総量の減少を伝えること伝える活動が想定できるであろう。子どもたちは，ゴミ分別の種類数を決定し，そのための対策を示した上で，広く市民の意識が高まる広報活動をメディアを用いて具体的に提案するのである。

3-4 解釈吟味場面

　第3次で制作したメディアについて，グループごとに発表する。その際，ゴミ分別の種類数を決定した理由と対策，そして，そのための広報活動に関して発表する。視聴するグループは，広島市の市民として，その対策でゴミ分別に積極的に参加するようになるのか，循環型社会としてはどうか評価する。そして，発表グループは，それらの評価に対して改善策を示し，ゴミ分別の背景にある多面的な影響について，自らの考えと相対化し認識を深めていく。次に，これらの対策について，市役所の方に紹介し，意見をいただく。そして，広島市民に子どもたちが考えた対策を公表し広く意見をいただく。そして，最後にゴミ分別問題について自分の考えをまとめ，振り返りの中で，メディアが影響する社会の中で，一面的な立場の放送を鵜呑みせず，その中で判断することの難しさについて意見を形成する。以上の単元構成は，表1に単元の指導計画としてまとめている。

表1　単元の指導計画

次	場　面	学　習　内　容	認　識　内　容	教材・教具
1 (3)	<導入> 問題設定 場面	1．広島市のゴミ分別状況の整理 2．ゴミ分別に対するTV番組の視聴 3．TV番組とゴミ分別の大切さの意識の比較による学習問題の設定 4．学習問題①に関する予想の設定	○TV番組による問題状況の認識 ○認知的不協和による学習問題の認識	広島市の人口推移グラフ・ゴミの回収量グラフ ゴミ分別の問題性を示すTV番組
2 (4)	<展開Ⅰ> 構造分析 場面	1．予想の交流と広島市のリサイクル等の仕組みの追究（リサイクル率・リサイクル商品・ゴミの廃棄量など） 2．市民のゴミ分別に対する意識への共感 3．学習問題②の設定と循環型社会の構造についての	○リサイクルの仕組みの多面的認識 ○ゴミ分別の価値対立の認識 ○TV番組の問題状況の認識	広島市のリサイクル率・ペットボトル回収量・再生商品の種類等の資料 市民の意識のビデオ

		追究 4．循環型社会と市民の意識に関する葛藤場面の把握		
3 (3)	<展開Ⅱ> 解釈構築場面	1．葛藤する価値に応じたグループ設定 2．グループごとに対抗メディアの制作（分別の種類と対策を視点に）	○思考の表現を通した認識内容の強化 ○協同的学習による認識内容の強化	ビデオ ゴミ分別に関する写真データ
4 (3)	<展開Ⅲ・まとめ> 解釈吟味場面	1．制作したメディアの発表 2．各々のメディアについての討論（市民の立場からの評価と改善策の提示） 3．対案に対する広島市の方の意見の紹介 4．ゴミ分別について自分の判断についての振り返り	○討論を通した各々のメディアに関する多様な対策の認識 ○ゴミ問題の構造の多面性の再認識 ○多様な価値判断の認識 ○自らの認識内容の修正と知識の再構成	プロジェクター パーソナルコンピュータ インタビュービデオ 振り返りシート

＊全13時間　（　）の数字は時間数

4　単元「メディアが伝える環境問題」の授業開発

4-1　指導目標

○メディア社会のイベント化（受信者の期待に沿ったメディア構成）の現象を解釈し，価値判断し構築した対案を論理的に表現する。

（知識・理解目標）
・TV番組の放送の一面性について理解し，その放送は視聴者の意向と視聴率が関係していることについて理解する。
・広島市の8種類のゴミ分別の回収と燃焼，再利用の仕組みを理解し，循環型社会を目指す広島市の取り組みについて理解する。
・ゴミ分別の問題は，市民のゴミ問題に対する意識が関わっていることについ

て理解する。
・制作したメディアを交流し，ゴミ分別の問題には，広島市の循環型社会を目指す取り組みと市民の心理が働いていることについて理解する。

（思考・判断・表現目標）
・TV番組の問題点について，広島市のゴミ分別の資料等から，その是非を論理的に判断することができる。
・広島市のゴミ分別の状況を調べることで，その問題点について思考することができる。
・対策を制作する中で，ゴミ問題に対する市民のゴミ分別の意識と市の取り組みの遊離について考え，ゴミの分類数について判断することができる。
・他のグループの対策を知り，その問題点を自分の主張と比較し判断することができる。
・TV番組と循環型社会の構造を知った上で，自分の判断を振り返り，メディアが影響する社会の中で行動することの難しさについて自らの考えを問い直すことができる。

4-2 単元の展開

	教師による主な発問・指示	教授・学習活動		子どもの反応
導入　問題設定	・なぜ，広島市では人口が増えているのにゴミを出す量が減っているのだろうか。	T P	発問する 予想する	（広島市の人口増加グラフとゴミの回収量のグラフを用いる） ・市民がエコについて考えているからではないのか。
	・どんなゴミが捨てられているのか，誰が捨てているのか調べよう。	T P	発問する 調べる	・家では，いろいろなゴミが，8種類（可燃・ペットボトル・リサイクルプラ・その他プラ・不燃・資源・有害・大型）に分別され，お母さんが中心になって捨てていた。
	・分別の時，家族はどんな気持ちでしたか。	T P	発問する 答える	・分別は大変で面倒である。でも環境のためだから仕方ない。
	・捨てられたゴミはどこに行くのだろうか。	T P	発問する 調べる	・可燃ゴミは，中区，東区は中工場に行き，燃やされ，燃やしたあとの灰はコンクリートの材料等になる。 ・不燃ゴミは，玖谷埋め立て地にいく。
	・なぜ，広島市は8種類もゴミを分	T	発問する	・広島市では，ゴミ分別に対して，

	別しているのだろうか。	P	まとめる	「リデュース」，「リユース」，再資源化「リサイクル」，不要なものは断る「リフューズ」という4つの考え方に基づき，ゴミの分別が行われ，ゴミの総量が減ってきていることをまとめる
	・ゴミの分別は大切ですか。	T P	発問する 答える	・ゴミの分別は，ゴミの総量を減らし，リサイクルにつながるから大切である。
	・ゴミの分別は，本当に大切なのだろうか。ゴミの分別についてのテレビ番組があります。視聴してみましょう。	T P	発問する 視聴する	(バラエティ番組での武田邦彦等の発言を視聴させる)
	・この番組では，ゴミの分別について，何と言っていますか。	T P	発問する 答える	・ゴミの分別は必要ない。ペットボトルの分別は無駄であること等を主張している。
	○なぜ，ゴミ分別は必要ないことを主張するTV番組が放送されているのだろうか。予想しましょう。	T P	発問する 予想する	・放送が間違っているのではないか。 ・分別しないと環境によくない。 ・ひょっとしたら，広島市は間違ったことをしていたのではないか。
展開Ⅰ 構造分析	・ゴミの分別に対して，様々な意見がありそうですね。広島市のゴミ分別について調べましょう。	T P	指示する 調べる	(回収されたペットボトルは，2004年からダイヤエコテックにて，選別，圧縮，再資源業者への運搬まで行うこと，ペットボトルの再資源化の状況とデータ等について調べさせる。)
	・調べて分かったことを発表しましょう。	T P	発問する 答える	・回収されたペットボトルは，2004年からダイヤエコテックにて，選別，圧縮，再資源業者への運搬まで行う。 ・ペットボトルは再生ペットボトルではなく，ほとんどが細かく資源化され他の商品に生まれ変わる。 ・リサイクル工場のリサイクル率は，年によって違い，それほど低くない。
	・ゴミの分別は無駄だと言えるかな。	T P	発問する 答える	・広島市では，リサイクル率が高いので，無駄だとは言えないのではないか。
	ゴミ分別が無駄なのは本当だろうか。			
	・広島市のゴミ分別の仕組みを話し合いましょう。	T P	発問する 話し合う	(ゴミが再利用される循環型社会について，黒板にまとめる。)

第5章 「イベント化するメディア社会」の教育内容と授業開発

	・ゴミ分別は無駄である意見は，合っていますか。	T P	発問する 答える	・それぞれの意見に間違いが多い。 ・少なくても広島市では，そうは言えないのではないか。
	・なぜ，TVでは，嘘か本当かわからない番組が放送されるのだろうか。	T P	発問する 答える	・全国放送だから，地域によってはゴミの分別が行われていない。 ・ゴミの分別が大切であると放送しても誰も視聴しない。 ・市民の多くは，ゴミ分別は面倒だと思っているから番組を見る。 （ゴミ分別についての意見を言う市民のインタビュー映像を見せる）
	・君たちは学習したから放送についておかしいと思ったけれど，放送を見て意見が変わった人もいます。視聴しますか。	T P	指示する 視聴する	
	・もし，市民がゴミを分別しなくなったら，どうなりますか。	T P	発問する 答える	・広島市にゴミが溢れ，清掃工場では処理できなくなる。 ・リサイクルできなくなって，資源が循環しなくなる。
	・広島市民がゴミの分別の大切さを知り，上手く資源が循環する社会にするにはどうしたらいいだろうか。	T P	発問する 答える	・市民の意識を高めたらいいのではないか。 ・ゴミ分別の仕組みを知らせることが大切ではないか。 ・ゴミ分別の意義を知らせるために，TV放送で流したらいいのではないか。
展開Ⅱ 解釈構築	・広島市のゴミ分別の何が問題なのですか。	T P	発問する 答える	・市の循環型社会への取り組みに対して市民のゴミ分別に対する思いがずれていることが問題である。 ・ゴミ分別は種類数が多くて大変である。 ・本当に8種類も分別しなければいけない理由がわかっていない。
	・市民がゴミ分別は何が問題だと考えていますか。	T P	発問する 答える	
	・市民がゴミ分別の大切さを自覚し，循環型社会にするにはどうしたらいいですか。	T P	発問する 答える	・ゴミ分別の種類数を変え，ゴミ分別の意識を高めることが必要である。
	・ゴミ分別の種類数はどうしたらいいですか。また，市民のゴミ分別の意識を高めるには，どんな対策が考えられますか。メディアを選択して，制作しよう。 （グループごとに，メディアを選択して対策を制作する。）	T P	指示する 作成する	A：ゴミ分別の種類数を減らし，プラスチックも一緒に燃やせるようにする。リサイクルは資源ゴミと大型ゴミ中心とする。そうすれば市民のゴミ分別の負担も軽減され，ゴミ分別に対する意識が高まるのではないか。 B：ゴミ分別の種類数は変えず，より市民の意識を高めるために，

				TV番組を中心に広島市の循環型社会の考えを伝え，プラスティック商品や再生商品をTVショッピング等で売るようにする。
C：ゴミ分別の種類数を増やし，よりリサイクルの種類が増え，再生商品が多い社会にする。その為には，ゴミ分別の意義を伝えるだけでなく，エコポイントなど，市民が得する仕組みを考えTV番組で放送する。
展開Ⅲ

まとめ・解釈吟味 | ・グループごとに作成した対策をメディアを用いて発表します。それぞれの対策とその理由を明確にして主張してください。 | T
P | 指示する
発表する | （グループごとに発表） |
| | ・それぞれの対策に対して，市民の立場から評価しましょう。 | T
P | 発問する
評価する | ・A←清掃工場の性能を上げれば，それだけお金がかかり，税金が上がるのではないか。プラスティックのリサイクルが無駄になるのではないか。我々が環境に対して，あまり考えなくなるのではないか。
・B←種類数が変わらなかったら，ゴミ分別の大変さは変わらないのではないか。再生商品が売れるだけ安く提供することは可能なのか。
・C←種類数が増えれば，市民が大変になり，ゴミ分別に対して積極的に取り組まなくなるのではないか。エコポイントで意欲づけられるのも最初だけではないか。 |
| | ・評価に対して改善策を示して反論しましょう。 | T
P | 指示する
反論する | （評価に対して反論をおこなう。） |
| | ・みなさんの対策を市役所のかたに紹介したら，意見が寄せられたので紹介します。 | T
P | 紹介する
視聴する | ・（みんなが考えたのと同じような対策を取ったこと，ゴミ清掃工場に関しては予算の限度があり，新規に設備を更新することは難しいこと，今のゴミ分別の仕組みを変えるには，たくさんお金がかかること等を紹介する） |
| | ・TV番組が影響するゴミ分別問題について，君たちはどうしたらいいですか。 | T
P | 発問する
答える | ・一面的な考えの放送をそのまま信じないで，自分で確かめ判断する。
・放送の一面性を考え，他の意見が |

・ゴミ分別問題について，自分の考えを振り返りましょう。	T　指示する P　振り返る	あることを考える。 ・私は最初，ゴミ分別は面倒だと思っていました。TV番組を見て，分別しても無駄なら止めればいいと思いました。でも，広島市のゴミ分別の取り組みを知って，TV番組を鵜呑みせず，循環型社会のためにゴミ分別をすることが大切だとわかりました。

第3節　技術的所作に関する単元「メディアが伝える捕鯨問題」の授業開発

1　内容編成に向けての課題

　日本の捕鯨問題と関連する水産業単元に関して，平成20年版学習指導要領[7]について検討しておこう。第5学年の内容(2)では，「我が国の農業や水産業について，次のことを調査したり地図や地球儀，資料などを活用したりして調べ，それらは国民の食料を確保する重要な役割を果たしていることや自然環境と深くかかわりをもって営まれていることを考えるようにする」が示され，「様々な食糧生産が国民の食生活を支えていること」，「食料の中には外国から輸入しているものがあること」，「主な食糧生産物の分布」，「食糧生産に従事している人々の工夫や努力」，「生産地と消費地を結ぶ運輸などの働き」について調べることで，水産資源の確保や環境との関わりについて考える内容となっている。このことに準拠した代表的な教科書[8]では，水産業がさかんな焼津市を事例にして，かつお漁の仕方を漁師の行為内容と焼津市の施設を中心に調べ，どんな工夫や努力があるか共感的理解を導く内容と漁獲高のグラフと水産物の輸入量のグラフから水産業の変化について考える内容，そして，養殖業と栽培漁業についてその工夫と消費地への運輸について

まとめ，おいしい魚を食べるには，魚や海を守り育てることが大切であるといった態度形成を図る内容等によって構成されている。つまり，水産業の学習では，水産業の従事者に共感的理解を図りながら，生産者の工夫を目的と手段の関係から理解させることが中心となる。しかし，これらの学習では子どもの漁業の従事者に対する共感性の高まりからの主観的認識に留まり，認識の客観性が保障されないこと，また，表面的な日本の水産業の理解に留まり，背景にある水産業が存在する社会の仕組みが追究できていないのである。実際，日本の水産業は，200海里経済水域などの国際的な海洋問題の影響をこれまで受け続け，外洋での漁獲高は激減し，養殖業に移行せざるを得ない問題を抱えている。これらの海洋資源に関わる問題は，様々な利害衝突における価値対立の問題であり，水産業の今後を考える上で，重要な問題を孕んでいると言える。

したがって，水産業の学習においては，国際的な水産資源の問題を事例として，子どもたち自身が，その背景にある構造を追究し，多面的な価値を解釈した上で，価値選択を行い，未来に向けて新たな解釈を構築する学習を構成することが求められていると言えるであろう。本節の授業開発では，水産資源の問題として，捕鯨問題を取り上げる。次にその内容編成について検討する。

2　内容編成の論理

2-1　日本の捕鯨問題

最初に，日本の捕鯨問題について，検討してみよう。第2次世界大戦前には多くの国が捕鯨を行い，特にシロナガスクジラは鯨油生産の効率が高いことから集中的に捕獲されていたと言われている。1946年には，乱獲された鯨の資源量の回復が十分でないことを契機に，「鯨資源の保存と有効な利用，捕鯨産業の秩序ある発展」を目的とした国際捕鯨取締条約（ICRW）が締結され，この目的の順守のためにIWC（国際捕鯨委員会）が発足した。そして，

1971年の総会において，アメリカが突如，「商業捕鯨10年間凍結案」を提出した。この提案の背景には，対外的にはベトナム戦争での枯葉作戦に対する国際世論の批判をかわすため，また，国内的にはニクソン大統領による環境保護政策の推進（動物資源利用の再考）があると言われている。しかし，ミンク鯨やニタリ鯨のような良好な資源状態をもつ種が存在したことにより，どのようなレトリックを使っても，資源保護の観点から捕獲禁止を示すことはできなかった。ところが，1982年の総会において，科学的根拠なしに「1986年からの商業捕鯨のモラトリアム」が決議された。このことにより，1982年南氷洋捕鯨の1985年漁期からの5年間全面禁止，及び日本沿岸のミンク鯨，ニタリ鯨，マッコウ鯨の1986年からの5年間捕獲禁止が決議された。この後，このモラトリアムは解除されず，日本の商業捕鯨は全面禁止状態にある。それに対し日本は，捕鯨を続ける方策として，調査捕鯨を1994年から開始している。

このような調査捕鯨に対して，海洋環境保護団体であり，国際非営利組織であるシーシェパードは，自らの目的のために捕鯨船やその乗員に向けて，発砲したり，抗議船を捕鯨船に衝突させたりするなど不法な暴力行為を行っている。その過激な行動に対する非難の声が挙がることもあるが，反捕鯨の世論が強い国においては称賛されることもある。そして，2007年の反捕鯨キャンペーンから，米国のケーブルテレビ「アニマルプラネット」において，シーシェパードの意向に沿った番組「Whale Wars」が放映された。

2-2 「アニマルプラネット」の枠組み

「アニマルプラネット」は，1996年に放送を開始したケーブルテレビネットワークの番組である。インターネット回線・衛星回線と繋ぐことにより，世界70か国以上で視聴可能となっている。これらの番組は，放映される国が多岐にわたるために，各国の放送に対する法律（例えば日本では放送法等）に影響されにくい。つまり，特定の利益団体の意向を反映したプロパガンダ放

送の温床になりやすい性格を持っている。

「Whale Wars」の番組では，シーシェパードの活動に同乗し，日本の調査捕鯨に対するシーシェパードの妨害工作が正義の活動であるかのように制作されている。そして，この番組は他の「アニマルプラネット」の番組と違い，日本では放送されず，日本以外の国々で放映され，多大な人気を博しているのである。つまり，この番組が，放送されている国のほとんどが，捕鯨に反対する国々であり，実際に鯨を食用とした経験はなく，過去に捕鯨したとしても油などに活用していたに過ぎない。そして，鯨は世界最大の哺乳類として畏敬の念を持っているのである。また，海洋生物として鯨を保護すべき対象と考える国民が大多数であり，日本の調査捕鯨を残酷な漁であると捉えられている。このような国において「Whale Wars」が人気を博したのは，視聴率に応じてよりエスカレートする番組作りの手法に適っているからである。つまり，視聴者の意向に応じて番組は，よりドラマ仕立てに誇張され，シーシェパードは，正義の活動，つまり善であり，日本の調査捕鯨は悪として制作されているのである。

3　「メディア社会解釈学習」による単元構成の論理

メディア社会の多様な価値解釈に基づく対案形成を目指す「メディア社会解釈学習」による「メディアが伝える捕鯨問題」の単元構成は次のとおりである。

3-1　問題設定場面

最初に，これまで学習してきた日本の水産業について整理した上で，200海里経済水域について想起させる。次に，遠洋漁業の漁獲高が減少してきた面からクジラについて想起させる。クジラを食べた経験などを交流し，なぜ，今，あまり食べられていないのか，意見交流し，子どもたちの学習意欲を引き出す。そして，アニマルプラネットの番組である「Whale Wars」を視聴

第5章 「イベント化するメディア社会」の教育内容と授業開発　181

させる。この番組では，シーシェパードがヒーローとして日本の調査捕鯨に反対し，立ち向かう様子が映されている。子どもたちは，この番組を見たら日本人はクジラを殺す残酷な民族だと思われることに，心を痛めるだろう。そこで，この番組は日本以外の国で放送されていることを説明した上で「なぜ，日本以外の国で，日本のことを悪く扱うTV番組が放送されているのだろうか」と，学習問題①を成立させ，予想させる。

3-2　構造分析場面

　子どもたちの予想を交流した後，日本の捕鯨の歴史と世界のクジラに対する見方について調べる問題を設定し，捕鯨とクジラについて，その歴史と様子について調べる。日本人とクジラの関係，食文化の歴史，IWCによる規制，アメリカ，オーストラリアのクジラに対する見方などについて調べた内容を交流し，日本の食文化と海洋資源の保護を求めるIWCの考え方について知る。そして，「なぜ，この番組は人気があるのだろうか」と学習問題②を成立させる。資料を基に，番組の制作者，欧米の視聴者，シーシェパード等関与する人たちの関係をまとめていく。次に，「視聴者の中心であるアメリカの人やオーストラリアの人は，クジラを食べたことがありますか」，「その人たちにとってクジラはどんな存在なんだろうか」と問い，食文化がない地域と食文化が存在した地域の違い，海洋生物保護の考え方，家畜と生き物の相違性等，考え方の違いについて検討させる。そして，「この番組は誰の考えを尊重して制作されていますか。」と問い，アメリカの人やオーストラリアの人の考えに沿って作られた番組であることを明確にする。そして，クジラを捕ることができなくなった串本の人が語った「クジラを捕ることができなくなって，町に元気がなくなった，生きがいが失われた」等のビデオを視聴し，捕鯨に従事してきた人の思いについて考えさせる。そして，日本の調査捕鯨を続けるべきか，続けるべきではないか話し合わせる。日本の捕鯨の歴史や人々の思いを知りながら，海洋保護を求める外国の人の考えを比較

し，葛藤すると思われる。

3-3 解釈構築場面

　日本の歴史ある食文化を守る立場から，また，海洋資源保護を求める立場から，アニマルプラネットの問題点を考えさせる。そして，日本は調査捕鯨を続けるべきか，止めるべきか，また，続ける為に日本の歴史ある食文化と捕鯨を海外にわかりやすく伝えるには，どんな番組が考えられるか，また，止めるなら，日本人に対して，どんな海洋保護を求める番組が考えられるか，話し合わせる。子どもたちは，調査捕鯨の継続か否かと多様な根拠となる理由について考えるであろう。想定される子どもたちの考えは，①日本の食文化を根拠にした調査捕鯨の継続，②科学的データに基づく調査捕鯨の継続，③海洋資源保護を根拠とした調査捕鯨の廃止，④科学的データに基づく調査捕鯨の廃止である。グループごとにTV番組形式で，番組を制作させるのである。

3-4 解釈吟味場面

　第3次で制作した捕鯨問題に関する番組について，グループごとに発表する。その際，グループごとに制作した番組をビデオに撮り，画面発表させ，意見交流する。①と②に関しては，捕鯨反対の外国人の立場から視聴し，評価する。また，③と④に関しては，日本人の立場から視聴し，評価する。また，作成したビデオ番組を，外国の人に視聴していただき，多様に意見を収集する。そして，収集した意見をまとめ，世界には多様な価値観があることを知る。次に，アニマルプラネットなどのTV番組について考えさせ，一面的な意見が放送された時，どのように考えるか話し合わせる。そして，最後に，日本の捕鯨について，自分の考えをまとめ，振り返りの中で捕鯨問題について，自分の価値観から意見を形成する。

　以上の単元構成をまとめると表2となる。

第5章 「イベント化するメディア社会」の教育内容と授業開発　183

表2　単元の指導計画

次	場　面	学　習　内　容	認　識　内　容	教材・教具
1 (1)	＜導入＞ 問題設定 場面	1．日本の水産業の問題点の整理 2．商業捕鯨と調査捕鯨の整理 3．捕鯨に対するTV番組の視聴 4．日本以外の国でしか放送されないTV番組を視聴することによる学習問題の設定 5．学習問題①に関する予想の設定	○TV番組による問題状況の認識 ○認知的不協和による学習問題の認識	200海里経済水域の画像 アニマルプラネットのTV番組
2 (3)	＜展開Ⅰ＞ 構造分析 場面	1．予想の交流と日本の捕鯨の歴史の追究（歴史・食文化・IWCの規制・クジラに関する意識調査など） 2．TV視聴者の鯨問題に対する意識への共感 3．学習問題②の設定とTV番組が放映される社会の構造についての追究 4．日本の捕鯨従事者への共感 5．捕鯨問題に関する葛藤場面の把握	○調査捕鯨の仕組み多面的認識 ○捕鯨に関する価値対立の認識 ○TV番組の問題状況の認識	日本の捕鯨の歴史・食文化としての捕鯨・IWCの規制・意識調査の資料 捕鯨従事者のビデオ
3 (3)	＜展開Ⅱ＞ 解釈構築 場面	1．葛藤する価値に応じたグループ設定 2．グループごとに対抗番組の制作（捕鯨継続か否かその対策を視点に）	○思考の表現を通した認識内容の強化 ○協同的学習による認識内容の強化	ビデオ 捕鯨に関する写真データ
4 (3)	＜展開Ⅲ・まとめ＞ 解釈吟味 場面	1．制作したメディアの発表 2．各々のメディアについての討論（捕鯨賛成派と反対派其々の立場からの評価と改善策の提示） 3．対案に対する意見の収集	○討論を通した各々のメディアに関する多様な対策の認識 ○多様な価値判断の認識	ビデオ プロジェクター インターネット ビデオ

| | | と紹介
4．捕鯨問題について自分の判断についての振り返り | ○自らの認識内容の修正と知識の再構成 | 振り返りシート |

＊全10時間（　）の数字は時間数

4　単元「メディアが伝える捕鯨問題」の授業開発

4-1　指導目標

○メディア社会のイベント化（受信者の期待に沿ったメディア構成）の現象を解釈し，価値判断し構築した対案を論理的に表現する。

（知識・理解目標）
・アニマルプラネット等のTV番組の一面性について理解し，その放送は視聴者の意向と視聴率が関係していることについて理解する。
・捕鯨問題は，日本の伝統的食文化と海洋資源の問題，国際法上の問題，知的生物保護の問題等が関係していることを理解し，日本の立場と反捕鯨の立場の対立点を理解する。
・捕鯨反対の立場の人の中には，日本の調査捕鯨に対して強硬な手段で反対行動を起こす団体があることを理解する。
・制作した番組メディアを交流し，捕鯨問題では，海洋資源保護と食文化保護に対する人々の考え方の心理的対立が働いていることについて理解する。

（思考・判断・表現目標）
・アニマルプラネット等のTV番組の問題点について論理的に指摘することができる。
・捕鯨問題の現状を調べることで，その問題点について思考することができる。
・対案を制作する中で，捕鯨問題に対する対立価値内容を考え，捕鯨の是非について理由を考え，判断することができる。
・他のグループの対案を知り，その問題点を自分の主張と比較し判断することができる。
・TV番組の一面性について知った上で，自分の判断を振り返り，メディアが影響する社会の中で判断することの難しさについて自らの考えを問い直すことができる。

第5章 「イベント化するメディア社会」の教育内容と授業開発　185

4-2 単元の展開

	教師による主な発問・指示	教授・学習活動		子どもの反応
導入　問題設定	・これまで日本の水産業について学習してきましたね。水産業には，どんな問題点がありましたか。	T P	発問する 答える	・後継者不足，水質汚染・環境汚染の問題，魚の輸入の問題，など。
	・みんなは，どんな魚が好きですか。今好きな魚が食べることができなくなったら，困りますよね。	T P	発問する 答える	・マグロ，タイ，イカなど。
	・先生が小さいころ，クジラが食べられていました。給食でもよく出ていたんだよ。でも，今，あまり食べられません。なぜですか。	T P	発問する 答える	・200海里経済水域が設定されたからではないのか。 ・みんなの食生活が変わったからではないのか。
	・日本は昔，商業捕鯨といってクジラを捕って売買されていたけど，現在，調査捕鯨といって限られた量だけクジラを捕ることになっています。	T	説明する	・（調査捕鯨について説明する）
	・世界中で，また，日本でも放送されているアニマルプラネットといった番組があります。でも，ある回だけ日本では放送されていません。なぜですか。その番組を視聴してみましょう。	T P	発問する 視聴する	・シーシェパードの番組を解説しながら視聴させる。
	・どんな番組でしたか，誰が出てきましたか？　どんなことが起きましたか？			・日本の調査捕鯨を行っている人，シーシェパードの乗組員，船長。
	・この番組を視聴した人は，日本についてどう思いますか。			・日本はクジラを殺す残酷な民族であると思うと思うよ。
	○なぜ，日本以外の国で，日本のことを悪く扱うTV番組が放送されているのだろうか。予想しましょう。			・世界はクジラを大切に思っているからじゃないのか。（世界の捕鯨観） ・調査捕鯨を捕鯨していると誤解しているからじゃないのか。（日本の捕鯨）
展開I　構造分析	・日本の捕鯨の歴史や世界のクジラへの見方が関係ありそうですね。予想を確かめるために調べてみよう。	T P	指示する 調べる	（日本の捕鯨の歴史，食文化としての捕鯨，IWCによる規制，世界の好きな動物，クジラに対する意識調査等の資料を用いる）
	・調べて分かったことを発表しましょう。	T P	発問する 答える	・日本は，江戸時代からクジラを食用だけでなく，油，くし等様々な使途に利用してきた。

			・捕鯨が禁止されたことにより，捕鯨船の乗組員など多様な職業が失われ，あまり食べられなくなった。 ・IWCは，捕鯨を禁止する代わりに調査捕鯨を認めている。調査捕鯨で捕ったクジラは，食用に売買されている。 ・外国ではクジラは哺乳類として認識され，好きな動物の一つである。 ・アメリカ人やオーストラリア人にとってクジラは大切な生き物であり，食用とする日本に対する反発がある。
・このようなTV番組を見たら世界の人はどう思いますか。	T P	発問する 答える	・自分たちの考えと同じなので，興味を持って見る。 ・日本のことを，悪く思う人が増えるのではないかな。
○この番組は，なぜ，人気があるのだろうか。	T P	発問する 予想する	
・この番組作りには，どんな人が関わっていますか。	T P	発問する 答える	・TV局の人，カメラマン，番組を作る人，ナレーターなど。
・だれの意見を尊重して作っているのだろうか。	T P	発問する 答える	・シーシェパードの意見
・ある特定の立場の人の意見ばかり放送する番組が，日本にありますか。	T P	発問する 答える	・日本には，あまりないのではないかな。
・例えば，日本で牛を殺すのは残酷だから，食べる人は悪い人だと放送されたら見ますか。	T P	発問する 答える	・牛を食べて生きているのだから，困るし，考えが違うけど，面白がって見るのかもしれない。 ・残酷だと思う人もいるし，生きるためにしかないと思う人がいるし立場が人によって違うから見ない。
・オーストラリアの人は，クジラを食べたことがありますか。	T P	発問する 答える	・ほとんどのオーストラリア人は食べたことがない。
・オーストラリアの人にとって，クジラは，どんな存在なのだろうか。	T P	発問する 答える	・クジラは，大切な海洋生物だと思っている。
・そんな人たちが，クジラを殺す商業捕鯨を見たら，どう思いますか。	T P	発問する 答える	・日本は残酷な国である。捕鯨を止めてほしい。
・オーストラリアの人と同じ考えの番組が放送されたらどうなりますか。	T P	発問する 答える	・自分の意見と同じなので，人気が出るのではないかな ・間違っていると知っていても，面白がって見るかもしれない。
・この番組は，だれの考えを尊重し	T	発問する	・シーシェパードと考えていたけれ

第5章 「イベント化するメディア社会」の教育内容と授業開発　187

	て，どのように作られていますか。	P	答える	ど，アメリカの人やオーストラリアの人等，外国の人の考えだ。 ・このような番組を面白がる国民の考えに沿って，より悲惨さが強調されて作られている。
	・つまり，視聴者の考え方が，この番組作りに反映されているのですね。何が問題ですか。	T P	発問する 答える	・一方的な考えに沿っているだけで，日本人の考え方が入っていない。 ・日本の長い捕鯨の歴史や文化について紹介されていないために，誤解を生じる。
	・捕鯨ができなくなった串本の人が語ったビデオがあります。	T P	紹介する 視聴する	（日本の捕鯨は長い歴史がある。日本はクジラに助けられてきた。捕鯨ができなくなり，生きがいが奪われた，等）
	・日本は捕鯨を続けるべきですか，続けるべきではないですか。	T P	発問する 話し合う	・日本は捕鯨を続けるべきである。なぜなら，捕鯨によってクジラを食べるのは日本の食文化だからである。 ・日本は捕鯨を続けるべきではない。なぜなら，日本人はもうクジラを食べてないし，続けてよその国に反感を持たれるより，止めたほうがよい。
	・何が対立しているのですか？	T P	発問する 答える	・日本の歴史ある食文化を守る考え方と海洋資源の保護を求める考え方である。
	・日本の歴史ある食文化を守る立場から，アニマルプラネットの放送は何が問題ですか。	T P	発問する 答える	・シーシェパードの行動が正義として伝えられている。日本がなぜ捕鯨を行っているのか示されていない。
	・海洋資源の保護を求める考え方から，アニマルプラネットの放送は何が問題ですか。	T P	発問する 答える	・捕鯨する日本が一面的に非難されている。また，当事国である日本に対しては放送されていない。
	・日本は捕鯨を続けるべきですか，止めるべきですか。続けるなら，日本の食文化を海外にわかりやすく伝えることができる番組はどのようになりますか。また，止めるべきなら，日本人に対して海洋保護を求める放送は，どのような番組になりますか。メディアを選んで制作しましょう。 （グループごとに，メディアを選択	T P	指示する 作成する	A：日本は捕鯨を続けるべきである。日本の捕鯨には歴史があり，日本の食文化を中心とした放送を行う。 B：日本は捕鯨を続けるべきである。日本の調査捕鯨の現状と鯨の科学的データを中心とした放送を行うべきである。 C：日本は捕鯨を止めるべきである。クジラは海洋動物の中で最も賢

	して対策を制作する。)			く，保護される対象である。鯨の海洋動物としての良さを中心とした放送を行う。 D：日本は捕鯨を止めるべきである。クジラの調査捕鯨の誤りと科学的データに基づいた放送を行う。
展開Ⅲ・まとめ　解釈吟味	・グループごとに作成したメディアを発表します。それぞれが作った理由を明確にして主張してください。	T P	指示する 発表する	（グループごとに発表する）
	・AとBの放送については，外国人の立場から，CとDの放送に対しては，日本人の立場から評価しましょう。	T P	発問する 評価する	A←食文化を理由にしているが，IWCは伝統的な捕鯨を認めている。日本の場合，伝統ではなく商業的だったから中止になったのではないか。 B←日本の調査捕鯨は，クジラの肉を販売しているのだから，商業捕鯨ではないか。また，クジラの頭数は，また，捕鯨を再開したら減ってしまうのではないか。 C←クジラの脳の容積が巨大であったり，音波を使ってコミュニケーションをとることが知能が高いと言えるのか。 D←クジラが食べられていないのは，鯨肉が市場に出ていないからであり，たくさん売られたら買われるのではないか。ホエールウォッチングができる場所は限られており，そのことが捕鯨中止の理由にならないのではないか。
	・評価に対して改善策を示して反論しましょう。	T P	指示する 反論する	（評価に対して，反論する）
	・みなさんの放送を外国の方に紹介したら，意見が寄せられたので紹介します。	T P	紹介する 視聴する	（家畜は神が人間に与えたものであり，一般野生生物とは違う。繁殖をはじめとして生存を人間によってコントロールされている家畜と，大自然の営みの中で生きる野生生物のクジラを区別して考える必要がある。）等
	・TV番組などで，アニマルプラネットのような一面的な意見が放送されたら，君たちはどうしたらいいですか。	T P	発問する 答える	・一面的な考えの放送をそのまま信じないで，自分で確かめ判断する。 ・放送の一面性を考え，他の意見があることを考える。

・日本の捕鯨について，自分の考えを振り返りましょう。	T P	指示する 振り返る・ まとめる	・私は最初，もうクジラは食べていないのになぜ，よその国が嫌がる捕鯨をするのか不思議でした。また，アニマルプラネットなどの番組が流され，日本人が悪く思われるのが嫌でした。しかし，クジラを伝統的に食べていたり，それで生活をしている人のお話を聞いて，日本人の捕鯨に対する考え方を説明することが大切だと思いました。

第4節 「イベント化するメディア社会」の実践の分析

　本章では，単元「メディアが伝える環境問題」と単元「メディアが伝える捕鯨問題」を開発し，各々の開発授業を小学校4学年と5学年の児童に実践した。これらの開発授業は，メディア社会の構造（イベント化の現象）を多面的に解釈した上で，価値判断した対案を論理的に表現する「メディア社会解釈学習」に基づき開発されたものである。したがって，子どもたちの認識の成長にとって，本開発授業が有効であったかを明らかにするために，実践した授業について，次の3点から分析を行う。

　第一は，メディア社会の構造の「多面的な解釈」についてである。

　第二は，メディア社会と既存の社会との比較により価値判断した「対案の論理的表現」についてである。

　第三は，「児童の発達段階」に応じた開発単元であったかどうかである。

1　単元「メディアが伝える環境問題」の分析

1-1　児童の認識の変容と分析

　児童の認識の変容に関して，主なワークシートの記述内容をまとめると表3，表4に示したようになる。

表3 TVのゴミ分別に関する記述内容

	問題設定場面 「TVのようにゴミ分別は必要ないのかな。」	構造分析場面 「TV番組のゴミ分別が無駄という意見は本当だろうか。」
A児	TVで言っているのだから，これまで分別したことがむだだったということがわかった。	本当なところもあるし，違っているところもある。広島市のペットボトルの回収量は，平成12年に比べて，10倍になっているし，多くがリサイクルされている。だから，TVで，ペットボトルのほとんどは燃やされると言っているのは，違っている。
B児	まちがったことを放送していると思います。ゴミ分別は大切だと思うから。	ペットボトルすいしん協議会のホームページに，2009年度のリサイクル率が90.6％とのっていました。でも，リサイクル率のまとめ方が違うので，まとめ方をとういつしないと，どれが正しいか言えないと思います。だから，TVの意見は間違っているかもしれないと思います。
C児	何か，国にだまされたような気がする。ゴミ分別は必要ない。	TVでは，ダイオキシンは安心だと言っていたけれど，別の本では危ないと言っていた。本当はわからないから，少しでもダイオキシンが発生するなら，ペットボトルと生ゴミは一緒に燃やすべきではない。それと，リサイクルをするのは市民だけと言っているけど，広島市では，小学校やダイヤエコテックみたいな会社がやっているから，TVの意見は間違っている。
D児	TVだから，そんなことを言っているだけで，本当は違うと思います。	ペットボトルは全部が燃やされていないし，広島市はリサイクルするパーセントも高いです。そして，市民以外もリサイクルに協力している業者があります。リサイクルにエネルギーを使うのは事実だけど，ボーキサイトなどから品物を作るよりエネルギーはかかりません。TV番組で言っていることが全て正しいわけじゃなく，一方的な意見には裏があると思うので，いろいろな意見を一緒に流す必要があると思います。
E児	ゴミ分別が大切だと思っていたから，ゴミ分別が必要ないという意見にびっくりしました。本当ですか。	広島市では，ペットボトルは生ゴミと一緒に燃やされるのとリサイクルされるのがあります。中工場で燃やされるのはペットボトルの中にすいがらとか，きたない物が入っているペットボトルです。資料には，13％が燃やされ，87％が資源化されています。だから，ペットボトルが燃やされるのはじじつですけど，資源化されているペットボトルの方が多いと思います。

第5章 「イベント化するメディア社会」の教育内容と授業開発　191

表4　ゴミ分別の対策についての記述内容

	解釈構築場面 「ゴミ分別の種類数はどうしたらいいですか。また，市民のゴミ分別の意識を高めるには，どんな対策が考えられますか。」
A児	市民が，ゴミ分別が大変だと思っているから，8種類分別をやめて，6種類分別にすればいい。可燃ゴミとその他プラをいっしょにして，リサイクルプラとペットボトルをいっしょにします。可燃ゴミとその他プラは燃やされるので分ける必要はないし，リサイクルするものをいっしょにすればいいと思う。 　ゴミステーションをせっちして，ゴミに名前を書いて出す。そして，代表者が名前をチェックする。分別していない人を呼び出して，ゴミ収集のばっきんを払わせる。そうすれば，ゴミについて考えるようになる。
B児	僕は，5種類がいいと思います。その理由は，今の8種類だと，結局，同じ所に行くのに分別しても意味がないと思ったからです。でも，その他プラは燃やせる所と燃やせない所があります。だから，ゴミが増える元となるレジ袋などの袋の値段を高くして，そのお金で，中工場のような，その他プラを燃やせる所を増やしたらいいと思う。そうすれば，高いお金を出して袋を買うので，もったいなくなり市民のゴミ分別の意識は高まると思います。
C児	広島市は政令指定都市の中で，一番ゴミを出していないから，8種類分別のままでいい。8種類より少ないと燃やせなくなったり，埋め立てる量が増えて，ゴミが残って，きれいでなくなるし，市民のゴミ分別の思いが小さくなると考えたからです。逆に多かったら，細かすぎてわからないし，市民が嫌になってしまうから。みんなの意見を聞いて，少なくするのではなく，だんだん多くすればいいと考えました。そうすれば，だんだん市民の意識が高くなって，ゴミ分別をしようとすると思う。あと，近くのコンビニでは，あまり分別していないから，みんながよく使うコンビニの分別を厳しくしたらいい。
D児	私は，はじめ上勝町を参考にして31種類分別がいいと思っていました。みんなの意見を聞いたら，ますます31種類分別が良いと思うようになりました。31種類分別にした理由は，出てきたゴミを分ける人の負担が大きいと知ったからです。なので，負担を減らして市民に協力してもらおうと考えました。でもそのためには，公民館などにゴミを入れるためのバケットを31個もうけて，いつでも，そこにゴミを持って行っていいかわりに，ゴミをきちんと分別してもらうことに決めました。そして，そのゴミを持ってきたところに，近所の人とお話ができるところをもうけたら，一人でさみしいお年寄りの方も，みんなとお話ができて，そこに来る人が増えて，ゴミに対する意識が高まると思います。
E児	私は，初めに社会でゴミのことを調べ始めた時，今のまま8種類でいいと思っていました。それは，分別が大変だと思っていなかったし，リサイクルもたくさんされていると思っていたからです。でも，調べているうちにゴミ分別が大変だと思っている人も多く，分別していない人もいることがわかりました。だから，分別を減らそうと思いました。けれど，少なすぎるとリサイクルされるものが減り，ゴミが

> 増えてしまいます。なので，同じ場所に行くゴミを一つにして6種類分別にしようと思いました。
> 　市民のエコ意識を高めるために，使えなくなった物の再生方法（例：こわれたかさをエコバックにする方法）をくわしく書いたチラシを配り，そのチラシをウェッブサイトにのせたり，フリーマーケットを開き自分が使わなくなったものを再利用してもらう。

　最初に，TVのゴミ分別は無駄であるといった意見に対する記述内容（表3）を分析すると次のようになる。構造分析場面において，抽出児童全員がTV番組を評価した理由から，ゴミ分別に対して多様な観点から評価している。また，その評価基準も，A児の「ペットボトルの回収量」，B児の「リサイクル率」，E児の「ペットボトルの焼却率」等を理由に挙げる児童，また，C児は，ダイオキシンの安全性とリサイクルの参加体制から説明し，D児，多様な観点から評価した上で，TV番組の一面的な意見に対して疑念を呈している。これらのことから，次のことが指摘できる。1点目は，最初にTV番組を見た後，TVの意見に対して表面的にしか考えることができなかった児童が，メディア社会のゴミ分別の構造を追究することで，構造的影響面に関する知識が増し，より多面的にゴミ分別の問題が解釈されている点である。2点目は，TVの一面的な意見に対して，違った意見もあるのではないかと疑問を呈している児童が見られる点である。

　次にゴミ分別の対策についての記述内容（表4）を分析すると次のようになる。

　A児は，市民意識からゴミの分別を具体的に減らす提案を行っている。B児は，A児と同様に分別を減らすと同時に経済的観点から理由を説明している。C児は，現状のままで，更に徐々に分別数を増やすことで市民意識を高める提案をしている。D児は，31種類分別に増やす理由をゴミ収集業者の大変さを理由にし，それぞれのゴミを常に出せる状態にすることが市民のゴミ分別の大変さを軽減することを説明している。また，市民間のつながりを深めることがゴミに対する市民意識を高めることにつながる意見を形成し

ている。E児は，最初の8種類分別の意見から6種類分別に変化した理由を市民意識にあることを示した上で，具体的に市民のエコ意識の向上の手立てを示している。これらのことは，ゴミの分別問題に対する表面的な見方から，メディア社会のゴミ分別の構造を追究することで，根拠に基づいた意見を形成していることを示している。

1-2 児童の発達段階に関する考察

　単元「メディアが伝える環境問題」では，ゴミ分別の構造を追究することで，構造的影響面の知識が増し，より多面的にゴミ分別問題が認識され，TV番組の影響が市民の意識構造への影響であることが解釈され，市民意識を啓発する対策を具体的に考え，メディアを用いて妥当な対策を表すことができていた。また，ゴミ分別の問題を追究することは，児童にとって身近な事例であり学習関与の点で妥当であった。これらのことから，小学校4学年の段階において，メディア社会の対策を構築する上で，開発単元の内容は適切だったと言える。

2　単元「メディアが伝える捕鯨問題」の分析

2-1　児童の認識の変容と分析

　児童の認識の変容に関して，主なワークシートの記述内容[9]をまとめると表5，表6に示したようになる。

表5　TV番組に関する記述内容

	問題設定場面 「なぜ，日本のことを悪く言うTV番組が放送されているのか」	構造分析場面 「なぜ，この番組は人気があるのだろうか」
A児	シーシェパードの味方を増やそうとしている。	オーストラリア人はクジラが好きなので，捕鯨をしている日本人が許せない。自分の気持ちと同じ番組が放送されているから，TV番組を見る。
B児	日本が悪いことをしていると世界の国に知らせるため。	シーシェパードは，アメリカで人気があって，シーシェパードがTV番組でヒーローになっているから，ファンの人が，その番組を見て，人気がある。
C児	捕鯨を止めさせようとしている。	シーシェパードの本部がアメリカにあって，アメリカ人も多く入っている。アメリカ人は，今は捕鯨をしていないから，シーシェパードと自分が同じ考えだと思い，人気がある。
D児	アメリカは捕鯨をしないいい国だと思わせるため。	捕鯨をすることは，悪いことだと思っている国や人々にとって，シーシェパードは正義の味方だから，悪者である日本をやっつけることを期待して，番組を見る人が多い。
E児	クジラをとることは，いけないと伝えたいから。	捕鯨がきらいな人にとって，シーシェパードが活躍する番組は，自分が言いたいことをTVでやってくれるので，安心して見てしまうから。

表6　捕鯨問題に対する意見の記述内容

	解釈構築場面 「日本は調査捕鯨を続けるべきですか，やめるべきですか。」
A児	私は，調査捕鯨を続けても良いと思います。なぜなら，捕鯨について古事記にも書かれるほど昔からやっていて，日本の大切な伝統だと思うし，日本は国際捕鯨委員会（IWC）が捕ってはいけないと決めている鯨は捕っていないので日本は調査捕鯨を続けてもいいと思います。だから日本の調査捕鯨を攻撃するシーシェパードはとてもおかしいと思います。それに，シーシェパードは日本の正当な文化を否定して，日本側の意見も聞かず，暴力をふっているのでひどいと思いました。動物を大切にするのはいいことだけど，そのために何でもしていいわけではないと思います。
B児	ぼくは，調査捕鯨を続けるべきだと思います。なぜなら，捕鯨は日本の伝統文化であり，鯨を食べることは日本の食文化だからです。また，現在進行形で増えているミンククジラを捕獲しないということは，やっと維持されつつあるシロナガスクジラなどのエサが減少する理由にもなります。なので，本当にたくさんの鯨を守り

	たなら，増えている鯨を制限しながら獲ることが一番いいのではないかと思います。また，シーシェパードは鯨を守るといいながらも，生物に有害な毒の入ったビンを投げつけているといいます。矛盾しているのではないでしょうか。日本は調査捕鯨で獲ろうとしているのに，さも自分達はヒーローみたくテレビで放送しているのは，ズルいです。もし，テレビで放送するのであれば，日本は調査捕鯨とは何かをきちんと説明した上で，ウソやひいきをせず，プロパガンダ放送をしないでほしいです。
C児	ぼくは，調査捕鯨はいいと思います。絶滅のおそれがあるクジラを救うことに役立つからです。シーシェパードは，調査捕鯨について，いろいろ言っているけど，ぼくはシーシェパードの方が間違っていると思います。調査捕鯨は世界で認められているし，シーシェパードの投げるビンに入っている液体は，魚に害をおよぼし，クジラのエサも減るからです。日本はルールを守り，クジラのためにがんばっているので，とてもいいことをしていると思います。調査捕鯨で結果を残しているし，クジラをその後に捨てず，油をとったり，食べたり，まいそうしたりしているので，クジラを大切にしていると思います。でも，殺さず調べるなどの改善が必要だなとも思いました。
D児	僕は，鯨戦争を見た時は日本が捕鯨しているのは，科学データを出すためだから，それをじゃまするシーシェパードが悪いと思っていましたが，ニュース番組作りの時に，科学データを調べてみると，わざわざ殺す必要のない鯨を何頭も殺して，セミクジラ全種・ナガスクジラ目・クジラ目，その他8種類のクジラがワシントン条約で結ばれ，附属書（絶滅の恐れがあるため売買禁止）ⅠⅡに挙げられるようになって，かわいそうだと思いました。そして，日本はミンククジラを捕っているけど，そのミンククジラは食材になっているので，そのことは，日本は悪いと思いました。この学習でわかったことは，クジラを殺さなくても調査できるということです。この間食べた鯨の肉は，本当は食べてはいけなかったと思いました。
E児	私は捕鯨反対です。クジラは頭がいいし，調査といっても殺さなくてもいいと思います。それに調査捕鯨が終わった後，どうせクジラを食べるのなら，どうどうと食べたほうがいいと思います。そして，クジラをとる量を決めて食べたらいいと思います。シーシェパードの意見に賛成です。クジラはかわいいし，頭もいいので殺すのはおしいと思います。しかし，意見には賛成できても行動には賛成できません。捕鯨をやめさせるために毒が入ったビンを投げたりしなくてもいいと思います。捕鯨をやめさせたいなら，もっとふつうに呼びかけたりしたらよいと思います。私の理想は，日本が捕鯨をやめてシーシェパードとの仲が良くなることです。

最初に，TV番組に関する記述内容（表5）を分析すると次のようになる。問題設定場面では，抽出児童全員がTV番組について表面的な考えを表明しているが，構造分析場面では，TV番組の視聴者に焦点を当て，TV番組について評価している。A児は「捕鯨を許さない視聴者の気持ち」，B児は

「シーシェパードが好きな視聴者の気持ち」，C児は「捕鯨をしていない視聴者の気持ち」，D児は「捕鯨を悪と考える視聴者の気持ち」，E児は「捕鯨を嫌う視聴者の安心感」から，TV番組の人気がある理由を示している。これらのことから，次のことが指摘できる。当初のTV番組について主観的に見ていた児童が，TV番組の視聴者の心理構造について追究した結果，視聴者の意向に応じてTV番組が構成されていることを相対的に解釈していることが示されている。

次に，調査捕鯨の是非についての記述内容（表6）を分析すると次のようになる。

A児とB児とC児は，調査捕鯨を続けることに賛同し，その根拠を，A児は「日本の伝統とIWCの勧告」，B児は「伝統文化とエサの減少」，C児は「調査捕鯨のルール順守」を挙げている。また，D児とE児は，調査捕鯨を続けることに反対し，その根拠を，D児は「クジラの頭数の科学データ」，E児は「クジラの知能」を挙げている。これらのことから，捕鯨継続を訴える番組や捕鯨中止を訴える番組作りを通して，捕鯨問題の多様な見方を知り，根拠に基づいた意見を形成していることを示している。

2-2 児童の発達段階に関する考察

単元「メディアが伝える捕鯨問題」では，シーシェパードの意向に沿った番組「Whale Wars」の視聴者の心理構造を追究することで，構造的影響面の知識が増し，視聴者の意向が番組作りへ影響されることが解釈された。また，捕鯨問題の是非を伝える番組作りを通して，メディアを用いて妥当な意見を表明することができていた。したがって，小学校5学年の段階において，メディア社会の根拠ある意見を構築する上で，開発単元の内容は適切だったと言える。しかし，捕鯨問題を文化的な側面から捉えることに不十分な児童がいた。このことは，捕鯨問題自体，現在の子どもにとって生活に密着した問題ではなく，水産業単元だけでなく文化的アプローチからも授業構成を図

るほうが，より対立する価値観を明確になると思われる。したがって，より高度な判断が可能な高学年において授業が実施されることが妥当であると結論づけた。

【註】
(1) 文部科学省「第2節社会」『小学校学習指導要領』東京書籍，2008年.
(2) 代表的な教科書として，日本一のシェアを占めている東京書籍の教科書を参考にした。
東京書籍『新しい社会3・4下』2011年.
(3) 武田の主な主張は次の著書に詳しい。
武田邦彦『環境問題はなぜウソがまかり通るのか』洋泉社，2007年.
日下公人・武田邦彦『つくられた「環境問題」―NHKの環境報道に騙されるな！』ワック株式会社，2009年.
(4) 吉見俊哉『メディア時代の文化社会学』新曜社，1994年.
(5) 循環型社会に関しては，次の文献を参考にした。
安井至『環境問題』ナツメ社，2008年.
(6) 広島市の分別収集に関しては次の市役所のHPを参考にした。
http://www.city.hiroshima.lg.jp/index2.html
(7) 前掲書（註1）
(8) 前掲書（註2）
(9) 単元「メディアが伝える環境問題」は，平成23年10月に，広島大学附属小学校2部4年38名を対象に検証授業を実施した。

単元「メディアが伝える捕鯨問題」は，平成23年10月〜11月の期間において，広島大学附属小学校，沖西啓子教諭のご協力を得て，5年生40名を対象に検証授業を実施した。

第6章 「コントロール化するメディア社会」の教育内容と授業開発

　本章では,「コントロール化するメディア社会」の教育内容を示した上で,第2章の学習モデルに応じた授業開発を行い, その検証結果について報告する。

　そして, その検証結果を踏まえ,「コントロール化するメディア社会」の教育内容開発に関する成果と課題を明らかにする。

第1節　「コントロール化するメディア社会」の教育内容編成の視点

　「コントロール化するメディア社会」とは, メディア・コミュニケーションにおいて, 発信者の意向に沿う形で受信者をコントロールするためにメディアが操作される社会である。このような社会では, 発信者が意図的であればあるほど, 受信者にとってその意図は見えにくく, 慎重に吟味しなければ, その意図を見抜くことは難しい。また, そのような社会の中で, 発信者が意図的に現実を構成したり, 受信者が影響を受けたりするのは, 両者に多面的に影響を与える社会構造が存在するのである。

　しかし, これまでの小学校社会科の学習は, メディアからの情報は常に正しさを前提として学習の中で活用され, 発信者の意図的な現実の構成やそのようなメディアに影響を与える社会構造については, 十分に検討された学習が構成されてこなかったのではないだろうか。

　したがって,「コントロール化するメディア社会」の教育内容編成にあたっては, 次の視点に基づき, 教育内容を編成していく。

> 　第一に，メディア社会のコントロール化の現象が具体的に表れる教育内容を創造することである。メディアによる意図的なメディア構成により，受信者は多様な影響を受けている。このような顕著なコントロール化の現象を教育内容として示すことである。
> 　第二に，学習を通して，子どもたちが「コントロール化するメディア社会」の構造を批判的に読み取った上で，多様な価値を認識できる教育内容とすることである。
> 　第三に，「コントロール化するメディア社会」の構造的影響を把握した上で，自らの価値判断に基づく対案を表し，それを吟味することで，よりよい社会形成につながる意見を形成できる内容構成にすることである。

　以上の視点に基づき，本章では，「コントロール化するメディア社会」の事例として，メディアによってコントロール化された戦時中の人々の行為に着目した単元「メディアが伝える戦争」と，誰でもが自由に制約されず情報を発信できるメディア社会の技術的構造に着目した単元「表現の自由とメディア」の開発・実践内容について報告する。

第2節　人的所作に関する単元「メディアが伝える戦争」の授業開発

1　内容編成に向けての課題

　最初に歴史学習における戦争に関する学習の課題を明確にしておこう。今回，対象とした第二次世界大戦の学習は，現行の平成20年版学習指導要領では，内容(1)「我が国の歴史上の主な事象について，人物の働きや代表的な文化遺産を中心に遺跡や文化財，資料などを活用して調べ，歴史を学ぶ意味を考えるようにするとともに，自分たちの生活の歴史的背景，我が国の歴史や先人の働きについて理解と関心を深めるようにする。」と述べられ，具体的

に調べる内容として，ケ「日華事変，我が国にかかわる第二次世界大戦，日本国憲法の発布などについて調べ，戦後我が国は民主的な国家として出発し，国民生活が向上し国際社会の中で重要な役割を果たしてきたことが分かること。」が示されている。つまり，第二次世界大戦といった事象の人物を中心に調べることで，その当時の歴史的背景を具体的に理解することが中心となる。このことに準拠した教科書[1]では，日中戦争から太平洋戦争に至る過程に関して，歴史的出来事を中心に学習し，中国の人々に多大な被害を与えたこと，我が国が資源を求めて戦争が広がったこと，国民生活のすべてが戦争に注がれたこと，日本の各地で多くの国民が犠牲になったことを教科書記述から理解させる内容となっている。つまり，戦争によって被害を受けた国民に共感的理解を図ることで，その当時の戦争の悲惨さに心情的理解を図り，一面的な戦争の不合理さに対する見方を導く内容となっている。確かに心情面から戦争の悲惨さを理解させることは，子どもたちの学習関与を引き出す点から評価されるが，その当時の社会構造を一面的に学習させることに留まり，戦争に対する多様な見方が学習されない為に，戦争は，一部の指導者による責任といった他者的な見方を導く課題が指摘できよう。

したがって，本単元においては，当時の人々に共感的理解を図りながら，子どもたち自身が，その背景にある社会構造を批判的に追究し，多面的な見方を解釈した上で，自分自身の戦争に対する自律した意見形成を図る学習を構成することが求められていると言えるであろう。

本研究では，事実と異なる戦況を伝える戦時中の新聞メディアを取りあげ，新聞の背景にある戦時中の社会構造を読み解く，単元「メディアが伝える戦争」を構成する。次に具体的な事例について検討してみよう。

2 内容編成の論理

2-1 戦時中の新聞メディア

事例としたのは，戦時中の戦況を伝える新聞記事である[2]。新聞記事では，

太平洋戦争におけるミッドウェー海戦等の戦況が日本の勝利であるかのように誇張され伝えられ，事実と異なる記事が記載されている。なぜ，当時の新聞は言論機関としての対場を自己否定し，政府のプロパガンダ機関のような働きをしたのか。

　太平洋戦争当時，政府は言論統制をより一層強めた。その中でも，特に新聞は常に監視・検閲され，政府，軍部を批判する言動などがあった場合，新聞紙法に基づき，指導や給紙の停止，さらには発行停止に追い込まれる現状があった。また，戦勝記事を載せれば，国民の戦意が高揚し，商業的にも成功するという事情もあった。それらの理由から日本の新聞は大本営からの情報の宣伝機関となり，戦争遂行の世論形成に大きくかかわったのである[3]。

2-2　新聞メディアを読み解く枠組み

　戦時中の新聞メディアに対して，様々な社会背景が影響を与え，新聞は一面的な世論形成を導くことになる。このことは民主主義社会において，大きな問題であると指摘できよう。多様な意見の自由な流通といった「多様性の担保」の中で，民主主義社会は形成される。たとえ，戦時中といった特殊な状態あったとしても，新聞社による情報のコントロール化は，世論形成において一面的な考え方を持つ国民を多数派にし，例えば，戦争に反対する少数派が沈黙する状態を形成する。つまり，"沈黙の螺旋"に陥ることで，対抗言説を消滅させてしまうのである。このことに関して，野中は「情報が少ない場合に，人々の意見はより寡占化が進む傾向にある」こと，そして，「適切な情報や対抗意見に接すれば意見の多様化が担保される」ことを明らかにしている[4]。

　したがって，国民世論の形成に関わる新聞メディアを追究させることで，戦時中の新聞の背景にある「政府・軍」による言論統制と「新聞社」の経済的背景，そして，「国民」世論といった3者による社会構造（図1）を多面

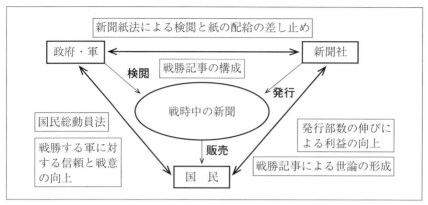

図1　戦時中の3者の関係（筆者作成）

的に認識・解釈させ，当時の新聞記者の判断に対して評価させた上で，当時の新聞記者の立場で新たな新聞作り（対案）をし，対案について吟味する中で，太平洋戦争に対して学習者自身が自律した考えを形成できる学習を構成したい。これらの課題に応える新たな単元構成を次に示していく。

3　「メディア社会解釈学習」による単元構成の論理

メディア社会の自律した意見形成を目指す「メディア社会解釈学習」による「メディアが伝える戦争」の単元構成は次のとおりである。

3-1　問題設定場面

最初に太平洋戦争について想起させた上で，太平洋戦争の人々の生活に関するビデオを視聴させ，国民のその当時の生活について共感させる。次に，日本が戦争を広げた様子を，教科書，資料集等から年表にまとめさせる。子どもたちは，戦争の悲惨な様子から，当時の軍の責任について考えるであろう。そして，主な戦いについて確認した上で，戦時中の新聞を配布し，年表に書き加えさせる。この新聞では，負けた戦いが，勝利したように紙面構成

されている。すると，子どもたちは，なぜ，調べたことと当時の新聞に書かれたことが違うのか疑問を持つであろう。そこで，「なぜ，戦争に負けているのに，新聞では勝ったことになっているのだろうか」と学習問題を成立させ，予想させる。

3-2　構造分析場面

　予想を交流した後，太平洋戦争当時の新聞に何が影響を与えたか，資料から追究させる。そして，資料から分かったことを話し合わせる。新聞は，新聞紙法により軍の検閲を受け，自由に記事が書けなかったこと，また，紙の配給が停止される恐れがあったこと，戦勝記事を書き続けることで新聞の販売部数が伸びていることを確認する。そして，「このような記事を見て，当時の人々はどんな気持ちになりましたか」と問うと，子どもたちは，「今は苦しいけれど，いつか日本が勝利すると考えていた」等と答えるであろう。そこで，戦時中の日本の様子について，国民と新聞社と政府・軍の関係と関連を図１のように構造的にまとめさせる。その後，「この戦争は誰に責任がありましたか」と問うと，政府・軍だけでなく，新聞社や国民と多様な意見が形成されるだろう。そして，現在の立場で，当時の新聞について意見を書かせると，新聞記者の立場と当時の社会状況の比較から，正しいことが書けなかった新聞に対して多様な解釈が形成されるであろう。

3-3　解釈構築場面

　最初に，もし，当時の新聞記者だったら，どんな新聞記事を書くのか考えさせる。新聞記者といったジャーナリストの使命を重視する子どもは，事実をありのままに書きたいと考えるであろう。また，当時の社会状況から仕方ないと考える子どもは，同じような記事にならざるを得ないと考えるであろう。ミッドウェー海戦を例にとり，大本営発表のデータと実際のデータを共通して使い，各々の立場を決め，グループごとに話し合い新聞を作成させる。

3-4 解釈吟味場面

　第3次で形成した新聞について，グループごとに発表する。その際，作成した目的を明確にした上で，自分たちが形成した新聞を発表する。視聴するグループは，自分の立場に基づき意見を形成し評価する。その後，戦時中の新聞記者の手記を紹介し，ジャーナリストの使命と戦争といった特殊な状況の中での葛藤，事実をありのままに書けない記者の気持ちについて考えさせる。そして，最後に，戦争と新聞について当時の社会状況との関連からまとめ，太平洋戦争について自分の考えを振り返り，意見を形成する。

　以上の単元構成をまとめると表1となる。

表1　単元の指導計画

次	場　面	学　習　内　容	認　識　内　容	教材・教具
1 (2)	＜導入＞ 問題設定 場面	1．太平洋戦争の歴史的過程の年表整理 2．戦時中の新聞の見出しによる年表の整理 3．戦争に負けているのに勝ったことになっている戦時中の新聞による学習問題の設定 4．学習問題①に関する予想の設定	○戦時中の新聞による問題状況の認識 ○認知的不協和による学習問題の認識	太平洋戦争を整理した年表 戦時中の新聞
2 (4)	＜展開Ⅰ＞ 構造分析 場面	1．予想の交流と戦時中の新聞の背景の追究（新聞紙法・販売禁止件数・購読者の伸び等の資料など） 2．戦時中の新聞を見た国民の意識への共感 3．戦時中の社会の構造についての追究 4．戦時中の記者の葛藤場面の把握	○戦時中の社会の仕組みの多面的認識 ○戦争報道に関する価値対立の認識 ○戦争報道の問題状況の認識	新聞紙法・販売禁止件数グラフ・新聞購買者数のグラフ等の資料
3 (3)	＜展開Ⅱ＞ 解釈構築	1．葛藤する価値に応じたグループ設定	○思考の表現を通した認識内容の強化	新聞作成ソフト

	場面	2．グループごとに新聞の制作（事実を書くべきか否かその対策を視点に）	○協同的学習による認識内容の強化	戦時中の新聞の画像・テキストデータ
4 (3)	＜まとめ＞ 価値解釈 場面	1．制作した新聞の発表 2．各々の新聞についての討論（購読者の立場からの評価と改善策の提示） 3．戦時中の記者の手記の紹介 4．戦争と新聞について自分の判断についての振り返り	○討論を通した各々のメディアに関する多様な対策の認識 ○多様な価値判断の認識 ○自らの認識内容の修正と知識の再構成	教材提示装置 プロジェクター むのたけじの手記 振り返りシート

＊全10時間　（　）の数字は時間数

4　単元「メディアが伝える戦争」の授業開発

4-1　指導目標

○メディア社会のコントロール化（発信者による意図的なメディア操作）の現象を解釈し，対策を吟味しよりよい社会の形成のために自律して判断する。

> （知識・理解目標）
> ・日本は経済的理由から，アジア・太平洋地域に戦場を拡大し，それにより，国民やアジアの人々の生活は大きな被害を受けたことを理解する。
> ・当時の新聞は，戦争遂行における国民の戦意高揚を果たす広告塔的な役割を担っていたことを理解する。
> ・太平洋戦争当時の日本の様子について，政府とマスコミと国民の関係を多面的に理解する。
> （思考・判断・表現目標）
> ・日華事変や太平洋戦争などの戦争に至る流れを，各種資料や当時の新聞を活用し調べ，年表に表すことができる。
> ・当時の新聞社の立場を考え，グループ内で合意した上で，各種資料を活用した新聞を作成することができる。

第6章 「コントロール化するメディア社会」の教育内容と授業開発　207

・当時の社会的状況を考え，多様な視点から戦争について考えている。
・当時の新聞を発信者・メディア・受信者の視点から読み解くことができる。
・同一のテクスト情報から，情報を再構成し，受信者への影響を考えた上で，新聞を作成することができる。
・戦時中の新聞を読み取り，新たに作成した新聞について話し合い，戦時中の社会の様子について考え，自分の考えを問い直している。

4-2　単元の展開

	教師による主な発問・指示	教授・学習活動		子どもの反応
導入問題設定	・太平洋戦争について知っていますか。	T	発問する	・太平洋戦争は，アメリカなどの連合国と戦った戦争で，1941年12月8日に始まり，1945年8月15日に終わった。
		P	答える	
	・太平洋戦争中の様子に関するビデオがあります。視聴してみましょう。	T	指示する	(戦時中の人々の生活，軍事教練や配給制勤労動員等のビデオを視聴させる)
		P	視聴する	
	・日本は，どのようにして戦争を広げていったのでしょうか。年表にまとめましょう。	T	指示する	(教科書，資料集等の資料を用いまとめさせる)
		P	まとめる	
	・太平洋戦争中の出来事を，みんなが作った年表から確認しましょう。	T	指示する	・昭和16年12月真珠湾攻撃，昭和17年6月ミッドウェー海戦，昭和20年3月東京大空襲があった。
		P	発表する	
	・当時の新聞は，戦争について，どのように報道しているだろうか。新聞の見出しに書かれていることを年表にまとめましょう。	T	指示する	(当時の新聞から，主な出来事についての見出しを年表に書き，まとめる。)
		P	まとめる	
	・当時の新聞の見出しを書き込んでみて，わかったことを発表しましょう。	T	指示する	・調べたことと当時の新聞に書かれたことが違う。
		P	発表する	・日本の被害が小さくなっている。
	・なぜ，戦争に負けているのに，新聞では勝ったことになっているのだろうか，予想しましょう。	T	発問する	・本当のことを書くと捕まってしまう。
		P	予想する	・負けたことを書くと戦意が落ちるから。
	・予想を確かめましょう。	T	指示する	(新聞紙法・発売禁止件数・購読者の伸び等の資料を用い，調べる)
		P	調べる	
	・新聞がこのような記事を書いたこ	T	指示する	・新聞は，新聞紙法により軍による

展開Ⅰ 構造分析	とについて，調べてわかったことを発表しましょう。	P	発表する	検閲を受け，自由に記事が書けなかった。 ・見出しでは，戦果を強調している。 ・戦意を高めるために新聞は利用された。 ・戦果を強調することによって，新聞の部数は伸びている。
	・このような記事を見て，当時の人々はどんな気持ちになりましたか。	T P	発問する 答える	・今は苦しいけれど，勝ち続けているのだから日本がいつか勝利するだろう。
	・戦時中の日本の様子についてまとめましょう。 ・戦時中の新聞は，誰の影響を一番受けていますか。現在の立場で，戦時中の新聞に対して感想を書きましょう。	T P T P	指示する まとめる 指示する 感想を書く	（戦時中の新聞と政府，国民の関連を構造的に板書でまとめる） ・当時の状況では，新聞社が真実を書かないのはしょうがないのではないか。 ・新聞は正しいことを伝えると思っていたが，間違ったことも伝えると思った。
展開Ⅱ 解釈構築	・もし，あなたが当時の新聞記者なら，どんな新聞記事を書きますか。	T P	質問する 答える	・①新聞記者なのだから，事実をありのままに書く。 ・②当時の状況を考え，同じような記事を書く。
	・自分の立場を決め，グループごとに話し合い，受信者への影響を考えた上で，新聞作りの計画を立てましょう。	T P	指示する 話し合う	・①私は，事実をありのままに書く立場である。たとえ，発売禁止になったとしても新聞記者は真実を伝える義務があるのではないか。 ・②私は，同様な記事を書く立場である。戦争中であり，発行禁止にならないよう記事を書くのは当然ではないか。
	・新聞作りをしましょう。 （ミッドウェー海戦を例にとり，大本営発表のデータと実際のデータを共通して使う）	T P	指示する 新聞作りをする	（当時の新聞の画像，テキストデータを自由にレイアウトして新聞を作成する）
展開Ⅲ	・グループごとに作成した新聞を比較して，話し合います。それぞれが作った目的を主張してください。	T P	指示する 主張する	・A：私たちのグループは事実を書くべきだと考えた人が2人，当時と同様な新聞を作ったらいいと考えている人が4人いました。話し合った結果，検閲に引っかかって販売停止にならないよう，新聞のレイアウトを工夫することにしました。これを見れば戦争に勝って

第6章 「コントロール化するメディア社会」の教育内容と授業開発

ま と め ・ 解 釈 吟 味	・それぞれの立場に対して，反論しましょう。	T P	指示する 反論する	いるようで実は負けていることがわかると思います。 ・B：私たちは同様な新聞を作ったらいいと考える人が全員でした。戦争中であるので，すべての情報を出す必要はないと考えました。 ・A←レイアウトを工夫しても，負けた事実は伝わるのだから，事実を大きく伝えるのと同様ではないか。 ・B←戦争中だからといって，記者が真実を曲げて伝えたら，国民は本当のことを知ることはできないのではないか。
	・戦時中の新聞を作った方の手記を読みましょう。	T P	範読する 聴く	（むのたけじ氏の手記を読む）
	・戦争と新聞についてまとめます。 （板書によるまとめ）	T P	まとめる まとめる	・戦時中，国民は新聞の影響を受け，戦争を拡大することに同意していた。 ・新聞は事実を伝えるが，時と場合によっては，事実と異なる報道をすることもある。また，新聞はその時の社会状況を左右する存在である。 ・新聞記者は困難な状況の中で，書くべき記事を判断せざるを得ない。
	・戦争について，自分の考えをまとめましょう	T P	指示する まとめる	・最初，戦争は政府や軍がしたことで，国民は被害者だと考えていた。しかし，学習してみて，戦争はその当時の人すべてに責任があると思った。

210　第Ⅱ部　メディア社会における小学校社会科の教育内容と授業開発

第3節　技術的所作に関する単元「表現の自由とメディア」の授業開発

1　内容編成に向けての課題

　小学校憲法学習に関して，平成20年版学習指導要領では，日本国憲法の基本的な考え方，つまり，(2)イ「日本国憲法は，国家の理想，天皇の地位，国民としての権利及び義務など国家や国民生活の基本を定めていること」について調べ，「我が国の民主政治は日本国憲法の基本的な考え方に基づいていることを考えるようにする」と記述されている。また，内容の取扱いでは，このことに関して，参政権，納税の義務などを取りあげることが示されている[5]。

　学習指導要領に準拠した教科書[6]では，ユニバーサルデザインに基づくまちづくりが事例として示され，このようなまちづくりは，日本国憲法の考えに基づくとして，三つの原則が確認されている。最初に，「基本的人権」については，地域の識字・多文化共生学級を調べることで，教育を受ける権利は，「基本的人権」の一つであることが示されている。そして，他の国民の権利と義務は概括的に図示されている。次に，「国民主権」に関しては，市役所の情報公開制度を事例に調べることで，市民の政治参加の視点から参政権が「国民主権」に基づくことが確認されている。そして，「平和主義」に関しては，「平和と人権資料館」を事例にして，憲法の前文と9条の条文を確認する学習が構成されている。つまり，小学校の憲法学習は，三つの原則に関して，具体的な地域のそれぞれの事象を事例にし，関連した三つの原則の憲法記述内容を確認することで，憲法と地方政治とのつながりを考える学習が中心となる。しかし，これらの学習では，参政権による政治参加といった直接的な政治と憲法のつながりを学習することが中心となり，民主主義に

基づく他の諸権利の具体的事例に関して学習されないため，また，その背景が追究されないため，政治と憲法のつながりを一面的に認識させることに留まっている。また，現代社会の変化と状況に応じて生じた新しい権利については，十分に学習がなされないため，憲法と現実社会とのつながりがきわめて弱くなっているのである。

このことに関して，小田桐[7]は，小学校の憲法学習に関する教科書の特徴として，「どの教科書も憲法への導入部において工夫の跡がうかがわれるにもかかわらず，遺憾ながら，それも三つの原則（柱）の説明に規定されてしまう。そしてそこに辿り着くまでに導入部の工夫が開花することなく（特徴をだすことができずに）記述が終わってしまう観を否めない。」とした上で，「かかる民主主義の精神を意識化する上で大きな役割を果たしているのが憲法学習である。だからこそ，憲法学習では，憲法の基本的な考え方を中心に理解させなければならない。」と，民主主義の理念といった原則を顧みる必要性を指摘し，「担当者は自分自身で憲法学習の仕方を工夫し，教材を集め，地域の地理や歴史，時事の社会問題や経済問題のような生きた教材を織り交ぜながら，子どもの知識欲を満足させるように指導していくのである。すると三つの柱は自然な形で子どもの中に意識化されるであろう。」と，生きた教材を通して憲法学習を行う必要性を指摘している。

したがって，憲法学習においては，三つの原則の確認に留まるのではなく，民主主義といった理念を反映した現実社会の事例に基づき，子どもたち自身が政治と憲法を，社会構造とのつながりの面から具体的に理解した上で，憲法の価値を現代社会の側面から判断できる学習を構成することが求められていると言えるだろう。

本研究では，民主主義社会の理念に対して，特に重要である「表現の自由」に焦点を充て，単元「表現の自由とメディア」を構成する[8]。次にその内容構成について検討してみよう。

2 内容編成の論理

2-1 メディア社会の表現に関する問題

　事例としたのは,「尖閣諸島中国漁船衝突映像流出事件」である。この事件の概要は,次の通りである。尖閣諸島において中国漁船と海上保安庁の巡視船が衝突し,中国人船長が逮捕された（2010年9月7日）。このことに関して,中国政府は「尖閣諸島は中国固有の領土」という主張を根拠に,日本に対して,レアアース禁輸等の様々な報復処置を実施した。日本側は,検察庁の判断により中国人船長を釈放したが,中国側の強硬姿勢は変わらなかった（同9月25日）。そこで,中国への配慮から非公開となっていた衝突事件時のビデオを予算委員会において一部の議員のみに公開された（同11月1日）。これに対し,海上保安官により,YouTube 上に衝突時に撮影した映像がアップロードされ,公開された（同11月4日）。そして,11月5日には映像が削除されたにもかかわらず,視聴した利用者が保存したデータが他の動画公開サービスに転載され,広く知れ渡ることになった。その後,流出した保安官が特定され,守秘義務違反の容疑で保安官は書類送検されたのである。

　この事件は,これまでマス・メディアといった限られた組織でしか情報が広く公開できなかった社会から,誰もが自由に多量のデータを不特定多数に公開できるメディア社会の構造変化が可能にしたと言えよう。また,発信された情報がメディア管理者により削除されたり,複製され再利用されたり等,発信者の意向に沿わないデータ処理がなされるといった点に,表現に関わるメディア社会のコントロール化の現象が見られる（図2）。

　したがって,「表現の自由とメディア」の教育内容の開発では,次のような内容構成をそなえる必要があると考える。第一に,学習を通して現実の社会のメディア表現の変化を実感できる内容構成とすること,第二に,メディアによるコントロール化の現象による「表現の自由」への影響といった現実の姿を映し出す内容構成にすること,第三に,そのようなメディア表現の背

第6章 「コントロール化するメディア社会」の教育内容と授業開発　213

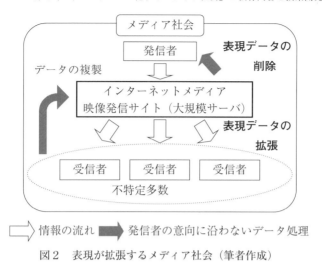

図2　表現が拡張するメディア社会（筆者作成）

景にある社会の構造を追究し，判断できる内容構成にすることである。

本研究では，これらの視点に基づき，メディアと「表現の自由」の関係を読み解く枠組みを次に示していく。

2-2　メディア社会の表現を読み解く理論的枠組み

メディアによる「表現の自由」への関与の点で注目すべき論は，サイバースペースにおける表現規制に関わる論である[9]。成原は，サイバースペースにおいて，法規制以上に技術的手段を用いた情報の遮断が人々の自由な表現活動に対して重大な脅威をもたらしうるとした上で，「情報流通経路の管理者」に着目している。「情報流通経路の管理者」とは，「送り手」から「受け手」への情報流通を物理的・技術的に管理する「媒介者」のことである。そして，成原は，サイバースペースにおける表現規制を，国家が「送り手」に対して表現規制を課すことで情報が「受け手」に伝達されることを抑止する①「送り手に対する表現規制」と，国家が「情報流通経路の管理者」に技術的手段によって情報を遮断することを義務づけることによって情報の流通を

抑止する②「情報流通経路の管理者を介した表現規制」とに区分し，各々に関して憲法上の問題を検討している。そこで，成原の論に基づき，メディアと「表現の自由」の関係について検討してみよう。

①「送り手に対する表現規制」に関しては，レッシグがサイバースペースにおける制約条件として，法，市場，規範，アーキテクチャの4点を示し，相互に依存し合う関係としている。その中で法律は，個人の行為を直接的に規制する場合のみならず，社会規範や市場，アーキテクチャの在り方を規制することを通じて，個人の行為を間接的に規制する場面も見出されるとする[10]。特にアーキテクチャに関して言えば，コードが法律によって規制されることで，間接的に規制できることとなる。例えばYouTubeといった映像配信サイトが，ある特定のコードでしか映像を配信できないと法律で規定されたなら，送り手の表現行為はコードによって規制される場合があると言えよう。このことに関して，奥寺は，国家が「送り手」の表現の自由を規制することで，間接的に「受け手」の知る自由が制約されるといった問題構造がかねてより主題化されてきたと指摘し[11]，単に「送り手」に留まらない「受け手」の権利侵害につながることを示唆しているのである。

②「情報流通経路の管理者を介した表現規制」に関しては，成原は，米国の「子どもインターネット保護法」による公立図書館のフィルタリングによる事前制限を事例に，利用者の表現の自由と知る権利の制限について論及している。この中で，事前制限は，「表現の自由」にとって重大な脅威になることから，規制を最小限にとどめること，規制が恣意的にならないこと，異議申し立て機会が与えられることが必要なことを指摘している。

これらの規制とメディア社会の情報表現の特徴が発信者と受信者の権利侵害を引き起こし，また，このような社会において，個人の行為の選択は，個人の心情と社会構造との葛藤によって生まれると言えよう。以上の検討に基づき，表現が制限されるメディア社会の枠組みは，図3のように示すことができる。

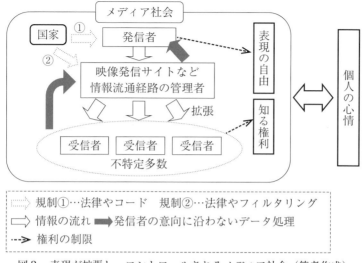

図3 表現が拡張し，コントロールされるメディア社会（筆者作成）

3 「メディア社会解釈学習」による単元構成の論理

「メディア社会解釈学習」に基づき，単元「表現の自由とメディア」を構成する。

3-1 問題設定場面

最初に，「尖閣諸島中国漁船衝突事件」について知っているかどうか確認する。尖閣諸島の位置を地図帳で確認した上で，事件の概要について調べさせる。日本と中国の領土に関する問題であることを確認させた上で，流出した漁船が衝突した映像を見せる[12]。多くの子どもが「中国漁船から衝突してきた。」「中国に責任がある。」と感じるであろう。この映像の必要性について確認した上で，映像は，海上保安庁の保安官がYouTubeに映像をアップしたこと，その後，保安官は書類送検され，退職することになったことを説明し，「なぜ，みんなが知りたい映像を流した保安官が辞めないといけない

のだろうか」と学習問題を成立させ，予想させる。

3-2 構造分析場面

　映像を流した保安官の気持ちについて共感させた上で，「どのようにしてYouTubeに映像をアップするのだろうか。」と問い，メディア社会の多量のデータを公開することの容易さについて調べさせる。次に，保安官は次の日にはデータを消去したにもかかわらず，データが残っている理由について考えさせ，発信されたデータは，受信者に容易に保存され，複製され，再利用されるメディア社会の仕組みについてまとめる（現代のメディア社会の認識）。次に，保安官の気持ちを振り返らせた上で，保安官の情報発信に制限を加えたのは何か考えさせ，調べさせる。保安官に影響を与えるのは，公務員としての義務（国家・法律の規制），表現の形式（コードの規制），映像サイトの管理者（情報流通管理者の規制）によって，規制されていることを知る。そして，憲法21条の条文を提示し，日本国憲法では「表現の自由」と「知る権利」が規定されていることを知った上で，「今回の事件は，表現の自由が守られていますか。」と問う。すると辞めないといけなくなったのだから「表現の自由」は守られていない，表現できたのだから「表現の自由」は守られていた，と考える児童がいるであろう。そこで，「なぜ，国は法律で情報を規制できるのですか」と問うと，誰でもが自由に情報を発信したら，国の秘密が守れない，また，人権が守られないと答えるであろう。そこで，どんな時に国は規制できるのか調べさせる。すると，国が規制できるのは，合理的な理由が明らかに存在するときであると理解できるであろう。合理的な理由とは何か考えた後，今回の事件は，法律とメディア社会の構造の中で生まれた事件であることを知り，メディア社会の表現規制の構造についてまとめる。そして，今回の事件に関して，もし自分が保安官の立場なら，どうするのか考えさせる。

3-3　解釈構築場面

　最初に，保安官の行為を支持するかどうか選択させる。個人の行為を左右するのは，法律などにより表現が規制される構造と個人的心情の葛藤である。保安官の行動を支持するなら，つまり，個人の心情を優先させ，表現の自由を最大限認めるのなら，法律における守秘義務について評価させ，データの規制は許さない法律を形成させる。また，保安官の行動を支持しないなら，つまり，表現の自由は規制されるべき立場なら，法律における守秘義務について評価させた上で，コードによる規制と映像発信サイト（データの複製・データの不特定多数への発信）を管理する法律を形成させる。そして，選択したグループごとに，重視する点を明らかにした上で，具体的に法律を形成させる。

3-4　解釈吟味場面

　第3次で形成した法律について，グループごとに発表させる。その際，支持か不支持かの理由を明確にした上で，自分たちが形成した法律を発表させる。視聴するグループは，自分の立場に基づき意見を形成し，それぞれの解釈について評価を行う。その後，作成した法律は法律の専門家に評価してもらい，現状ではメディアの影響に関して十分な法律が存在しないこと，規制が難しいこと等意見をいただく。そして，最後にメディア社会の「表現の自由」について自分の考えをまとめ，意見を形成する。

　以上の単元の構成をまとめると表2となる。

218　第Ⅱ部　メディア社会における小学校社会科の教育内容と授業開発

表2　単元の指導計画

次	場　面	学　習　内　容	認　識　内　容	教材・教具
1 (1)	<導入> 問題設定 場面	1．尖閣諸島の地理的位置の確認 2．尖閣諸島中国漁船衝突事件の整理 3．尖閣諸島中国漁船衝突事件の映像の視聴 4．映像を流出した保安官の処遇による学習問題の設定 5．学習問題①に関する予想の設定	○尖閣諸島中国漁船衝突事件映像による問題状況の認識 ○認知的不協和による学習問題の認識	尖閣諸島中国漁船衝突事件の映像 (YouTube映像)
2 (3)	<展開Ⅰ> 構造分析 場面	1．予想の交流と映像を容易に公開できる仕組みの追究（映像サイトの仕組み・発信データの利用など） 2．保安官の映像公開に対する意識への共感 3．表現を規制する構造についての追究（表現の自由・知る権利など） 4．保安官の表現の葛藤場面の把握	○映像発信サイトと表現規制の構造の多面的認識 ○表現の自由に関する価値対立の認識	映像サイトの仕組み・発信データの利用状況・利用規約等の資料 憲法21条・守秘義務等の法律の条文
3 (3)	<展開Ⅱ> 解釈構築 場面	1．保安官の行為を支持するか否かといった表現の自由の価値に応じたグループ設定 2．グループごとに法律の形成（表現の自由の規制状況に対する法律を視点に）	○思考の表現を通した認識内容の強化 ○協同的学習による認識内容の強化	ワークシート
4 (3)	<展開Ⅲ・まとめ> 価値解釈 場面	1．形成した法律の発表 2．各々の法律についての討論（評価と改善策の提示） 3．法律の専門家による意見の紹介 4．メディア社会の表現の自由について自分の判断の振り返り	○討論を通した各々のメディアに関する多様な対策の認識 ○多様な価値判断の認識 ○自らの認識内容の修正と知識の再構成	教材提示装置 プロジェクター 振り返りシート

＊全10時間（　）の数字は時間数

4　単元「表現の自由とメディア」の授業開発

4-1　指導目標

○メディア社会のコントロール化（発信者による意図的なメディア操作）の現象を解釈し，対案を吟味しよりよい社会の形成のために自律して判断する。

（知識・理解）
・映像配信サイト（YouTube）の仕組みと影響する社会構造について理解することができる。
・表現の自由と知る権利の内容を知り，表現に関するメディア社会の問題を理解することができる。
・作成した法律について交流し，メディア社会における法律と心情的対立状況について理解することができる。
・作成した法律に対する意見を聞き，多様な見方と考え方があることを知る。

（思考・判断・表現）
・「尖閣諸島中国漁船衝突映像流出事件」の概要を知り，保安官の判断について考えることができる。
・「尖閣諸島中国漁船衝突映像流出事件」と表現の自由の関連と影響について考えることができる。
・保安官の判断を考え，保安官の立場を支持するかどうか自らの考えを明らかにすることができる。
・保安官の判断に関して自らの考えに基づいた法律をグループごとに形成することができる。
・保安官の判断に対して法律を形成し，他のグループや他者の意見と比較する中で，自分なりの意見を形成することができる。

4-2 単元の展開

	教師による主な発問・指示	教授・学習活動		子どもの反応
導入 問題設定	・尖閣諸島って知っていますか。地図で確認しましょう。	T P	発問する 答える	・沖縄県の南にある。石垣島が近い。台湾にも近い。
	・どんな問題が起こっているのか知っていますか。調べましょう。	T P	発問する 調べる	・日本が領有している尖閣諸島に関して，中国と台湾が領有権を主張している問題。石油問題が関与していると言われている。
	・中国漁船と日本の海上保安庁の船が衝突した事件がありました。覚えていますか。	T P	発問する 答える	・覚えている。中国漁船と海上保安庁の巡視船が尖閣諸島付近で衝突した事故。逮捕された船長は釈放され，中国側はレアアースの禁輸をした。
	・その時の映像があります。視聴してみましょう。	T P	指示する 視聴する	（YouTubeの映像を視聴する）
	・どちらに問題がありますか。	T P	発問する 答える	・明らかに漁船から衝突している。漁船側に問題がある。
	・もし，この映像がなかったら事件についてわかりますか。	T P	発問する 答える	・わからなかった。どちらが悪いかはっきりしない間に，船長が釈放され，レアアースが禁輸になり，中国側の強硬な姿勢に対する日本が屈した理由がわからなかった。
	・でも，この映像を流した保安官は，退職してしまったのです。			
	○なぜ，みんなが知りたい映像を流した保安官は辞めないといけなくなったのだろうか。			
	・予想しましょう。	T P	発問する 予想する	・国の秘密を漏らしたからではないのか。 ・国にとって都合の悪いこと映像を発信したからではないのか。
展開Ⅰ 構造分析	・映像を流した時の保安官の気持ちが書いてある資料があります。何と書かれていますか。	T P	指示する 答える	・「この映像は国民の誰もが見るべきもの。うやむやになってはいけないと思った。倫理に反するなら甘んじて刑にも服します。」など。
	・保安官は，どのようにしてYouTubeにアップしたのだろうか。YouTubeの仕組みについて調べましょう。	T P	発問する 調べる	・YouTubeでは，アカウントを設定すれば，誰でも匿名で映像を流すことができる。2GBまで15分の映像をインターネットを利用してアップする。アップされた映像は不特定多数に公開される。利用規約を守らない場合削除される。
	・保安官は，アップした次の日に削	T	発問する	・アップした映像を利用者が保存し，

除しました。でも，今見ることができます。なぜですか。	P	答える	再配布を行ったからである。 （現代のメディア社会の仕組み）
・保安官はアップするときにどんな気持ちだったのだろうか。	T P	発問する 答える	・公務員として秘密を守らなければならない思いとみんなに公開してみんなに本当のことを伝えようとする強い思い。
・保安官がアップするときに迷うのはどんなことが関係しているのですか。調べましょう。	T P	発問する 調べる	（国家公務員法などの守秘義務の法律・発信コードの問題・映像サイトの管理等の資料を用いる。）
・保安官が映像を表現するまでの社会の仕組みをまとめましょう。	T P	発問する まとめる	・保安官の表現に制限を与えるのは，公務員としての義務（法律の規制），表現するための形式（コード），映像サイト管理者の意向などによって規制される。 （コントロールされるメディア社会）
・憲法21条では「表現の自由」が規定されています。「表現の自由」の条文には何と書かれていますか。解説します。	T P	発問する 答える	・「①集会，結社及び言論，出版その他一切の表現の自由は，これを保障する。②検閲は，これをしてはならない。通信の秘密は，これを侵してはならない。」
・「表現の自由」が保障されるには何が必要ですか。	T P	発問する 答える	・表現されたことが，人々が知ることができなければならない。（知る権利）
○今回の事件は，表現の自由が守られていますか。	T P	発問する 答える	・辞めなくてはいけなくなったのだから，表現の自由は守られていない。 ・表現できたのだから表現の自由は守られている。
・なぜ，国は法律で表現を規制できるのですか。	T P	発問する 答える	・自由に国の秘密を発信したら，国の安全が守れない。個人の情報も流れてしまう。
・国はどんな時に表現を規制できるのか調べましょう。	T P	発問する 調べる	・合理的理由がある時，規制することができる。（選挙の公正等，一元的内在制約説の解説）
・今回の事件は，どんな事件かまとめましょう。	T P	発問する まとめる	・誰もが自由に多くの人に情報を発信できるメディア社会の仕組みとその中での保安官の判断によって生まれた事件である。
・もし，あなたが保安官の立場なら，どうしますか。	T P	発問する 答える	・みんなに知ってほしい情報なので公開する。 ・公開しない。公務員として法律を守らなければいけないのではないか。

段階	発問・指示	T/P	活動	予想される反応
展開Ⅱ 解釈構築	・保安官の行動を支持しますか，支持しませんか。	T P	発問する 答える	・支持する。確かに公務員で守秘義務があるが，公開することによってたくさんの人の知る権利が守られる。 ・支持しない。守秘義務があるだけでなく，国の秘密を洩らしたら，中国との関係が悪くなる。
	・保安官の立場を支持するなら，表現の自由は最大限守られるべきですね。保安官の守秘義務について考えた上で，発信した映像が守られるには，どうしたらいいですか。	T P	発問する 答える	・A：保安官の立場を支持する。その場合，守秘義務に関する法律は，「職員は，職務上知ることができた法律は漏らしてはならない。その職を退いた後といえども同様とする。」は，個人の情報に関する内容に限ると書き加える。 また，発信した情報を勝手にサイト管理者が消したりしないように，法律に明記する。
	・保安官の立場を支持しないなら，表現の自由は規制されるべきですね。保安官の守秘義務について考えた上で，映像発信サイトをどのように管理すればいいですか。	T P	発問する 答える	・B：保安官の立場を支持しない。守秘義務の法律は，より罰則を厳しくする。また，万が一情報が流出した場合，サイト管理者にデータ削除ができるよう法律に規定する。そして，発信した情報が複製されないようデータを保護することを法律に明記する。
	・支持する立場ごとのグループに分かれて，法律を作成しましょう。（グループごとに，立場を明確にした上で，法律を作成する。法律の下部にはその理由を説明する。）	T P	指示する 作成する	（作成する）
展開Ⅲ まとめ 解釈吟味	・グループごとに作成した法律について発表します。それぞれが作った理由を主張してください。	T P	指示する 発表する	（グループごとに発表）
	・それぞれの法律に対して，自分たちの立場から評価しましょう。	T P	発問する 評価する	・A←：国の情報が勝手に発信されたら，国の安全が守れないときがあるのではないか。中国がレアアースを禁輸したように，産業に打撃があるのではないか。法律でサイト管理者が消さず広く行き渡った場合，複製だけでなく改ざんされ利用されることがあるのではないか。 B：←個人の表現の自由が規制さ

第6章 「コントロール化するメディア社会」の教育内容と授業開発　223

・評価に対して反論しましょう。	T　指示する P　反論する	れるなら，国がもし不正を行った場合，気づいても見て見ぬふりをするようになる。サイト管理者を厳しく法律で規定したら，国にとって都合の悪い情報は発信されなくなる。 （各評価に対して，各グループは反論する）
（作成した法律を事前に法律家に見せ，意見をいただく。） ・みなさんの法律について，法律の専門家の意見を紹介します。	T　紹介する P　視聴する	「インターネット上の表現について包括的に規制する法律はない。個別に今までの法律に基づいて判断している。インターネット上の表現規制は事前ではなく事後規制が憲法上許される等。」
・誰でもが自由に表現する機会がある社会の中で，メディアを利用した表現についてどう思いますか。	T　発問する P　答える	・他人の権利を侵害することのない表現の自由は認められるべきであり，規制されてはいけない。 ・誰でもが自由に表現できる時代だから，時代に合った法律が必要である。
・表現の自由が守られるために大切なことは何だろうか	T　指示する P　振り返る	・自分は最初，表現の自由は最大限許されるべきだと考えたけれど，時と場合によって違ってくると思う。自分の思いと法律が違うときどのように行動したらいいのであろうか。

第4節　「コントロール化するメディア社会」の実践の分析

　本章では，単元「メディアが伝える戦争」と単元「表現の自由とメディア」を開発し，各々の開発授業を小学校6学年の児童に実践した[13]。これらの開発授業は，メディア社会のコントロール化（意図的な情報操作）の現象を多面的に解釈した上で，価値判断した対案を吟味し，児童の自律した判断による意見形成を目指す「メディア社会解釈学習」に基づき開発されたものである。したがって，児童の認識の成長にとって，本開発授業が有効であった

かを明らかにするために，実践した授業について，次の3点から分析を行う。

第一は，メディア社会の構造の「多面的な解釈」についてである。

第二は，対案を吟味した上で，自らが判断した「自律した意見形成」についてである。

第三は，「児童の発達段階」に応じた開発単元であったかどうかである。

1　単元「メディアが伝える戦争」の分析

1-1　児童の認識の変容と分析

児童の認識の変容に関して，主なワークシートの記述内容をまとめると表3，表4に示したようになる。

表3　戦時中の新聞に対する意見に関する記述内容

	問題設定場面 「なぜ，戦争に負けているのに，新聞では勝ったことになっているのだろうか。」	構造分析場面（学習後） 「戦時中の新聞は，誰の影響を一番受けていると思いますか。」
A児	国民に負けていることが知られると日本の力が弱まっていることがばれて，国民が不安になってしまうからだと思います。	政府や軍の影響を一番受けていると思います。新聞紙法で，新聞が都合の悪いことを書いていないか調べたりしたのだから，新聞記者が正しいことを書けなくてもしょうがないと思います。
B児	国民を安心させ，不安がらせないようにするため。	政府や軍の影響を一番受けています。確かに新聞社が売るために記事を強調していたけれど，政府や軍が新聞紙法を作らなかったら，そんなことはなかったとからです。
C児	負けていること伝えると日本は何のために戦っているのかと日本中の人に思われるから	新聞紙法の影響だと思います。今だったら，新聞は自由に発行できるけれど，その当時は新聞紙法や検閲があって自由に発行できなかった。
D児	正しい情報がわからなくて，新聞記者が適当に記事にした。	政府や軍や新聞社の影響を受けている。政府や軍は，新聞紙法を作って，記事に影響を与えているし，新聞社は，売るために記事を強調して影響を与えている。

第6章 「コントロール化するメディア社会」の教育内容と授業開発　225

| E児 | 本当の情報が新聞社まで，あまり届かなった。 | 国民の影響を受けていると思う。いくら間違った情報であっても，買わなかったらいいわけだから，買った人が戦争に勝つことを望んでいたから，新聞を買って影響を受けたと思います。 |

表4　戦争の責任に関する記述内容

	解釈吟味場面 「戦争は誰に責任がありますか。太平洋戦争について，自分の考えをまとめましょう。」
A児	戦争は，政府や軍に責任があります。新聞社の記者の人は，多分，本当のことを書きたがっていたけど，新聞紙法で，紙が止められたり，検閲を受けるから，しょうがなく，勝った記事しか出せなくなったと思うし，国民も正しい情報を知りたいと思っていると思うから。政府や軍がウソの発表をして，それをいくら新聞社が強調しても，最初に発表したのは大本営だし，結局責任は，政府や軍にあります。こんなウソの情報を信じた国民はかわいそうだと思うし，太平洋戦争は，政府や軍が進めた戦争だと考えました。
B児	だれに責任があるか，全部の人です。政府や軍は検閲をして，書く記事を制限して，ウソの記事を書かせたし，新聞社も発行部数を伸ばすために，大本営の発表を見出しでとても強調していたし，国民も新聞を信じすぎて，戦争を賛成し応援していたから。最初，戦争は，軍が始めたことで，国民に責任はないと考えましたが，その時には，みんなが戦争に賛成して行われた戦争だと思います。
C児	誰にも責任はないと思います。日本はABCD包囲網で経済的に苦しかったから戦争を始めただけだし，戦争を始めたら反対する人がいたらじゃまだから，新聞社が情報が流さないのは普通のことだと思います。だから，その当時の戦争は仕方がないことだし，どの国も戦争にまきこまれたわけだから，責任は誰にもないと思います。
D児	全部悪いと思う。政府や軍は，新聞紙法で新聞を検閲しているし，新聞社は見出しやレイアウトを変えて，新聞を買わせようとしたし，国民はたくさん買って，信じて安心していたから。でも，新聞記者であったものたけじさんは，責任をとって辞めてしまったけど，書かなければ大変なことになったのだから，辞めなくてよかったと思う。人の人生を変える戦争は，やはり悪いことだし，日本全体が同じように動く時に反対するのは難しいと思います。
E児	戦争は，政府や軍と新聞社に責任があります。政府や軍は，検閲をして本当のことを書かせないようにしたし，新聞社は売るために見出しを強調したり，日本の被害を小さく書いていた。正しい情報が流れなければ，だれも戦争を止めようとは思わないから，情報を流さなくした政府や軍と新聞社が悪いと思う。でも，なんか，戦争の時だけでなく，都合の悪い情報が流れないのは，今も一緒だと思った。

最初に，戦時中の新聞の記事に対する意見（表3）を分析すると次のようになる。最初，問題設定場面では，表面的な予想に留まっているが，構造分析場面において，「戦時中の新聞は誰の影響を受けたか」に対する意見では，全員が多様な観点から考えている。A児，B児，C児は，「政府や軍による新聞紙法」の影響，D児は，「政府や軍や新聞社による新聞紙法と記事の強調」，E児は「国民の意識」から説明している。これらのことから，次のことが指摘できる。最初，戦時中の新聞を見た時，国民の側からの表面的な意見でしかなかった児童が，戦時中の新聞メディアの3者の関係から追究することで，3者の関係性に関する知識が増し，より多面的に戦時中の新聞に影響を与えた理由が解釈されている。

　次に，戦争責任に関する記述内容（表4）を分析すると次のようになる。
　A児は，政府や軍に責任がある理由を，新聞紙法と当時の状況から解釈し，説明している。B児は，全ての人に責任がある理由を，各々，検閲と発行部数と国民の意識から解釈し，説明している。C児は，責任は誰にもなく，その当時は戦争になるのは仕方がないことであったことを時代背景から説明している。D児は，全部に責任はあると考えながら，戦後，辞めねばならなかった新聞記者に対しては時代背景を理由に意見を述べている。E児は，戦争の責任を情報の面から考え，正しい情報を流さなくした新聞社と政府・軍に責任があると意見を形成している。これらのことから，次のことが指摘できる。第一に，其々の児童が，戦時中の社会について解釈し，多様な意見を形成していることである。当初，戦争の責任は政府・軍にあると考えた児童が多かったが，多様な観点から戦争に関して解釈し，自分の意見を形成している。第二に，新聞メディアが国民に影響するといった点だけでなく，新聞メディアも新聞紙法や経済状況など多様な社会から影響を受ける存在であることが理解されている点である。このことは，メディア自体が社会的存在であることに気づいた児童が多かったことを示している。

1-2 児童の発達段階に関する考察

単元「メディアが伝える戦争」では，太平洋戦争当時の社会状況を，政府・軍，新聞社，国民の3者の関連から追究することで，戦時中の社会状況に関する知識が増し，より多面的に戦時中の日本が解釈されていた。また，当時の新聞記者の立場で，新聞づくりをすることで，メディア自体が多様な社会から影響を受ける存在であることを解釈し，自らの意見が形成できていた。これらのことから，小学校6学年の段階において，メディア社会の自律した意見を形成する上で，開発単元の内容は適切だったと言える。

2 単元「表現の自由とメディア」の分析

2-1 児童の認識の変容と分析

児童の認識の変容に関して，主なワークシートの記述内容をまとめると表5，表6に示したようになる。

表5 中国漁船衝突映像流出事件に関する記述内容

	問題設定場面 「なぜ，みんなが知りたい映像を流した保安官は辞めないといけないのだろうか。」	構造分析場面 「今回の事件は，表現の自由が守られていますか。」
A児	中国とのつきあいが悪くなるから，辞めないといけなくなったから。	表現の自由は守られています。なぜなら，自分で映像を出して，自分で消しているから。だから，その後，映像が再利用されたとしても，それは一色さんの問題ではないし，辞めたのも自分からだから，守られていると思います。
B児	海上保安庁で働きにくくなって辞めた。	確かに守秘義務はあるけれど，国民の知る権利が優先されるべきだと思う。表現の自由は知る権利と一体になっているから，表現の自由は守られている。
C児	国際問題にしたくなかった。みんなが中国が悪いと言ったら困るから。	表現の自由は守られていない。なぜなら，憲法において，一切の表現の自由は保障すると述べているのに，一色さんは仕事を辞めることになったから。起訴した検察は，おかしいと思う。

D児	国同士の関係が悪くなり、いろいろなデマが流れ、混乱させた責任をとった。	表現の自由は守られていない。保安官は辞めないといけなくなったから。保安官を辞めたら、退職金は出たけど、生活が大変であり、国民のためにやったことで生活が苦しくなるのだから、表現の自由は守られていないと思う。
E児	上の位の人が、許可していないのに、勝手に流してしまったから。	両方である。表現の自由は、矛盾している。憲法では、表現の自由やプライバシーの権利や知る権利があり、法律には、守秘義務がある。しかし、簡単にみんなにアップして知らせることができるのだから、守秘義務があっても意味がない。

表6 保安官の立場と法律作成に関する記述内容

	解釈構築・吟味場面 「保安官の立場を支持しますか、支持しませんか、それぞれの立場を明らかにして、法律を作成しましょう。」
A児	私は、一色さんの行動を支持します。その為に、国家公務員法の守秘義務を変え、国民にとって大事な情報は、内閣総理大臣の許可を得てから、公開できるようにする（守秘義務特別法）。また、公開した情報を再アップロードされないように、再公開を禁止する法律を作ります（再アップロード禁止法）
B児	支持する。国民の過半数が期待していると思われる場合は、守秘義務より表現の自由が優先されるべきである。国家公務員の守秘義務があるものを国会で公表して、議員の3分の2以上の可決で国民に公開できるようにする（個人情報を除く）。つまり、公務員守秘義務公開法があればいいと思う。あと、公開された情報は守られなければならないから、サイト管理者が勝手に消せない法律が必要（サイト管理法）
C児	支持します。もし、国民の「知る権利」と「国家公務員法」の守秘義務が重なった場合、守秘義務が優先されるが、国際問題に関しては、国民の知る権利が優先される（国家公務員法を変える）。また、国民のための情報を公開しない場合、懲役か罰金が課す。また、情報発信サイトの管理者が情報を削除した場合、表現の自由を守られていないと考え、禁固3年の罰を与える（発信サイト規制法）。
D児	ぼくは、一色さんの行動は国民のためになるけれど、国のためにはならないと思うので不支持です。映像を流すことで国同士の関係が悪くなったら困ります。だから、公務員は絶対に情報を公開してはいけない守秘義務完全保護法が必要だと思います。（公務員を解職、3年以上の懲役にする）
E児	不支持です。国家公務員は、ある程度自由は制限されるべきだと思う。そうしなければ、プライバシー保護法などが成り立たなくなる。だから、守秘義務を更に厳しくして、退職ではなく免職にする。（国家公務員法の改正）また、国に関わる情報がアップされたら、国に聞いてから公開するようにする（サイト管理法）。

第6章 「コントロール化するメディア社会」の教育内容と授業開発　229

　最初に，中国漁船映像流出事件に対する意見（表5）を分析すると次のようになる。最初，問題設定場面では，国際問題や海上保安庁などの職場の問題等，表面的な予想に留まっているが，構造分析場面において，今回の事件において，表現の自由が守られているかどうか考えた意見では，表現の自由について多様な観点から考えている。A児，B児は，表現の自由は守られていると考え，その理由を「映像が発信できたこと」，「国民の知る権利が守られたこと」を挙げている。C児，D児は，表現の自由は守られていないと考え，その理由を「退職したこと」，「退職後の生活の厳しさ」を挙げている。また，E児は，両方であると考え，表現の自由と守秘義務は矛盾していることを指摘している。これらのことから，次のことが指摘できる。当初，流出映像を視聴した時の主観的な考えから，具体的な事件と表現の自由を照らし合わせることで，表現の自由が多様な観点から解釈されている。

　次に，保安官の立場と法律作成に関する記述内容（表6）を分析すると次のようになる。

　A児，B児，C児は，保安官の行動を支持した上で，A児は，国家公務員法の改正とサイトの再公開を禁止する法律を形成している。また，B児は，公開のための条件を示した上で，サイト管理の法律を作成している。C児は，守秘義務と国民の知る権利が重なった場合，知る権利が優先されることを示した上で，発信サイトの削除を規制する法律を形成している。また，D児，E児は，保安官の行動を支持しないとした上で，C児は公務員の守秘義務を厳しくする法律を作り，また，E児は，プライバシーの権利と比較させ，守秘義務を厳しくする法律とサイト管理の法律を形成している。これらのことから，次のことが指摘できる。第一に，其々の児童が，表現の自由とそれに関する法律を解釈し，多様な法律を形成していることである。第二に，いずれの立場を取っても，メディアを管理する法律の必要性を示している点である。このことは，児童が，現代のメディア社会と表現の自由といった権利間にある矛盾に気づき，よりよく社会を改善しようとする意向を示していると

2-2　児童の発達段階に関する考察

　単元「表現の自由とメディア」では，中国漁船衝突映像流出事件の状況を，保安官（発信者）・市民（受信者）・映像発信サイト（メディア）の3者の関連を，表現の自由といった憲法条文から追究することで，憲法とメディア表現の対立点について解釈し，児童自らの考えに応じた法律を形成できた。このことから，小学校6学年の段階において，具体的な事件を事例にして憲法を考える上で，開発単元の内容は適切だったと言える。

【註】
(1) 代表的な教科書として，日本一のシェアを占めている東京書籍の教科書を参考にした。
　　東京書籍『新しい社会6上』2011年.
(2) 次の新聞を参考にした。
　・朝日新聞朝刊（昭和17年6月11日版，昭和19年10月20日版，10月28日版，昭和20年8月7日版）
(3) 前坂俊之『太平洋戦争と新聞』講談社学術文庫，2007年.
(4) 野中博史「報道による意見形成効果―意見の寡占化とその修正：NIEへの指針―」『宮崎公立大学人文学部紀要』第14巻第1号，2007年，pp.323-341.
(5) 文部科学省「第2節社会」『小学校学習指導要領』東京書籍，2008年.
(6) 東京書籍『新しい社会6下』2011年.
(7) 小田桐忍「小学校社会科における憲法学習について―その改善に向けての一提言―」『東京未来大学研究紀要』第1号，2008年，pp.57-66.
(8) 芦部信喜が「表現の自由」は，自由権の中でも特に重要なものと指摘している。
　　芦部信喜『憲法学Ⅲ人権各論(1)』有斐閣，2000年，p.239.
　　また，同様な意見は，次の文献でも見られる。
　　大石泰彦『メディアの法と倫理』嵯峨野書院，2004年，p.7.
(9) 成原慧「サイバースペースにおける情報流通構造と表現の自由―米国における『情報流通経路の管理者を介した表現規制』の検討を中心に―」『東京大学大学院情

報学環研究紀要　情報学研究』No.76, 2010年, pp.137-153.
(10)　レッシング・ローレンス（Lessing Lawrence），山形浩生，柏木良二訳『CODE―インターネットの合法・違法・プライバシー―』翔泳社，1999年．
(11)　奥平康弘『なぜ表現の自由か』東京大学出版会，1988年．
(12)　http://www.youtube.com/
(13)　単元「メディアが伝える戦争」は，平成18年11月～12月の期間において，東広島市立下黒瀬小学校6年1組24名を対象に検証授業を実施した。

単元「表現の自由とメディア」は，平成23年11月～12月の期間において，広島大学附属小学校6年生80名を対象に検証授業を実施した。

終章 メディア社会における
小学校社会科カリキュラムと今後の課題

　本章では，これまでの研究成果に基づき，メディア社会における小学校社会科カリキュラムの構造を本研究の成果として示した上で，本研究で示したカリキュラム開発の意義と今後の課題について論じる。

　第Ⅰ部では，メディア社会の特質に応じた小学校社会科カリキュラムの理論仮説を目標・内容・方法の面から明示した。また，第Ⅱ部では，それらを論証するために，理論仮説に応じて開発された授業を，現状の小学校社会科の枠組みの中で実践し，その妥当性について検討してきた。これらの分析結果を踏まえ，メディア社会における小学校社会科のカリキュラム構造を示していく。そして，小学校社会科カリキュラム開発研究の意義と結論を明らかにした上で，今後の課題について論究する。

第1節　本研究の要約

　第Ⅰ部では，最初に，メディアの歴史的経緯に着目し，メディア学の研究成果を踏まえたメディア社会の概念的枠組みを設定した。メディア社会は，情報通信技術の発達による拡張とメディアによるコミュニケーション活動の影響によって構築された社会であることを明らかにし，①デジタル化する社会，②ステレオタイプ化する社会，③コントロール化する社会，④イベント化する社会といった各々のメディア社会の定義と概念的枠組みを設定した（第1章の第4節）。次に，それらの社会の特質に応じた小学校社会科の全体目標と目標の層構造を示し，メディア社会の構成に対応した学習内容を仮説的に設定した（第2章の第1節，第2節）。そして，メディア社会を読み解く

学習原理として「メディア社会解釈学習」を提起した（第2章の第3節）。「メディア社会解釈学習」とは，児童がメディアテクストを切り口にして，メディアに影響を与える社会の構造を批判的に追究し，その影響を多面的に認識した上で，新たな解釈を構築し，それを吟味することでメディア社会における思考力・判断力・表現力を育成することを目指した学習論であることを明記した。そして，各々のメディア社会に応じた学習モデルを仮説的に設定した上で，カリキュラム構成の手続きを示した。

以上のように，第Ⅰ部では，メディア社会の特質に応じた小学校社会科カリキュラムの理論仮説を，目標・内容・方法の面から明確化することで，第Ⅱ部以降の授業開発と実践における指標とした。

第Ⅱ部では，第Ⅰ部の理論仮説に基づき，章ごとに，①に関しては「成長するネットショッピング」と「地球を映し出す Google Earth」，②に関しては「メディアによる風評被害」と「メディアが伝えるオーストラリア」，③に関しては「メディアが伝える環境問題」と「メディアが伝える捕鯨問題」，④に関しては「メディアが伝える戦争」と「表現の自由とメディア」を開発事例として示し（第3章～第6章），「メディア社会解釈学習」の学習モデル（第2章の第3節）に基づき，授業開発と実践を行い，重点目標に関する実践の分析を行った（各章の第4節）。

したがって，これまでの本研究の過程は，仮説的に設定されたカリキュラムの理論仮説を実際の授業実践と分析によって検証する仮説検証型の研究構成となっている。

表1では，これまでの開発事例の概要を示している。

終章　メディア社会における小学校社会科カリキュラムと今後の課題　235

第2節　メディア社会における小学校社会科カリキュラムの基本的視座と構造

1　小学校社会科カリキュラム構成の視点

　これまでの授業分析結果を踏まえ，メディア社会に対応した小学校社会科のカリキュラム構成を図る視点として，次の3点を提示しておく。

> 　第一は，これまでの開発授業を整理し，カリキュラムの基本構造を明らかにすることである。これまでデジタル化した社会などメディア社会の基本概念を提示してきた。基本概念に基づき，小学校社会科としての構成内容と具体的な学習テーマを位置づけることである。
> 　第二は，これまでの開発事例を整理し，目標の段階性と内容の焦点化を図る意味からスコープとシークエンスを明確化した上で，小学校社会科としてのカリキュラム構成を明確化することである。
> 　第三は，児童の発達段階に応じたカリキュラム構成を図ることである。これまで開発した授業は，現行の小学校学習指導要領の内容配列に準じて授業実践を行ってきた。しかし，分析結果から学習内容が児童の発達段階に対応しない場合が想定される。したがって，本研究の検討結果に基づき，小学校3学年から6学年までの学年の段階性を明示することである。

2　小学校社会科カリキュラムの基本構造と全体構造

　これまでの開発授業の分析を踏まえ，メディア社会の4つの基本概念と具体的目標，そして，それに対応した構成内容と学習テーマを位置づけている（表2）。
　デジタル化に対応した構成内容は，人的面からライフスタイルの変化，また，技術面から情報活用の変化とした。また，同様にステレオタイプ化に対

236　終章　メディア社会における小学校社会科カリキュラムと今後の課題

表2　メディア社会に焦点化した小学校社会科カリキュラムの基本構造

全体目標	基本概念	具体的目標	構成内容	学習テーマ
メディア社会について解釈することを通して、民主主義社会の形成者として必要な市民的資質の基礎を育成する。	デジタル化	情報通信技術の発展により変化するデジタル化（メディアのデジタル・ネットワーク化）するメディア社会の構造を多面的に認識する。	ライフスタイルの変化	販売と消費、電化製品、携帯電話など
			情報活用の変化	ネット活用、地図活用、SNS活用など
	ステレオタイプ化	メディア社会のステレオタイプ化（受信者のメディアによる表面的な認識）を導く構造を批判的に読み解き、多様な価値を解釈する。	風評被害の影響	災害報道、BSE・鳥インフルエンザ報道など
			異文化理解	エスニック文化、アジア文化、自国文化など
	イベント化	メディア社会のイベント化（受信者の期待に沿った発信者のメディア構成）の現象を解釈し、価値判断し構築した対案を論理的に表現する。	地球的諸課題	環境、二酸化炭素排出、資源枯渇など
			異文化対立	捕鯨問題、オリンピック、民族対立など
	コントロール化	メディア社会のコントロール化（発信者による意図的なメディア操作による受信者への影響）の現象を解釈し、対案を吟味し、よりよい社会の形成のために自律して判断する。	メディア規制	報道規制、黒塗りの教科書、発禁本など
			メディア表現	YouTube、ウィキリークス、2ちゃんねる、SNSなど

終章　メディア社会における小学校社会科カリキュラムと今後の課題　237

表3　メディア社会に焦点化した小学校社会科カリキュラムの全体構造

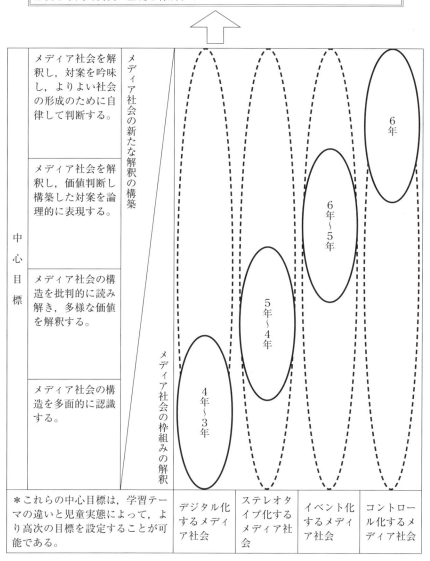

応した構成内容は，風評被害の影響，異文化理解，そして，イベント化に対応した構成内容は，地球の諸課題，異文化対立，更に，コントロール化に対応した構成内容は，メディア規制，メディア表現とした。このように構成内容は，生活レベルの問題から生活習慣への影響，国際的問題，そして，メディア規制などメディア社会の本質に迫る問題と内容的に深まりがある学習内容を段階的に位置づけることが可能なことを示している。そして，各々の構成内容に対する学習テーマを具体的に示した。

また，表3では，表2の基本構造を基づき，メディア社会の段階的目標とメディア社会の社会構成に応じた学年ごとの段階性を示している。

これまでの開発授業における目標分析から，デジタル化するメディア社会では，児童が自分たちの生活のデジタル化の構造を多面的に認識し解釈することを中心目標とすること，ステレオタイプ化するメディア社会では，生活習慣に影響するメディア社会の構造を批判的に追究し多面的な価値を解釈することを中心目標とすること，イベント化するメディア社会では，現状のメディア社会の構造を解釈した上で，対案を構築し論理的に表現することを中心目標とすること，コントロール化するメディア社会では，現状のメディア社会を解釈した上で，構築した対案を吟味し，よりよいメディア社会形成のために自律して判断することを中心目標として設定することが妥当であると結論づけた。また，これらの中心目標は，学習テーマの違いと児童実態によって，より高次の目標を設定することが可能であることを示している。

そして，これらの目標に対応した学年をカリキュラム上に位置づけた。本研究では，現行の社会科カリキュラムの枠組みの中で実践されたが，開発授業の分析結果から，発達段階を踏まえ，適切であると想定される学年を位置づけた。

以上のメディア社会に焦点化した小学校社会科におけるカリキュラムの基本構造と全体構造を本研究の成果として示した。

終章　メディア社会における小学校社会科カリキュラムと今後の課題　239

第3節　小学校社会科のカリキュラム開発研究の意義と結論

　メディア社会における小学校社会科のカリキュラムを開発した本研究には，どのような意義があるのか。カリキュラム開発の視点から検討しよう。
　日本の教育課程編成は，学習指導要領によってその基準が示され，教育現場の実態と裁量により各学校において行うことと定められている[1]。しかし，現実には，学習指導要領の基準性と文部科学省・教育委員会等の指導性が肥大し[2]，教育現場の裁量権は減じ続けている。当初は，教育現場における教育課程編成の手引きに過ぎなかった学習指導要領が，現状では国家基準を示す，所謂「ナショナルカリキュラム」として位置づき，また，新自由主義を思想的背景とする学校評価や教育評価といった政策が，教育現場に対する行政的関与を強めているのである[3]。これらことは，最低限必要とされる資質・能力を保障する行政的側面からは評価されるが，教育現場に画一化と横並びの意識を生み，学校・教員によるカリキュラム編成の主体性が欠如する問題を生じさせる。実際，教育現場の裁量権が発揮されにくく，また，学校や教師たちが学習指導要領に基づき評価される存在となることで，学校と教師に現状追認の風潮を生み，主体的に学校のカリキュラムを改善することが難しくなっているのである。
　また，小学校社会科学習指導要領は，教科カリキュラムの形態をとりながら，内容記述が目標と重なり，示されている学習内容の具体性に欠ける課題がある。その為，教科書会社の違いによって学習対象となる事例が異なり，其々の事例を典型事例として学習することが求められる。しかし，例えば，なぜ，食料生産の学習で，横手盆地を事例とする教科書[4]と庄内平野を事例とする教科書[5]があるのか，それらが，なぜ選定され，他の教科書とは何が違うのか等，事例選定の根拠が曖昧となる問題性を有している。
　以上，教育現場のカリキュラム形成の困難さと社会科学習指導要領に基づ

く学習内容選定の曖昧さといった問題点を克服するには，上意下達ではなく，教育現場から実践面を反映したカリキュラム開発がなされ，学習指導要領に対して具体的に提言することが必要であろう。本研究では，カリキュラム開発の方法論を示した上で，具体的に授業開発し，実証的検討を図ることで，学校現場からカリキュラムを開発する可能性を示した。この点に，カリキュラム開発研究としての本研究の本質的意義がある。

　本研究に関する，より具体的な結論は次の三点である。

　第一は，社会科特有のメディア・リテラシー学習は，メディアが存在する現代社会の構造を追究課題とすることである。メディア・リテラシーといった現代社会において必要とされる力は多義的であり，本来，技能面も含め多様な教科の中で総合的に学習されるべきであろう。本研究では，メディアではなくメディア社会の構造を学習対象とすることで，メディアに対する批判性や対抗メディア創造する可能性を示した。このことは，社会科メディア・リテラシー学習は，メディア社会の構造を追究課題とするべきことを示している。

　第二は，現代社会の変化に対応した小学校社会科における教育内容開発の必要性である。本研究では，学習指導要領の学習内容に比べ，より高度なメディア社会の内容を設定した。しかし，児童にとって挑戦に値する内容であれば，高度であっても主体的に追究し学習成立を果たすことが可能であった。このことは，すでに多様な情報を獲得し，知ったつもりになっている現代の児童にとって，常識的な問題には価値を見出し難いのであり，新しい時代に対応した教育内容開発の必要性を示している。

　第三は，社会科の学習指導がより構築型へ移行する必要性である。本研究では，メディア社会の構造を解釈する学習を構成し，具体的な授業実践の中で，思考力・判断力・表現力を育成する場面を設定した。つまり，獲得した知識を解釈し，活用する場面を中心に構成したのである。その結果，児童のメディアに対する一面的な解釈はより多面的になり，児童自身の新たな解釈を表出させることが可能となった。このことは，認識した内容の再構築を促

す学習指導方法を構成する必要性を示している。

　本研究では，学校現場から実践を通して，社会科カリキュラムを開発する意義を明らかにした。日々の実践が，個々の教師の営みで終結するのではなく，意図的な教育活動として実践面から社会科教育に提言していくことが，児童と直結した学校現場としての使命であると言えよう。

第4節　今後の課題

　今後の課題として，次の三点が残されている。
　第一に，メディア社会の学習モデルに応じた開発授業を，今後重ねて実践し，その実践結果からカリキュラム構造をより確かなものへと改善していくことである。第二に，メディア社会の学習モデルに応じた授業を更に開発し，より汎用性の高いカリキュラムになるよう改定することである。第三に，カリキュラムを分析する際の評価論を構築し，授業実践面からカリキュラム構成の適宜性を検討できるようにすることである。

【註】
(1) 文部科学省「第1章総則」『小学校学習指導要領』東京書籍，2008年．
(2) 1958年の学習指導要領の改訂において，法的拘束力をもつ国家基準であるとの行政的解釈が強調され，中央集権的・画一的教育課程への方向転換がなされた。
　　柴田義松『教育課程』有斐閣，2000年．
(3) 金子は，戦後の日本の教育システムの特徴を振り返りながら，1990年代以降の教師の相対的自律性の低下について検討している。
　　金子真理子「教師はカリキュラムの編成主体たりうるか―相対的自律性の低下と〈再〉主体化の可能性」『家計経済研究』No.67，2005年，pp.30-39.
(4) 『小学社会5年上』日本文教出版，2010年．
(5) 『新しい社会5上』東京書籍，2011年．

参 考 文 献

【英文参考文献】

1. Lewis, E., *Teaching TV News*, BFI Education, 2003.
2. Ministry of Education, *Media Literacy Resource Guide: Intermediate and Senior Divisions*, Toronto: Queen's Printer for Ontario, 1989.
3. Duncan, Barry, Janine D'lppolite, Cam Macpherson and Carolyn Wilson, *Mass Media and Popular Culture Version2*, Toronto: Harcourt Brance, 1996.

【邦文参考文献】

1. 赤堀侃司・野間俊彦・守末恵『情報モラルを鍛える』ぎょうせい，2004年．
2. 朝永宗彦『オーストラリアの観光と食文化』学文社，1999年．
3. 芦部信喜『憲法学Ⅲ人権各論(1)』有斐閣，2000年．
4. 天野正子編『社会学用語辞典』学文社，1992年．
5. 梓澤和幸『報道被害』岩波新書，2007年．
6. 飯島敏文「メディア・リテラシー育成の視点からのメディア考察：新聞報道における情報価値の創出」『大阪教育大学紀要Ⅴ』50(1)，2001年．
7. 池野範男「批判主義の社会科」全国社会科教育学会『社会科研究』第50号，1999年．
8. 池野範男「社会形成力の育成―市民教育としての社会科―」日本社会科教育学会『社会科教育研究別冊 2000年度研究年報』2001年．
9. 石上靖芳・工藤陽明・森田浩「メディア・リテラシーの育成を図るカリキュラム開発に関する実践研究―小学校社会科の年間指導計画の作成と実践を通しての検討から」『静岡大学教育学部研究報告（教科教育学篇）』第39号，2008年．
10. 石井香世子「エスニック・ツーリズムにおける観光産業と国家：北タイ山地民とトレッキング・ツアーの事例から」『名古屋商科大学紀要』50巻，2005年．
11. 市川伸一『考えることの科学』中公新書，1997年．
12. 市川伸一『学ぶ意欲の心理学』PHP新書，2001年．
13. 伊東亮三「公民的資質とは何か」日本社会科教育学会編『社会科における公民的資質の形成』東洋館出版社，1984年．

14 伊東亮三「社会科授業理論の認識論的基礎づけ（Ⅰ）—『追体験し意味を理解する社会科』の場合—」『日本教科教育学会誌』8巻1号，1983年．
15 井上智義編著『視聴覚メディアと教育方法』北大路書房，1999年．
16 井上俊・伊藤公雄編『社会学ベーシック第6巻　メディア・情報・消費社会』世界思想社，2009年．
17 井門正美「社会系教科におけるメディアリテラシー教育—メディアの活用とメディアリテラシーの育成—」日本社会科教育学会『社会科教育研究』No. 98，2006年．
18 岩田一彦編著『小学校社会科の授業設計』東京書籍，1991年．
19 岩田一彦編著『小学校産業学習の理論と授業』東京書籍，1991年．
20 岩田一彦『社会科授業研究の理論』明治図書，1994年．
21 岩田一彦「21世紀社会科の基礎・基本論」社会系教科教育学会編『社会系教科教育研究』第10号，1998年．
22 上杉嘉見「カナダ・オンタリオ州におけるメディア・リテラシー教育の発展過程—社会批判的カリキュラムの追求と限界—」『教育学研究』第71巻，2004年．
23 上杉嘉見『カナダのメディア・リテラシー教育』明石書店，2008年．
24 上田容子「インターネットを活用した社会科地域学習の内容論的考察—『さまざまな土地のくらし』の協調学習を通して—」日本社会科教育学会『社会科教育研究』No. 84，2001年．
25 上野千鶴子『構築主義とは何か』勁草書房，2001年．
26 上野直樹『シリーズ人間の発達9 仕事の中での学習—状況論的アプローチ—』東京大学出版会，1999年．
27 上之園強「小学校歴史学習の内容の厳選とカリキュラム構成—歴史への興味・関心と見方・考え方を育成するために—」全国社会科教育学会『社会科研究』第53号，2000年．
28 蒲島郁夫・竹下俊郎・芹川洋一『メディアと政治』有斐閣，2007年．
29 NHK放送文化研究所『2005年 国民生活時間調査報告書』，2006年．
30 江間史明編『小学校社会 活用力を育てる授業』図書文化，2008年．
31 遠藤薫『間メディア社会と＜世論＞形成』東京電機大学出版局，2007年．
32 大石泰彦『メディアの法と倫理』嵯峨野書院，2004年．
33 大濱徹也『社会科—現在問われている世界—』同成社，2006年．
34 岡崎誠司「小学校歴史学習における『仮説吟味学習』—第6学年単元『平城京と奈良の大仏』の場合—」全国社会科教育学会『社会科研究』第67号，2007年．

35	岡﨑誠司『変動する社会の認識形成をめざす小学校社会科授業開発研究―仮説吟味学習による社会科教育内容の改革―』風間書房，2009年．
36	奥平康弘『なぜ表現の自由か』東京大学出版会，1988年．
37	鷲原進「社会科異文化理解学習の改善―『世界文化：グローバル・モザイク』を手がかりとして―」全国社会科教育学会『社会科研究』46号，1997年．
38	鷲原進「『国際的な見方・考え方』を育成する中学校社会科異文化理解学習―単元『日本とシンガポール』の授業開発―」社会系教科教育学会『社会系教科教育学研究』第11号，1999年．
39	小田桐忍「小学校社会科における憲法学習について―その改善に向けての一提言―」『東京未来大学研究紀要』第1号，2008年．
40	尾原康光『自由主義社会科教育論』渓水社，2009年．
41	小山修二・窪田幸子編『多文化国家の先住民』世界思想社，2002年．
42	片上宗二『社会科授業の改革と展望―「中間項の理論」を提唱する』明治図書，1985年．
43	片上宗二『日本社会科成立史研究』風間書房，1993年．
44	片上宗二「社会認識と市民的資質」社会認識教育学会編『社会科教育学ハンドブック』明治図書，1994年．
45	片上宗二『オープンエンド化による社会科授業の創造』明治図書，1995年．
46	加藤直樹，他「歴史教育関連資料の利用に関する課題：マルチメディアを活用した教材開発について」『岐阜大学カリキュラム開発研究センター研究報告15巻』，1995年．
47	カナダ・オンタリオ州教育省編，FCT訳『メディア・リテラシー：マスメディアを読み解く』リベルタ出版，1992年．
48	唐木清志『子どもの社会参加と社会科教育―日本型サービスラーニングの構想―』東洋館出版社，2008年．
49	川上秀和「メディア・リテラシーを育成する社会科授業開発―単元『少子化報道について考える』の場合」『教育学研究紀要』第49巻，2003年．
50	川崎一朗『災害社会』京都大学学術出版会，2009年．
51	北俊夫編『楽しい学習活動を取り入れた小学校社会科教え方細案・第6巻』明治図書，1992年．
52	北俊夫『調べ学習社会科の授業づくり⑥ものや情報の動きを調べる授業』国土社，1997年．
53	乾功二「新しい情報を掴む―日本一のビルが建つ」大阪教育大学教科教育学研究

会『教科教育学論集(7)』，2008年.
54 木下百合子「協同的学習活動における生徒のコミュニケーション能力の形成」『大阪教育大学紀要　第Ⅴ部門　第48巻』第2号，2000年.
55 木下百合子「メディア教育と社会科におけるメディア学習の意義」『大阪教育大学紀要　第Ⅴ部門　第49巻』第2号，2001年.
56 木村博一「『学習指導要領社会科編Ⅰ（試案）』の戦後日本的特質―社会科における民主主義と道徳教育をめぐって―」全国社会科教育学会『社会科研究』第40号，1992年.
57 木村博一・岡崎社会科授業研究サークル編著『農業を学ぶ授業を創る』黎明書房，1995年.
58 木村博一「問題解決学習の成立と変質―昭和26年版小学校学習指導要領社会科編（試案）の再評価―」全国社会科教育学会『社会科研究』第50号，1999年.
59 木村博一・岡崎社会科授業研究サークル編著『「高齢者福祉」を学ぶ授業の探究』黎明書房，2002年.
60 木村博一「小学校社会科の学力像と産業学習の変革―『自己実現』をキーワードとした単元開発―」全国社会科教育学会『社会科研究』第57号，2002年.
61 木村博一編『初等社会科教育学』第2巻，2002年.
62 木村博一「Ⅳ新しい学びにもとづく社会科§2子どもが追究する社会科授業」社会認識教育学会編『社会科教育のニュー・パースペクティブ―変革と提案―』明治図書，2003年.
63 教員養成大学・学部教官研究集会社会科教育部会『社会科教育の理論と実践』東洋館出版社，1988年.
64 草野厚『テレビは政治を動かすか』NTT出版，2006年.
65 久保田賢一『構成主義パラダイムと学習環境デザイン』関西大学出版部，2000年.
66 窪田順平『モノの越境と地球環境問題―グローバル化時代の〈地産地消〉』昭和堂，2009年.
67 栗原久「英国における市民性教育の新しい展開―ナショナルカリキュラムにおける必修化をめぐって―」日本社会科教育学会『社会科教育研究』No. 86，2001年.
68 C. アンダーソン『ロングテール「売れない商品」を宝の山に変える新戦略』篠森ゆりこ訳，早川書房，2006年.
69 クレイグ・マクガーティ，ビンセント・Y・イゼルビット，ラッセル・スピアーズ『ステレオタイプとは何か―「固定観念」から「世界を理解する"説明力"」へ』有馬明恵，山下玲子訳，明石書店，2007年.

70　経済産業省『平成21年度版　我が国の商業』経済産業省経済産業政策局調査統計部，2009年．
71　K. ラング＆G. E. ラング「テレビ独自の現実再現とその効果・予備的研究」『新版マスコミュニケーション　マス・メディアの総合的研究』学習院大学社会学研究室訳，東京創元社，1968年．
72　国立教育政策研究所編『メディア・リテラシーへの招待―生涯学習社会を生きる力―』東洋館出版社，2004年．
73　児島和人編『講座社会学8　社会情報』東京大学出版会，1999年．
74　小島孝之・小松親次郎編『異文化理解の視座』東京大学出版会，2003年．
75　後藤康志「日本におけるメディア・リテラシー研究の系譜と課題」『現代社会文化研究 No. 29』，2004年．
76　小西正雄『提案する社会科―未来志向の教材開発―』明治図書，1992年．
77　小林慧・森晃史「メディアリテラシーの入り口としてのCM―車のCMの分析を通して―」『教科教育学論集(7)』2008年．
78　小原友行「意思決定力を育成する歴史授業構成―『人物学習』改善の視点を中心に―」『史学研究』177号，1987年．
79　小原友行「人物を取り入れた歴史学習」高山博之他編『現代社会科教育実践講座　日本の歴史の学習②歴史内容の授業Ⅱ』第10巻，1991年．
80　佐伯胖・大村彰道・藤岡信勝・汐見稔幸『すぐれた授業とはなにか―授業の認知科学―』東京大学出版会，1989年．
81　佐伯胖『「学び」を問いつづけて―授業改善の原点―』小学館，2003年．
82　佐々木俊尚『2011年新聞・テレビ消滅』文春新書，2009年．
83　佐々木裕一「ロングテールの動態的分析」『コミュニケーション科学』(29)，2009年．
84　佐藤卓巳『現代メディア史』岩波書店，1998年．
85　佐藤卓巳『メディア社会―現代を読み解く視点』岩波書店，2006年．
86　佐藤卓巳・孫安石編『東アジアの終戦記念日』ちくま新書，2007年．
87　佐藤学『教育方法学』岩波書店，1996年．
88　佐貫浩『イギリスの教育改革と日本』高文研，2003年．
89　社会認識教育学会編『改訂新版　初等社会科教育学』学術図書，1983年．
90　社会認識教育学会編『社会科教育の21世紀』明治図書，1985年．
91　社会認識教育学会編『社会科教育学ハンドブック―新しい視座への基礎知識―』明治図書，1994年．

92　社会認識教育学会編『社会科教育のニュー・パースペクティブ―変革と提案―』明治図書，2003年．
93　社会認識教育学会編『社会認識教育の構造改革―ニュー・パースペクティブにもとづく授業開発』明治図書，2006年．
94　社会認識教育学会編『社会科教育実践ハンドブック』明治図書，2011年．
95　社会系教科教育学会編『社会系教科教育研究のアプローチ～授業実践のフロムとフォー～』学事出版，2010年．
96　社会認識教育実践学研究会編『社会認識教育実践学の構築』東京書籍，2008年．
97　菅谷明子『メディア・リテラシー―世界の現場から―』岩波書店，2000年．
98　鈴木健・大井恭子・竹前文夫編『クリティカル・シンキングと教育―日本の教育を再構築する―』世界思想社，2006年．
99　鈴木秀美・山田健太著『よくわかるメディア法』ミネルヴァ書房，2011年．
100　鈴木嵩弘他編著『シティズン・リテラシー　社会をよりよくするために私たちにできること』教育出版，2005年．
101　鈴木みどり『メディア・リテラシーを学ぶ人のために』世界思想社，1997年．
102　鈴木みどり編『メディア・リテラシーの現在と未来』世界思想社，2001年．
103　鈴木俊之「イギリスの教育」田中圭治郎編著『比較教育学の基礎』ナカニシヤ出版，2004年．
104　関谷直也「『風評被害』の社会心理―『風評被害』の実態とそのメカニズム」『災害情報』No.1，2003年．
105　関根渉「メディア・リテラシー育成における社会科教育の役割」『埼玉社会科教育研究』第13巻，2007年．
106　關浩和『子どもの「学び」につなげる社会科授業の創造』学校教育研究会，2003年．
107　關浩和「情報社会に求められる社会科授業―小5単元『わたしたちの生活と情報』の場合―」『社会系教科教育学研究』第17号，2005年．
108　關浩和『情報読解力形成に関わる社会科授業構成論―構成主義的アプローチの理論と展開―』風間書房，2009年．
109　瀬田幸人「異文化理解教育で扱うべき文化要素について」『岡山大学教育学部研究集録』134号，2007年．
110　瀬田幸人「小学校における理想的な異文化理解教育の実践について―外面的文化要素の観点から―」『岡山大学教育学部研究集録』135号，2007年．
111　全国社会科教育学会編『社会科教育学研究ハンドブック』明治図書，2001年．

112 高橋和之・松井茂記・鈴木秀美編『インターネットと法』有斐閣，1999年.
113 田中圭治郎『多文化教育の世界的潮流』ナカニシヤ出版，1996年.
114 田中伸「小学校社会科文化学習の改善―知識を受容する学習から意味を解釈する学習へ―」『兵庫教育大学研究紀要』第33巻，2008年.
115 田中孝宏「メディア教育の現場から(11)」『視聴覚教育』日本視聴覚教育協会，2004年.
116 谷内達「地理教育のためのオーストラリアの実像」『東京大学人文地理学研究』18，2007年.
117 谷村千恵「『メディア・教育・社会』の布置に関する一考察―メディア・リテラシー論の系譜を手がかりに―」『鳴門教育大学情報教育ジャーナル』4号，2007年.
118 谷口和也「映像メディアにおける社会認識教育」社会認識教育学会編『社会科教育のニュー・パースペクティブ―変革と提案―』明治図書，2003年.
119 棚橋健治「社会科カリキュラム開発における"構造"概念について―E. フェントンの所論を手がかりにして―」日本社会科教育研究会『社会科研究』第31号，1983年.
120 棚橋健治編著『"情報化社会"をめぐる論点・争点と授業づくり』明治図書，2006年.
121 棚橋健治『社会科の授業診断―よい授業に潜む危うさ研究―』明治図書，2007年.
122 谷川彰英編『社会科理論の批判と創造』明治図書，1979年.
123 谷川彰英編著『楽しく学べるヒント教材⑤社会科の授業5年』明治図書，1990年.
124 谷川彰英・千葉県谷津小学校『問題解決を呼ぶ社会科・生活科の授業』明治図書，1994年.
125 田村直樹「インターネットマーケティングの基礎と現状」『経営の科学』51(12)，2006年.
126 谷山大三郎「ネットショッピングの仕組みを知ろう」藤川大祐・塩田真吾編著『楽しく学ぶメディアリテラシー授業』学事出版，2008年.
127 玉井一行・吉田正生「新しい『歴史人物学習』のための授業開発―現代の社会のしくみと比較して学ぶ歴史人物学習の改善―」『北海道教育大学教育実践総合センター紀要』第7号，2006年，pp. 29-37.
128 D. J. ブーアスティン『幻影の時代』星野郁美・後藤和彦訳，東京創元社，1964

年.

129　D. バッキンガム『メディア・リテラシー教育』鈴木みどり訳, 世界思想社, 2006年.

130　戸田善治「イギリスにおける市民科の誕生」日本社会科教育学会『社会科教育研究』別冊2000年度研究年報, 2001年.

131　戸田善治「シティズンシップ・エデュケーション論の社会科教育学的検討―シティズンシップ概念の分析を中心に―」全国社会科教育学会『社会科研究』第64号, 2006年.

132　冨所隆治『アメリカの歴史教科書―全米基準の価値体系とは何か―』明治図書, 1998年.

133　トロント市教育委員会編, 吉田孝訳『メディア・リテラシー授業入門―情報を読み解き自ら考える力をつける―』学事出版, 1998年.

134　中善則「メディア教育におけるコミュニケーション能力の育成―地域ミニコミ誌づくりをとおして」『大阪教育大学社会科教育学研究(4)』2005年.

135　中田光雄『文化の協応』東京大学出版会, 1982年.

136　中野収「メディア社会の猫像」『社会労働研究』43号, 1997年.

137　中野重人編『5年「第三次産業」授業化のヒント』明治図書, 1990年.

138　中橋雄「メディア・リテラシー研究の動向と課題」『福山大学人間文化学部紀要』第5巻, 2005年.

139　中村敦雄「メディア・リテラシーと国語科教育」『日本語学』第21巻第12号, 2002年.

140　中村哲『社会科授業実践の規則性に関する研究―授業実践からの教育改革―』清水書院, 1991年.

141　中村哲・松岡靖「インターネット利用による社会科コラボレーション教材の開発方法―小学校第5学年『伝統産業』を事例として―」兵庫教育大学学校教育センター『学校教育学研究』第10巻, 2000年.

142　中村哲「社会科教育におけるインターネット活用の意義と授業実践―構成主義的アプローチに基づく社会科指導を意図して―」全国社会科教育学会『社会科研究』第52号, 2000年.

143　中村哲「高度情報化社会に向き合う社会科学習指導方法―メディアリテラシーの育成を視点にして―」日本社会科教育学会『社会科教育研究』No. 101, 2007年.

144　仲本修四郎『情報を考える』丸善, 1993年.

145　中山雄二他「社会科教育における映像等のマルチメディア教材作成用資料の流通：光磁気ディスク，CD-ROM を用いた素材の活用」『日本教育情報学会年間論文集(9)』，1993年．
146　波巌『意思決定の力がつく問題解決学習』明治図書，2000年．
147　成原慧「サイバースペースにおける情報流通構造と表現の自由―米国における『情報流通経路の管理者を介した表現規制』の検討を中心に―」『東京大学大学院情報学環研究紀要　情報学研究』No. 76，2010年．
148　長尾光悦・岸野裕・大内東「新潟県中越地震風評被害に対する越後湯沢の取り組み～越後湯沢の事例から学ぶ一般論への展開～」『観光と情報』第2巻第1号，2006年．
149　N. ポストマン『子どもはもういない』小柴一訳，新樹社，1985年．
150　西川長夫「国民国家と異文化交流―文化交流を妨げるものと促進するものとの関係についての理論的考察―」『立命館経済学』第46巻(6)．
151　日本 NIE 学会編『情報読解力を育てる NIE ハンドブック』明治図書，2008年．
152　日本社会科教育学会出版プロジェクト『新時代を拓く社会科の挑戦』第一学習社，2006年．
153　N. チョムスキー『メディア・コントロール』鈴木主税訳，集英社新書，2003年．
154　野田正彰『災害救援』岩波新書，1995年．
155　服部一秀「社会形成科としての社会科の学力像」全国社会科教育学会『社会科研究』第56号，2002年．
156　原田大介「学習者のリアリティを喚起する『人間関係』という視座―メディア・リテラシー教育の新たなる展開に向けて―」『広島大学大学院教育学研究科紀要』第一部　第53号，2004年．
157　原田智仁編『社会教育のフロンティア―生きぬく知恵を育む―』保育出版社，2010年．
158　原田智仁『世界史教育内容開発研究―理論批判学習―』風間書房，2000年．
159　平野健一郎『国際文化論』東京大学出版会，2000年．
160　福田正弘「社会科におけるマルチメディア活用の意義」『長崎大学教育学部教科教育学研究報告』27巻，1996年．
161　福田正弘「社会科マルチメディア教材の設計と開発：『長崎街道 Ver. 2』について」『長崎大学教育学部教科教育学研究報告』29巻，1997年．
162　藤井玲子「市民教育としてのメディア・リテラシー―イギリスの中等教育における学びを手がかりに―」『立命館産業社会論集』第42巻第4号，2007年．

163 藤川達也編著『環境教育からみた自然災害・自然景観』協同出版，2007年.
164 藤川大祐編著『メディアリテラシー教育の実践事例集―情報学習の新展開―』学事出版，2000年.
165 藤川大祐「デジタル情報革命後のメディアリテラシー教育に関する考察―テレビゲーム，携帯電話，風評被害等に関わる授業実践開発を通して―」『千葉大学教育学部研究紀要』第54巻，2006年.
166 藤本勇二「総合的な学習の時間における協同的な学び」日本生活科・総合的学習教育学会『せいかつか＆そうごう』第16号，2009年.
167 藤原孝章「メディア・リテラシーと開発教育の観点を取り入れたイギリスの時事問題学習―開発教育プロジェクト『グローバル・エクスプレス』を事例として―」『同志社女子大学学術研究年報』第57巻，2006年.
168 袰岩奈々『感じない子どもこころを扱えない大人』集英社新書，2001年.
169 堀田龍也『メディアとのつきあい方学習』ジャストシステム，2004年.
170 堀正嗣「子ども観を問い直す」菅澤順子他著『子どもの生活世界と人権』拓植書房，1995年.
171 本田和子『異文化としての子ども』ちくま学芸文庫，1982年.
172 本田和子『変貌する子どもの世界』中公新書，1999年.
173 本間昇・鈴木正気・大坪庄吾・岡田克巳編著『1単元の授業小学校社会6年日本の歴史と世界の学習』日本書籍，1997年.
174 M. マクルーハン『人間拡張の原理―メディアの理解』後藤和彦・高儀進訳，竹内書店，1967年.
175 M. マクルーハン『グーテンベルクの銀河系―活字的人間の形成』高儀進訳，竹内書店，1968年.
176 M. マクルーハン・E. カーペンター編著『マクルーハン理論』大前正臣・後藤和彦訳，平凡社，2003年.
177 M. ポスター『情報様式論―ポスト構造主義の社会理論』室井尚・吉岡洋訳，岩波書店，1991年.
178 前坂俊之『太平洋戦争と新聞』講談社学術文庫，2007年.
179 前田総一「共感理解型 TV 番組を活用した社会科授業構成―『プロジェクト X』を事例として―」全国社会科教育学会『社会科研究』第61号，2004年.
180 増田幸子「カナダにおけるメディア・リテラシー教育」『情報の科学と技術』48巻7号，1998年.
181 松井茂記『インターネットの憲法学』岩波書店，2002年.

182 松岡靖「メディア・リテラシーを育成する社会科 NIE 授業の有効性に関する研究―戦時中の新聞を活用した小学校社会科授業の実践を通して―」『日本 NIE 学会誌』第 4 号，2009年.
183 三上俊治「情報という言葉の起源に関する研究」『東洋大学社会学部紀要』第34-2号，1997 年.
184 水越伸『デジタル・メディア社会』岩波書店，1999年.
185 水越敏行『メディアが開く新しい教育』学習研究社，1994年.
186 水越敏行・佐伯胖編『変わるメディアと教育のありかた』ミネルヴァ書房，1996年.
187 水越敏行編著『メディア・リテラシーを育てる』明治図書，2000年.
188 水野博介『メディア・コミュニケーションの理論―構造と機能―』学文社，1998年.
189 水山光春「英国の新教科シティズンシップの批判的摂取を通して(1)」全国社会科教育学会第54回大会シンポジウム発表資料.
190 溝口和宏「Ⅷ歴史教育⑤社会科歴史」『社会科重要用語300の基礎知識』明治図書，2000年.
191 峰明秀「意思決定力を育成する中学校社会科歴史授業―単元『田中正造へのメッセージ』の場合―」『社会科研究』第50号，1999年.
192 峯岸由治「小学校国際理解学習の改造―小 6 総合学習『みんな地球人』を手がかりに―」『社会系教科教育学研究』第11号，1999年.
193 三宅なほみ『インターネットの子どもたち』岩波書店，1997年.
194 むのたけじ「第 1 回メディアと戦争」『自然と人間 7』自然と人間社，2005年.
195 村野井均・三島博之・乾昭治・大野木裕明編『学校と地域で育てるメディアリテラシー』ナカニシヤ出版，1999年.
196 森健「グーグル・アマゾン化する社会」光文社新書，2006年.
197 森本直人「『理解』理論による主体的な歴史解釈力の育成」全国社会科教育学会『社会科研究』第48号，1998年.
198 森分孝治『社会科授業構成の理論と方法』明治図書，1984年.
199 森分孝治「社会科関連カリキュラムと社会科」『小・中・高等学校の一貫による社会科関連科目の連携に基づくフレームワークの研究』平成 9 ～10年度科学研究費補助金基盤研究，1999年.
200 森分孝治編著『社会科教育学研究学―方法論的アプローチ入門―』明治図書，1999年.

201 森分孝治編『"戦争と平和"をめぐる論点・争点と授業づくり』明治図書，2006年．
202 文部科学省『諸外国の教育の動き2000』財務省印刷局．
203 文部科学省『小学校学習指導要領解説　社会編』東洋館出版社，2008年．
204 文部科学省『小学校学習指導要領解説　総合的な学習の時間編』東洋館出版社，2008年．
205 文部科学省『小学校学習指導要領解説　総則編』東洋館出版社，2008年．
206 安村克己「ゆとり社会の社会学的考察―ポスト産業社会論の視点から」『産業能率短期大学紀要』27号，1994年．
207 安村克己「エスニシティと観光の社会学的問題―エスニック・ツーリズム研究のための予備的考察―」『北見大学論集』第37号，1997年．
208 柳澤伸司他編著『メディア社会の歩き方』世界思想社，2004年．
209 山口康助「情報化の波と社会科教育」『社会科教育』No. 77，明治図書，1971年．
210 山住勝広『活動理論と教育実践の創造』関西大学出版部，2004年．
211 山住勝広「ハイブリッド型教育による探究的で拡張的な学びの創発―学びのプラットホームを築く―」『関西大学人間活動理論研究センター』No. 8，2008年．
212 山中速人「エスニック・イメージの形成と近代メディア―ハワイ先住民のイメージ形成におけるメディア・観光産業の影響と支配―」『放送教育開発センター研究紀要第6号』，1991年．
213 山本啓『ハーバマスの社会科学論』勁草書房，1980年．
214 横山秀樹「コンピュータ・シミレーションによる市民的判断力の育成―多目的意思決定学習の論理―」全国社会科教育学会『社会科研究』第54号，2001年．
215 横田増生『アマゾン・ドット・コムの光と影―躍進するIT企業・階層化する労働現場―』情報センター出版局，2005年．
216 吉田正生「メディア・リテラシィ論による情報産業学習の転換―社会科と総合的な学習の融合単元づくりを通して―」全国社会科教育学会『社会科研究』第51号，1999年．
217 吉田正生「新しい『人物学習』の構想―制度・しくみを構想する力を育成するために―」全国社会科教育学会『社会科研究』第58号，2003年．
218 吉田正生「社会科における『情報-メディア学習』のカリキュラム開発」『平成22年度文教協会研究助成金研究成果報告書』，2011年．
219 吉見俊哉「歴史の中のメディア変容―草創期の音響メディアを事例として―」日本マス・コミュニケーション学会『マス・コミュニケーション研究』42号，

1993年.
220 吉見俊哉『カルチュラル・ターン，文化の政治学へ』人文書院，2003年.
221 吉見俊哉『ポスト戦後社会・シリーズ日本近現代史⑨』岩波新書，2009年.
222 米本昌平『地球環境問題とは何か』岩波新書，1994年.
223 歴史教育者協議会編『子どもと見つめる小学校の世界学習』あゆみ出版，1999年.
224 L. ローレンス『CODE―インターネットの合法・違法・プライバシー―』山形浩生・柏木良二訳，翔泳社，1999年.
225 ローレン. P. G.『国家と人種偏見』大蔵雄之助訳，TBS ブリタニカ，1988年.
226 W. リップマン『世論』掛川トミ子訳，岩波文庫，1987年.

あとがき

　本書は，平成24（2012）年に広島大学に提出した学位論文を，平成26（2014）年度の独立行政法人日本学術振興会科学研究費助成事業（科学研究費補助金）（研究成果公開促進費）の交付を受けて，公刊するものである。

　本書の研究に取り組むようになった契機は，広島県の現職派遣教員として兵庫教育大学大学院教科領域教育専攻において，中村哲先生（元兵庫教育大学教授，関西学院大学教授）のゼミに所属した時点にさかのぼる。中村先生のゼミでは，社会科教育学の研究方法に関して，先行研究の探し方をはじめ，論文構成の仕方など，教科教育学研究のいろはを教えていただいた。また，中村先生のゼミでは，同様に現職で派遣された，今城喜久男先生（元千葉市立椎名小学校教諭），藤澤国治先生（富士市立伝法小学校教諭）と同学年となり，学位論文完成に向けて，共に切磋琢磨しながら，社会科教育学研究に取り組んだ。そして，その当時，まだ，一般的ではなかったインターネットメディアを活用したコラボレーション教材を開発し，修士論文としてまとめることができた。修士論文に関して，中間発表会，口頭試問等において，岩田一彦先生（兵庫教育大学名誉教授，関西福祉大学特任教授），原田智仁先生（兵庫教育大学大学院教授）から温かいご指導を賜った。社会科教育学研究において高名な先生方が兵庫教育大学にご在職されていた幸運もあり，修士の学位だけでなく，今後の研究の指標となるお言葉もいただいたのである。

　その後，広島県の公立学校に現場復帰した後は，中村ゼミOBの關浩和先生（兵庫教育大学大学院教授），馬野範雄先生（大阪教育大学大学院准教授），岡崎均先生（西予市立田之浜小学校校長）には，中村先生の共同研究等でご懇意にしていただき，様々な観点から社会科教育学研究に対するご示唆をいただいた。また，その当時，インターネットメディアによる教材開発を研究関心と

していたことから，「松下視聴覚財団」，「ちゅうでん教育振興財団」から教育研究助成金をいただき，松田芳明先生（東広島市立平岩小学校教諭）や蓮浦顕達先生（広島県教育委員会管理主事），中村光則先生（広島県教育委員会文化財保護主事）とインターネット教材の開発に取り組んだ。興味深い社会科教材に出会う楽しみは，その当時，共に取り組んだ取材活動の経験が基本となっている。しかし，学校に戻り，現実の児童の姿を見たとき，メディアの児童への影響が顕著であることに気づかされた。メディアを手段的に利用した教材開発だけでなく，メディアの社会的影響にこそ，本質的課題であると考えるようになったのである。

そこで，メディアリテラシーに関する研究を構想していた時，中西秀道先生（元東広島市立平岩小学校校長），中邑恵子先生（東広島市立吉川小学校校長）のご配慮もあり，平成18（2006）年度の広島県エキスパート研修において木村博一先生（広島大学大学院教授）にご指導いただけることとなった。そして，この時のご縁もあり，平成20（2008）年より広島大学大学院研究科博士課程後期に進学し，木村先生に師事することとなった。

広島大学大学院教育学研究科では，木村博一先生のご指導のもと，修士課程や博士課程の院生のみなさんと研究に関する議論を深めることができた。ゼミの指導においては，木村先生から研究の意義と方向性についていろいろな角度からご助言をいただくことができた。木村先生は社会科教育史研究の第一人者であるとともに，授業開発研究に関しても造詣深く，現場の授業研究に幾度も出向かれて，理論と実践を結ぶ研究活動を体現されている研究者でもある。木村先生のご指導は，構築した理論を実践的視点から捉え直したり，逆に実践を理論づけたりする為の思考方法について学ばせていただいた。また，木村先生には公私ともにお世話になり，幾度となく招いていただいたご自宅では，木村一子先生やご子息の淳一くんと楽しい時を過ごさせていただいた。時を同じくして，博士課程で学ぶことになった福田喜彦先生（愛媛大学准教授）とは，ゼミで毎回，お互いのテーマについて考えを深めること

ができた。福田先生のテーマは,「社会科教育史研究」であり,互いの研究の関心は異なっていたが,ゼミにおける福田先生との議論の中で,自分自身が気づかなかった視点を教えていただいた。また,井上奈穂先生（鳴門教育大学准教授）にも機会があるごとに研究に対する示唆を与えていただき,お二人と過ごす時は,公私にわたって貴重で充実した時間を過ごすことができた。

広島大学附属小学校に赴任してからは,教科担任制といったこともあり,小学校社会科授業開発に関する貴重な実践を行う機会を与えていただいた。当時,社会科研究室は2人体制であり,最初は,高木浩二先生（広島市立深川小学校教諭）,翌年からは沖西啓子先生（広島大学附属小学校教諭）と互いに社会科授業に関して議論する中で,より良い授業づくりに向けて協力して取り組み,その成果を毎年2月の研究会で授業発表した。こうして実践した貴重な成果が本書の中で生かされていることは言うまでもない。また,附属小学校3校の共同研究として,木村先生を中心に,永田忠道先生（広島大学大学院准教授）,新谷和幸先生（広島大学附属東雲小学校教諭）,中丸敏至先生（広島大学附属東雲小学校教諭）等と今日的テーマに関する授業開発研究に取り組み,多様な視点から議論を繰り返し,共同して授業開発する意義を示すことができた。更に,池野範男先生（広島大学大学院教授）には,年間を通して附属小学校の授業に対してご指導いただき,自分自身の研究の方向性を再考する貴重なご示唆を与えていただいた。そして,附属小OBである關先生,岡﨑誠司先生（富山大学教授）,片上宗二先生（広島大学名誉教授,安田女子大学教授）にはご懇意にしていただき,特に關先生には,機会あるごとに公私にわたって貴重なご助言をいただき感謝の念に堪えない。

本書が公刊できるのは,木村博一先生の懇切丁寧なご指導があったからに他ならない。学位論文の着手から作成,審査に至るまで,木村先生には主査として常に温かいご指導,ご助言を賜った。学位論文の審査にあたっては,副査の小原友行先生（広島大学大学院教授）,棚橋健治先生（広島大学大学院教

授），朝倉淳先生（広島大学大学院教授），難波博孝先生（広島大学大学院教授）には，貴重なお時間をいただき，親身にご指導を賜った。さらに，広島大学大学院教育学研究科の「科学文化教育学特別研究」の授業に参加する機会も与えていただき，小原先生，池野先生，棚橋先生はもちろんのこと，草原和博先生（広島大学大学院教授）にも，それぞれ本研究に対する貴重なご助言をいただいた。この場をお借りしてみなさまにお礼を申し上げたい。

　本書を閉じるにあたって，まだまだお礼を申し上げていない方々もいらっしゃるが，紙幅の関係上お許しを願いたい。最後に，私事に及ぶが，大学院進学，広島大学附属小への転任，そして，京都女子大学への転職と，精神的に支えてくれた家族への感謝も付記したい。

　末筆になったが，本書の出版を本当に快くお引き受けいただいた風間書房社長の風間敬子氏，丁寧に編集の労をとっていただいた斉藤宗親氏に心よりお礼を申し上げたい。

　　　2014年11月

　　　　　　　　　　　　　　　　　　　　　　　松　岡　　　靖

著者略歴

松岡　靖（まつおか　やすし）

1962年9月	山口県に生まれる
1989年3月	広島大学学校教育学部小学校教員養成課程卒業
1990年4月	広島県公立小学校教諭
1998年3月	兵庫教育大学大学院教科領域教育専攻修士課程修了
2010年4月	広島大学附属小学校教諭
2012年3月	広島大学大学院教育学研究科学習開発専攻博士課程後期修了 博士（教育学）
2012年4月	広島大学附属小学校主幹
2014年4月	京都女子大学発達教育学部准教授 現在に至る

著書

『情報読解力を育てるNIEハンドブック』（共著）明治図書，2008年
『若い教師のための小学校社会科 Chapter15』（共著）梓出版，2012年

メディア社会に焦点化した小学校社会科カリキュラム開発研究

2015年1月31日　初版第1刷発行

　　　　　著　者　　松　岡　　　靖
　　　　　発行者　　風　間　敬　子
　　発行所　　株式会社　風　間　書　房
　　〒101-0051　東京都千代田区神田神保町1-34
　　　　電話 03(3291)5729　FAX 03(3291)5757
　　　　　　　振替 00110-5-1853

印刷・製本　藤原印刷

Ⓒ2015 Yasushi Matsuoka　　　　NDC 分類：370
ISBN978-4-7599-2068-0　　Printed in Japan

JCOPY〈(社)出版者著作権管理機構　委託出版物〉
本書の無断複写は，著作権法上での例外を除き禁じられています。複写される場合はそのつど事前に(社)出版者著作権管理機構（電話 03-3513-6969，FAX 03-3513-6979，e-mail:info@jcopy.or.jp）の許諾を得てください。